本书获得江西科技师范大学2021年度著作出版基金资助
本书系江西高校人文社科项目“劳资沟通协商法律机制研究”（FX19204）的研究成果

劳资沟通协商法律制度构建研究

陈永福/著

RESEARCH ON THE CONSTRUCTION OF LEGAL SYSTEM OF LABOR-CAPITAL COMMUNICATION AND NEGOTIATION

法律出版社
LAW PRESS · CHINA
北京

图书在版编目(CIP)数据

劳资沟通协商法律制度构建研究 / 陈永福著. -- 北京：法律出版社，2022
ISBN 978-7-5197-6548-4

Ⅰ. ①劳… Ⅱ. ①陈… Ⅲ. ①劳资纠纷－法规－研究－中国 Ⅳ. ①D922.591.4

中国版本图书馆 CIP 数据核字（2022）第 051853 号

劳资沟通协商法律制度构建研究
LAOZI GOUTONG XIESHANG FALÜ ZHIDU GOUJIAN YANJIU

陈永福 著

策划编辑 徐 菲
责任编辑 徐 菲
装帧设计 鲍龙卉

出版发行 法律出版社
编辑统筹 法律出版社
责任校对 王 丰
责任印制 胡晓雅
经 销 新华书店

开本 A5
印张 9.25 **字数** 202 千
版本 2022 年 9 月第 1 版
印次 2022 年 9 月第 1 次印刷
印刷 北京建宏印刷有限公司

地址：北京市丰台区莲花池西里 7 号（100073）
网址：www.lawpress.com.cn
投稿邮箱：info@lawpress.com.cn
举报盗版邮箱：jbwq@lawpress.com.cn

销售电话：010－83938349
客服电话：010－83938350
咨询电话：010－63939796

书号：ISBN 978－7－5197－6548－4 **定价**：38.00 元
凡购买本社图书，如有印装错误，我社负责退换。电话：010－83938349

序　言

《中国劳动保障发展报告(2016)》指出,“劳资沟通渠道不畅,是我国当前劳动关系协调机制面临的突出问题”。为此,中共中央《关于加强社会主义协商民主建设的意见》提出,要“畅通职工表达合理诉求渠道,健全各层级职工沟通协商机制”。虽然部分企业在党和政府的推动下构建了劳资沟通协商机制,也开展了劳资沟通协商活动,但由于缺乏法律规范的引导,现有的劳资沟通协商实践整体上还呈现“随意化”和“碎片化”的态势。为实现劳资沟通协商常态化,国家必须在法律制度上给予支持。因此,本书的选题是有现实意义的。

现有研究成果大多数还停留在构建劳资沟通协商制度的观念倡导上,尚未就该制度进行系统的研究,个别学者虽然对这一制度进行了专门的研究,但主要是从企业管理的角度展开的,尚未上升到法律制度构建层面。本书以“理论—实践—规范”为逻辑主线,对劳资沟通协商法律制度的理论依据、实践基础和构建进行了全面的论证。在理论层面,探究了劳资沟通协商法律制度的源流、内涵、价值和法律依据；在实践层面，梳理了劳资沟通协商的典型模式，并剖析了不同模式的成功经验，在此基础上，结合我国国情论证了劳资沟通协商法律制度构建的可行性；在规范构建层面，对劳资沟通协商的主体、客体、程序、责任以及救济等劳资沟通协商法律关系的具体要素进行了较深入的分析。该书对于深化劳动法主体理论、行为理论、责任理论以及救济理论等劳动法基础理论研究具有较大的价值。

与其他相关专著相比，该书的特色在于：一是运用整体主义理论和方法来研究劳动法治系统与政治、经济、文化及社会系统之间的能量交换关系，以及劳资沟通协商制度与其他集体劳动关系调整机制之间的互助关系；二是倡导构建“劳动者磋商权”，并以确立和实现该权利为逻辑主线进行制度设计，以此实现“权利推动型”劳资沟通协商法律制度的构建；三是较全面地梳理了国内外典型的劳资沟通协商模式，并对不同模式的成功经验进行了剖析。随着社会主义协商民主建设的深入推进，我们完全有理由期待，劳动者磋商权必将深入劳资双方的头脑，未来有关劳资沟通协商法律制度的立法将成为学界和实务界关注的对象，并将会逐步在劳动法制度上得到全面确立。该书可以为劳动法学界对该制度的研究提供一些更具开放性的视角，亦能为工会建设、劳动关系治理乃至社会主义协商民主建设提供有益的思路。

张继恒

2022 年 8 月

目　录

引　言

一、研究对象及目的

（一）研究对象

市场经济国家调整劳动关系的机制主要有：(1)个别劳动关系调整机制，即单个劳动者与用人单位通过签订劳动合同来明确各自的权利义务；(2)国家干预劳动关系的机制，即国家通过宏观调控、劳动基准、劳动监察以及劳动仲裁与诉讼等手段引导和干预劳动关系的机制；(3)集体劳动关系协调机制，即借助集体谈判制度、雇员参与制度以及雇员介入等制度协调劳动者集体与用人单位之关系的机制；(4)劳动关系社会协调机制，即通过专家、学者以及社会组织等社会力量参与协调劳动关系的机制。在集体劳动关系协调机制中，集体谈判制度是工会与雇主平等协商确定劳动报酬、工作时间、劳动条件等关系雇员切身利益事项的一种制度设计；雇员参与制度是由雇员代表与雇主平等协商，共同做出决策的制度形式；雇员介入制度在国外又被称为信息参与制度和劳动咨询制度，是劳资双方之间信息交流与沟通的一种制度模式，旨在提高雇员的满意度、预防劳资纠纷和提高生产效率，一般情况下只调整信息披露和意见交换，不涉及劳资共同决策。

国内有学者将雇员介入制度称为劳资协商制度。① 为了准确表达雇员介入制度的内涵，避免将雇员介入制度与民主参与制度、集体协商制度相混淆，②本书沿用了国家政策的惯用表达——劳资沟通协商制度，③并将其视为与职工代表大会制度、职工董事制度、职工监事等民主参与制度和集体协商制度相并列的制度，与各个制度一起共同构成集体劳动关系协调机制。虽然劳资沟通协商制度与职工代表大会制度在形式上均体现为信息交流与平等协商，但本质上仍存在显著的区别。职工代表大会制度旨在借助信息交流和平等协商使劳动者能够更好地参与企业决策，实现企业的民主管理，保护劳动者的民主参与权；劳资沟通协商制度并不是劳动者参与企业决策的平台，而是落实劳动者知情权和咨询权的一种制度设计。劳资沟通协商制度对职工代表大会制度的价值在于：为劳资双方在

---

① 有学者认为广义的劳资协商包括谈判式劳资协商、参与式劳资协商和沟通式劳资协商，即广义的劳资协商制度包括集体协商制度、民主参与制度和劳资沟通制度；狭义的劳资协商仅指沟通式劳资协商。这部分学者是从狭义的角度来研究劳资协商制度的，其所称的“劳资协商制”实质上就是雇员介入制度，即本书所称的“劳资沟通协商制度”。参见姚文胜、翟玉娟主编：《劳资协商制：中国劳动关系改善的路径选择》，中国法制出版社2012年版，第4~9页。

② 本书从广义的角度来理解劳资协商，将劳资协商视为参与式劳资协商、沟通式劳资协商和集体协商的上位概念。因此，若将雇员介入制度称为劳资协商制度，将很难区分劳资协商和参与式劳资协商、集体协商三个概念，且容易将劳资协商误解为参与式劳资协商和集体协商的上位概念。

③ 中共中央《关于加强社会主义协商民主建设的意见》提出，要“畅通职工表达合理诉求渠道，健全各层级职工沟通协商机制”。笔者认为，该意见之所以用“沟通协商”的表述，主要是为了将沟通式劳资协商和参与式劳资协商、集体协商三个概念区别开来，从而能够更好地表达该机制的内涵。参见《中共中央关于加强社会主义协商民主建设的意见》，载《人民日报》2015年2月10日，第1版。

职工代表大会闭会期间创设一个常设的沟通平台，通过日常的信息交流和平等协商唤起劳动者的参与意识，提高劳动者的沟通协商能力，消除劳资双方之间的分歧，以此调动劳动者参加职工代表大会的积极性，提高劳动者民主参与的能力，使职工代表大会制度能够发挥其应有的作用。

（二）研究目的

《中共中央　国务院关于构建和谐劳动关系的意见》（以下简称《和谐劳动关系意见》）指出，我国劳动关系矛盾已进入凸显期和多发期。[①] 导致劳动纠纷增多的原因有很多，其中最根本的原因是劳动关系协调机制出现了失灵，而劳资沟通协商不畅又是我国劳动关系协调机制远未发挥其应有功能的主要原因。[②] 我国至今尚未确立劳资沟通协商法律制度，劳资沟通协商只是在个别劳动立法中有所涉及。[③] 立法者欲将职工代表大会制度作为劳资双方沟通协商的制度平台，然而，由于国家设立职工代表大会制度的初衷并非是协调劳动关系主体的利益，而是旨在实现国有企业和集体企业的民主管

---

① 参见《中共中央　国务院关于构建和谐劳动关系的意见》，载《人民日报》2015 年 4 月 9 日，第 1 版。

② 《中国劳动保障发展报告（2016）》指出："劳资沟通渠道不畅，是我国当前劳动关系协调机制面临的突出问题。"刘燕斌主编：《中国劳动保障发展报告（2016）》，社会科学文献出版社 2016 年版，第 18 页。

③ 我国《劳动法》在总则部分就企业民主管理和劳资平等协商作了原则性的规定，但对劳资平等协商的具体内容、运行模式以及保障机制等具体事项均未作规定；《劳动合同法》明确规定劳资沟通协商是制定企业规章制度的必经程序，但对企业不听取工会和职工代表意见的后果并未作明确规定；《工会法》明确了工会在劳资平等协商过程中的地位以及劳资平等协商的内容，但未赋予劳动者知情权、意见表达权和意见获回应权等权利；《公司法》明确了劳资平等协商的主体和内容，但未明确公司未听取职工意见的法律后果。

理，让劳动者能够监督企业管理层的行为，防止国有资产的流失。[1]因而，相关法律只是要求国有企业和集体企业必须设立职工代表大会，对其他性质的企业并未作强制要求，在相当长的一段时间里，职工代表大会制度只存在于国有企业和国有控股企业。职工代表大会制度的这一功能定位决定了其难以成为劳资沟通协商的制度平台。虽然《企业民主管理规定》明确要求将职工代表大会制度推广到非公有制企业，但由于该规定层级较低，很难得到贯彻执行，导致很多民营企业和私人企业均未设立职工代表大会。虽然部分企业成立了职工代表大会，但由于职工代表大会只能在会议召开期间充当劳资沟通协商的组织机构，而职工代表大会又是定期召开的，一般一年召开一次，劳资双方在职工代表大会闭会期间因缺少劳资沟通协商组织机构而无法进行常态化的沟通协商。虽然工会委员会作为职工代表大会的工作机构，在某种程度上可以成为劳资沟通协商的桥梁，但由于工会委员会只是职工代表大会的工作机构，而不是常设机构，因而其只能负责落实职工代表大会交付的工作，[2]无法行使职工代表大会的职权。工会职能的定位亦决定了工会委员会难以充当劳资沟通协商的组织机构，况且法律并未强制要求所有企业都要建立工会，致使劳资双方在职工代表大会闭会期间缺少常设的沟通协商平台，从而导致劳资沟通协商在实践中只能流于形式。因而，要想实现劳资沟通协商常态化，构建劳资沟通协商制度就显得尤为必要。

---

① 参见汪仕凯、刘乐明：《企业民主管理制度的中国方案：实践空间与技术路径》，载《行政论坛》2020 年第 2 期。

② 《工会法》第 35 条第 2 款规定："国有企业的工会委员会是职工代表大会的工作机构，负责职工代表大会的日常工作，检查、督促职工代表大会决议的执行。"

为落实中共中央《关于加强社会主义协商民主建设的意见》(以下简称《协商民主意见》),我国部分企业已构建了劳资沟通协商机制,也取得了一定的效果。[①] 但劳资沟通协商起初是由企业自愿推行的,国家一般不做干预,致使不同企业的劳资沟通协商机制在沟通协商的目标、模式、程序、内容以及效果等方面均存在差异,且劳资沟通协商完全是由企业主导,是否协商、如何协商以及协商的内容完全取决于企业管理层的喜好。总体来看,劳资沟通协商实践存在“随意化”与“碎片化”的态势。因此,为了使沟通协商的方式能够从企业自上而下的单向沟通向劳资双方之间双向沟通转变,且能够将沟通协商的范围从雇佣信息扩展到经营信息和管理信息,并能实现沟通协商常态化,国家必须在法律制度上给予相应的支持。当然,法律制度并不是硬生生地通过强制规范去替代企业的劳资沟通协商机制,而是明确沟通协商的主体、内容、程序、责任以及救济途径等基本事项,旨在为企业构建和完善劳资沟通协商机制提供依据和方向。因而,为了使企业内职工沟通协商机制发挥其理应有的作用,构建劳资沟通协商法律制度将势在必行。

现有的理论研究成果大多数只停留在构建劳资沟通协商制度的观念倡导上,还未就该制度进行具体的、系统的研究,个别学者虽然对这一制度进行了专门的研究,但主要是从企业管理的角度展开的,尚未上升到法律层面,缺乏对劳资沟通协商的主体、客体、程序、责任以及救济等劳资沟通协商法律关系的具体要素展开分析。鉴

① 例如,自从瑞德电子(深圳)有限公司自发建立劳资恳谈协商制度以来,深圳市宝安区新安街道就在辖区内推行企业劳资沟通协商制度,要求具有一定规模的企业必须建立这一制度。参见姚文胜、翟玉娟主编:《劳资协商制:中国劳动关系改善的路径选择》,中国法制出版社2012年版,第195~207页。

于此,本书旨在从法律制度构建的视角展开研究,以"理论—实践—规范"为分析范式,重点讨论我国构建劳资沟通协商法律制度的必要性、可行性和路径。

二、研究背景

(一)时代背景

《协商民主意见》提出"稳步推进基层协商"。劳资沟通协商作为基层协商的一种形式,是国家协商民主建设的重要组成部分。《协商民主意见》的出台具有深刻的时代背景。因为在价值日益多元化的当今,仅靠国家自上而下的制度安排无法解决因社会资源、信息资源不对称所产生的不平等,国家出台的各项方针政策应当具有更多的包容性,这需要公民在决策中扮演更加重要的角色。协商民主更为关注公民参与公共协商的机会和能力,重视公共参与的有效性,理应是一个富有包容和理性精神的民主国家所必需的。① 而且,在当今社会,协商民主的场域日益扩张,除了包括政党内部协商、国家机构决策协商,还包括公共组织内部协商、企业内部协商等。② 劳资沟通协商法律制度对于国家协商民主建设的价值主要在于:一是有助于培育劳资双方的理性精神和沟通协商能力,从而有利于提高劳资双方参与其他民主协商的能力,增强其他民主协商的有效性;二是能够增强劳资双方的公共责任意识,提高劳资双方参与其他民主协商活动的积极性。

---

① 参见陈尧:《从参与到协商:协商民主对参与式民主的批判与深化》,载《社会科学》2013 年第 12 期。

② 参见[美]阿米·古特曼、丹尼斯·汤普森:《民主与分歧》,杨立峰、葛水林、应奇译,东方出版社 2007 年版,第 388 页。

(二)经济背景

劳动法的产生及发展与工业革命密不可分。人类社会已经历了蒸汽技术革命、电力技术革命和信息技术革命,三次工业革命中劳动关系的特征各不相同,劳动立法的应对策略亦差异显著。第一次工业革命实现了机器代替手工劳动,并开启了大工业时代。大工业时代劳动者饱受资本家的剥削,劳动关系的从属性特征极其鲜明,为了维护劳动者的利益,国家围绕工作时间、劳动条件、劳动报酬等劳动基准制定了一系列劳动法律,劳动法的体系逐渐形成。以电力、汽车为代表的第二次工业革命使规模化生产日益普遍,进一步强化了劳动关系的从属性,并加剧了企业间的竞争,致使大批劳动者失业,工人运动逐渐高涨,劳动者的团结意识也日益增强,在此背景下,国家出台了集体劳动法和社会保障法。第三次工业革命是一场涉及信息技术的革命,随着信息技术日新月异的发展,灵活就业形态大量涌现,劳动关系的从属性减弱,工会组建率在下降,对此,各国加强了对非典型劳动关系的法律规制。自20世纪末以来,以互联网、人工智能为代表的技术革命正席卷全球,给社会发展带来了极大的影响。在智能时代里,高新技术产业在整个产业中将占据主导地位,创意性、知识密集性产业亦将越来越普遍。① 在这些产业中,创新型、技术型人才对企业的发展至关重要,甚至有的企业还出现了资本和劳动相互雇佣的态势,企业和劳动者所签订的契约往往既有合作的特征,又有雇佣的性质,劳动者的身份变得更加模糊,从属劳动形态日益变少,以从属劳动为基石的传统劳动法正面临严

① 参见刘益东:《智业革命》,当代中国出版社2007年版,第222页。

峻的挑战。[①] 这意味着现代劳动法必须在物资资本和人力资本之间找到一个平衡点，才能更好地发挥协调劳动关系的功能。这个平衡点就是要实现劳资双方"共建共享"。"共建"是劳资双方共同制定企业的发展战略，"共享"是指劳资双方共享信息和利润。劳动沟通协商法律制度能够为劳资双方"共建共享"提供制度空间，是智能时代背景下劳动关系协调的重要机制。党的十九大提出的"打造共建共治共享的社会治理格局"的重要思想在根本上强调了人民在社会治理中的主体地位，彰显了对全体人民参与权利的尊重。[②] 劳动关系治理作为社会治理的重要内容，应该对广大劳动者民主参与权给予肯定，劳资沟通协商法律制度正是实现劳动者这一权利的前提和保障。《和谐劳动关系意见》也明确提出了"共建共享"原则，即"通过充分调动劳资双方参与企业治理的积极性，实现机制共建、效益共创和利益共享"[③]。"共建共享"原则蕴含着劳资双方之间的交流与互动，体现了国家劳动关系治理思维的转变，即不再一味强调企业管理层在企业治理中的作用，而是更加强调劳资双方协商自治的价值。劳资沟通协商法律制度虽然并不承载"劳资共同决策"的使命，但能够调动劳动者参加职工代表大会和其他民主管理活动的积极性，为实现劳资"共建共享"奠定坚实的基础。

（三）社会背景

近年来全国劳动争议呈现出"高发""群体性"态势。究其直接原

① 参见田思路：《工业 4.0 时代的从属劳动论》，载《法学评论》2019 年第 1 期。

② 参见马庆钰、单苗苗：《准确理解共建共治共享的内涵》，载《学习时报》2017 年 11 月 8 日，第 A2 版。

③ 《中共中央　国务院关于构建和谐劳动关系的意见》，载《人民日报》2015 年 4 月 9 日，第 1 版。

因在于工人要求增加工资、减少工时以及提高社会保险等劳动条件，与“新生代农民工”的特点也密不可分。“新生代农民工”很少有在农村耕种的经历，文化程度不高，又缺乏必要的生存技能，致使其很容易被农村和城市双重边缘化。这使“新生代农民工”有强烈的自尊意识，对在国家新体制和政策中改善自身的地位充满了自信，相信凭借自己的能力可以使自身的地位提高。此外，“新生代农民工”对新生事物的接受能力比上一代农民工要强，而且擅长借助网络了解社会，这使“新生代农民工”的需求更加多元化，除及时足额获得劳动报酬和安全的工作环境等物质需求和安全需求以外，还有拥有一定的知情权、发言权和意见获回应权等沟通需求。[①] 然而，由于缺乏信息披露和交流制度，劳动关系双方容易因信息不对称而产生认知差异和意见分歧，再加上劳资双方又缺乏沟通协商平台，“新生代农民工”的沟通协商需要无法得到满足，进而导致群体性劳动纠纷的发生。因此，当前的社会矛盾现状决定了有必要建立劳资沟通协商法律制度。

三、研究现状

（一）国内研究现状

21 世纪初，无论是劳动法学领域，还是社会学领域，均有学者开始关注劳资沟通协商制度。部分劳动法学者在研究集体协商制度的同时开始倡导构建劳资磋商制度（程延园，2008[②]；刘俊、李满奎，2012[③]）。

---

① 参见冯同庆：《成长和展现中的工人主体性：一个延续 30 年的判断及检验》，载《广东社会科学》2011 年第 3 期。

② 参见程延园：《构建制度化的劳资利益沟通机制——对“东航返航事件”中劳资博弈非制度化的思考》，载《中国人民大学学报》2008 年第 4 期。

③ 参见刘俊、李满奎：《加拿大集体谈判法律制度研究》，载《西南政法大学学报》2012 年第 6 期。

程教授以“东航返航事件”为切入点呼吁构建制度化的沟通协商机制，认为制度化的沟通协商机制是集体协商的缓冲机制，有助于畅通劳资沟通渠道，增强劳资双方的彼此了解，使双方能够尽可能地在劳资集体协商中做出让步，这是一种成本最低的化解劳资矛盾的机制。刘教授等人在研究加拿大集体谈判法律制度时，洞察到了加拿大政府为了给集体谈判制度营造一个良好的工作环境，鼓励劳资双方在集体谈判之外通过劳资磋商来消除彼此间的分歧，促进合作，且个别省的相关劳动法律要求劳资双方必须成立磋商委员会，以此实现劳资磋商常态化。其认为，虽然加拿大法律并未真正确立劳动者磋商权，劳动者无权强制要求用人单位必须与其磋商，但劳资双方常态化的磋商有助于建立一个和谐的、有效率的工作场所，值得我国学习。个别社会学专家在研究职工代表大会制度时，以劳资自治理论为分析工具，积极呼吁构建劳资沟通协商制度（冯同庆，2013①）。冯教授认为，以职工代表大会为核心的企业民主管理制度的有效运行是需要有社会基础的——职工权益表达的动力机制和保障机制。从动力机制来看，我国一直是依靠政府自上而下的方式来推行民主管理制度，缺少自下而上的方式，致使劳资双方主体间缺乏合意，职工的权益表达和工会职能的发挥缺乏动力机制。从保障机制来看，虽然职工代表大会制度和职工董事、民主恳谈等民主参与制度日趋完善，但诸如劳动者知情权、意见表达权以及职工代表获保护权等社会权利构建并没有实质性进展，致使存在一个普遍的现象：企业经营管理的权威在逐渐形成，却与民主管理格格不入，

① 参见冯同庆：《中国企业层面的劳资对话制度及其评估——无畏毛泽东、理想毛泽东以及后毛泽东时代的选择》，载《中国工人》2013 年第 11 期。

工会和职工能否真正参与民主管理根本上取决于企业的旨趣，从而导致职工权益的表达缺乏保障机制。正是动力机制和法律保障机制的缺失致使以职工代表大会制度为核心的民主管理制度只能流于形式。对于如何落实民主管理制度，冯教授认为，应以构建民主管理制度所需要的劳资双方互动与合作的社会权利基础为出发点，构建劳资双方间的自主协商对话制度，并将这一制度与集体协商制度有机结合。

部分学者对劳资协商制度的内涵、理论基础、功能以及构建途径进行了较全面的分析（姚文胜、翟玉娟，2012①；谢增毅，2013②）。姚教授等人将劳资协商定义为劳资双方就共同关心的话题进行沟通与协商，以此实现信息交流、意思联络、凝聚共识和纠纷预防的目的。其认为劳资协商本质上仅体现为劳动者一方的咨询、建议和监督，劳动者并不参与用人单位各项决策的表决，属于劳资双方的自主行为，因而协商的主体、程序、内容和形式应更加宽泛和自由，不应以法律规定为限。谢教授认为，职工代表大会不是企业的决策机构，而是职工行使协商权和监督权的组织机构，其主要功能是获取企业相关信息，并就企业做出的决策提出意见和建议。职工代表大会制度作为职工与企业信息交流的制度平台，有助于提高企业的决策质量和运营效率、激发职工的工作积极性以及改变职工的从属地位。企业自体理论、公司社会责任理论、利益相关者理论、人力资本理论以及经济民主理论为构建职工代表大会制度提供了理论依据。关于职工代表大会制度的构建，其认为必须处理以下两个问题：一

---

① 参见姚文胜、翟玉娟主编：《劳资协商制：中国劳动关系改善的路径选择》，中国法制出版社 2012 年版，第 54 页。

② 参见谢增毅：《职代会的定位与功能重塑》，载《法学研究》2013 年第 3 期。

是职工代表大会的设立标准，二是职工代表大会的职权设置。其持有的观点是：不论是国有企业、集体企业，还是私人企业，只要职工人数达到一定数量就必须设立职工代表大会，且不应区分企业的所有制形态来设置职工代表大会的职权。虽然以上学者并未明确提出“劳资沟通协商制度”概念，但其所讨论的“劳资协商制度”和“职工代表制度”实际上就是本书所要探讨的“劳资沟通协商制度”。

随着《协商民主意见》对“职工沟通协商机制”的提出，劳动法学界开始关注劳资沟通协商制度并对其进行了较深入的研究。有学者从劳动法角度正式提出“劳资沟通协商”概念（林嘉，2016①）。林教授并没有专门论述劳资沟通协商制度，而是在研究劳资社会协商制度时有所论及。其认为劳资社会协商包括宏观层面的社会协商和微观层面的社会协商。前者是指国家层面的协商，主要表现为劳动者、企业、政府之间的三方协商和劳资双方参与立法的制定；后者是指企业或行业内的协商，主要包括集体协商、劳工参与、劳资对话沟通。其主张通过法律明确协商的主体及其法律地位、协商的必要手段以及协商的法律救济途径，以此实现劳资社会协商法治化。还有学者从协商民主与企业民主之间的关系来研究劳资沟通协商机制（葛宣冲、韩克勇，2019②）。二位学者认为，企业民主作为协商民主的重要组成部分，主要包括宏观层面的三方协商、中观层面的“新老三会”协商以及微观层面的沟通协商。企业沟通协商的内容较为广泛，既包括企业管理层的重大决策，又可涉及劳动者的日常生活。劳资沟通协商机制有助于劳动者及时地了解企业管理层的决策过

① 参见林嘉：《劳动法视野下社会协商制度的构建》，载《法学家》2016 年第 3 期。

② 参见葛宣冲、韩克勇：《企业民主：协商民主在经济组织领域的实现方式》，载《云南财经大学学报》2019 年第 9 期。

程,增强劳动者民主参与的有效性,进而可以激发劳动者的活力和创造性。

部分学者对外国的企业劳资协商机制进行了较详细的梳理,并结合我国国情,论述了我国构建这一制度的总体方向(聂鲲、赵碧倩,2016①)。二位学者对德国、荷兰、英国、日本和韩国的劳资协商机制的发展历程、运行规则和实施效果进行了详细的梳理,并总结了上述国家劳资协商机制所存在的共性和个性,在此基础上分析了影响劳资协商机制有效运行的几个要素。经过梳理发现,德国、荷兰、英国的劳资协商机构为企业委员会,日本为劳资协议会,韩国为劳资理事会。三种模式存在的共性有:工会在劳资协商中均扮演了重要角色;劳资协商和集体谈判在形式上相互独立,但实践中却联系紧密;劳资协商议题广泛,均包括职工权益和企业发展两方面的事项;劳资协商所产生的费用均由企业负担;均有职工代表权益保障机制。三种模式存在以下几方面的差异:(1)推广方式不同。欧洲国家的企业委员会模式以及韩国的劳资理事会模式是借助法律来推行的,而日本则是借助政府成立的第三方机构来推行,并没有相关立法。(2)劳资协商组织机构的设置不同。企业委员会全是由雇员代表组成,劳资协议会和劳资理事会则是由雇员代表和企业方代表共同组成。(3)共决事项的范围不同。德国企业委员会享有广泛的共决权,韩国劳资理事会行使共决权的情形相对较少,日本劳资协议会无权行使共决权。在对外国的劳资协商机制进行比较研究后,两位学者得出的结论是:法律是影响劳资协商机制运行效果

---

① 参见聂鲲、赵碧倩:《典型国家企业劳资协商机制研究》,载《中国劳动》2016 年第 22 期。

的主要因素，进一步讲，法律是否通过强制性规定来推行劳资协商、工会是否在劳资协商中发挥重要作用、雇主的支持程度以及员工代表的素质等要素，对劳资协商的效果影响很大。

还有部分学者专门对特定事项的劳资协商制度以及个别国家的劳资协商制度进行专门的介绍（范围，2016[①]；张在范，2009[②]；仲继银，2013[③]；杜宁宁，2014[④]）。范教授专门从国际经验介绍的视角对职业安全卫生职工参与制度进行了较深入的研究，认为职业安全卫生治理中的职工参与程序与一国的经济发展和法制水平密切相关，职工既享有单纯的知情权和咨询权，还享有共同决定权。张教授主张在我国经济性裁员法律制度中引入劳资协商制度。仲继银研究员专门研究了荷兰的企业委员会制度。部分劳动法学者虽然没有明确提出“劳资沟通协商”这一概念，也未对其进行专门的论述，但在研究员工参与制度时对劳资沟通协商制度进行了较粗略的研究。这类学者实质上是将劳资沟通协商制度视为员工参与制度的重要组成，认为员工参与的重要形式是民主表决，而员工行使表决权的前提是享有知情权、咨询权和协商权。基于此，围绕如何实现劳动者的这些前提性权利，学界对劳资沟通协商的主体、内容、程序等方面展开了研究。例如，学者杜宁宁在权利冲突视野下对劳动者知情权的权属、劳动者知情权与用人单位商业秘密权之冲突的协

---

① 参见范围：《职业安全卫生职工参与制度研究——国际经验及其借鉴》，载《社会法评论》2016年第6卷。

② 参见张在范：《劳资协商的引入与我国经济性裁员法律制度的重塑》，载《江苏社会科学》2009年第2期。

③ 参见仲继银：《劳资协商：荷兰的企业委员会制度》，载《中国新时代》2013年第1期。

④ 参见杜宁宁：《权利冲突视野下的劳动者知情权问题研究》，载《当代法学》2014年第5期。

商进行了探讨。

总体来看,劳资沟通协商在我国起初是被视为一种预防劳动纠纷的可行出路来研究的,少有学者注意到劳资沟通协商制度在整个劳动关系调整机制中的重要价值,且专门研究劳资沟通协商制度的成果极少①,大多数学者是将其作为企业民主参与机制的范畴进行研究,未对劳资沟通协商制度与职工代表大会制度、集体协商制度进行区分。少有的专门研究也仅仅停留在企业民主管理层面,尚未从法律制度构建的角度对劳资沟通协商的主体、内容、程序、责任、救济等劳资沟通协商法律关系的各个要素进行较深入的论述。②

(二)国外研究现状

国外关于劳资沟通协商制度的研究,无论在深度和广度上均明显高于国内。早在20世纪晚期就有学者开始研究欧洲共同体成员国有关员工知情权和磋商权的立法。例如,克里斯托弗·多克西(Christopher Docksey,1986③)认为,竞争力和工作满意度是工业生产的目的,雇主与雇员之间的沟通和协商是促进生产、避免劳动力异化、提高雇员的工作满意度、促进劳资合作以及改善劳资关系的

① 在"中国知网"上以"劳资沟通协商"为题名共检索出3篇期刊论文,其中CSSCI论文0篇;以"劳资沟通协商"为主题共检索出6篇期刊论文,其中CSSCI论文1篇;以全文含有"劳资沟通协商"为依据共检索出10篇期刊论文,其中CSSCI论文5篇。至今尚未检索出系统研究"劳资沟通协商制度"的博士论文。

② 目前系统研究劳资沟通协商制度的专著只有1部,由姚文胜和翟玉娟两位教授联合出版,该专著旨在向读者介绍和推广我国部分企业的劳资沟通协商机制,并未上升到法律制度构建层面。学者谢增毅对劳资沟通协商制度进行了较全面的论述,但亦未完成劳资沟通协商法律关系的构建。聂鲲、赵碧倩联合在期刊上发文,该文虽然上升到了法律制度层面,但仅仅只是对部分国家的劳资沟通协商机制进行比较研究,对于我国应该如何构建劳资沟通协商法律制度,却未进行深入研究。

③ See Christopher Docksey, *Employee Information and Consultation Rights in the Member States of the European Communities*, Comparative Labor Law, Vol. 7:1, p. 32 – 69(1986).

有效手段，对雇员和雇主都有意义，实现劳资沟通协商常态化的重要条件就是赋予劳动者知情权和磋商权，以此确保雇员能够了解雇主的必要信息，并能够在生产、经济和工作问题上与雇主进行平等的对话合作。其分别从沟通协商的代表、模式、内容、程序和保障等方面对丹麦、意大利以及德国等欧洲共同体成员国的相关立法进行了较深入的比较研究。经研究发现，欧洲共同体成员国的相关立法存在一定的差异。第一，劳资沟通协商的代表主体存在差异。其主要有工会模式和雇员代表模式两种，大多数欧洲共同体成员国采纳了雇员代表模式，也就是说，这些国家对集体谈判和沟通协商作了区分，集体谈判由工会主导，而沟通协商则由雇员代表主导。第二，劳资沟通协商的模式存在差异。其主要有直接沟通协商和间接沟通协商两种方式，前者是指雇主直接和全体雇员进行沟通协商，而后者主要存在于雇主与雇员代表之间。第三，劳资沟通协商的内容存在差异。有的国家要求雇主应当披露企业所有的信息，而有的国家允许雇主对机密或敏感信息进行保密。在此方面，其认为劳资沟通协商的内容必须涵盖与雇主的财务、经济、社会、人员配备情况有关的广泛的信息，既包括回顾性的信息，也包括一些潜在的信息，如计划、展望和预测等。第四，劳资沟通协商的程序存在差异。有的国家仅限于雇主的信息披露以及雇员的意见表达，而有的国家既包括劳资双方信息的交换，也包括雇主回应雇员的意见，且若雇主不能采纳雇员的意见，通常需要解释原因，甚至有的国家在一些重要事项方面要求劳资双方共同做出决策。第五，在劳资沟通协商的保障措施方面也存在差异。为了确保劳资沟通协商的有效开展，大多数国家均规定了企业违反沟通协商义务所应承担的责任形态以及劳资沟通协商纠纷的处理方式，但不同国家的规定存在一定的差异,责任形态主要有实际履行、行为无效、民事赔偿、罚款以及监禁等,纠纷处理机制主要由斡旋、调解、申诉、仲裁以及诉讼等。

自20世纪末以来,越来越多的学者开始反思集体谈判制度在协调劳动关系中的作用,并极力倡导从法律层面构建劳资沟通协商制度。例如,澳大利亚籍著名中国劳动关系研究学者(陈佩华,1996①)认为,集体谈判制度是建立在劳资意思自治基础之上的,中国劳资集体协商制度远未发挥其功能的根本原因是劳资双方之间缺乏“合意”,集体协商制度只有与劳资自主协商制度有机结合才能发挥其功效。美国劳动关系学者(托马斯·寇肯,2008②)认为,20世纪30年代,集体谈判制度的主要功能是增强工人力量,实现劳资双方地位的平等,而在21世纪,这一旨在强调劳资对抗的制度设计越来越不适应经济社会的发展,当今需要的是能够实现劳动力市场灵活性与安全性平衡的制度设计,集体谈判制度必须与劳资协商制度有机配合才能发挥其理应有的作用。英国著名劳动法学者(理查德·海曼,2008③)认为,学界现有的劳动关系研究主要集中在对政府、工会以及公司等相关组织的研究,少有对政府官员、劳动者及雇主之间关系的研究,虽然这些组织在劳动关系治理中扮演了重要的角色,但这极易把学界的研究重心引向集体谈判制度和国家干预机制等制度。这种忽视人与人之间关系的研究本质上是一种非人格化的研究,是把抽象的组织视为劳动关系治理的主体,这种研究是在贬

① 参见[澳]陈佩华等:《当代中国农村历沧桑:毛邓体制下的陈村》,牛津大学出版社1997年版,第85页。

② 参见[美]托马斯·寇肯等:《美国产业关系的转型》,朱飞、王侃译,中国劳动社会保障出版社2008年版,第17页。

③ 参见[英]理查德·海曼:《劳资关系:一种马克思主义的分析框架》,黑启明主译,中国劳动社会保障出版社2008年版,第9~11页。

低人的价值。海曼虽然没有明确提出劳资沟通协商制度，但是非常重视劳资双方、政府官员以及其他主体之间的交流与互动对协调劳动关系的重要作用。

自2002年《欧盟员工信息与磋商指令》颁布以来，在欧洲乃至全球便掀起了劳资沟通协商研究的浪潮。学界关注的问题主要集中在以下两个方面：一是对工会在劳资沟通协商中的地位的研究。理论界对此存在较大的分歧。学者埃德（Ed.，2005[①]）认为，如果工会的作用被削弱，并被直接的雇主—雇员互动所取代，将会创造一个更有效和更开放的工作氛围，这将使企业在劳资双方之间的互动和公开讨论中受益。另有学者保拉·罗恩（Paula Ruane，2007[②]）却认为，在工会扮演重要角色的国家，按惯例工会是劳动者的利益代表，负责处理谈判和其他工作场所的问题，并成为雇主和雇员之间的中介，工会角色的减少有可能对该劳动关系体系产生巨大影响。欧盟指令为信息交流和咨询提供了强有力的权利保障，这种信息交流应该以工会为桥梁，工会必须认识到该指令的重要性，最大限度地提高员工的福利。如果工会的未来要通过这个指令来维持，那么立法应该确立一个原则，即信息交流和咨询应该通过工会来进行。二是对现有劳资沟通协商法律制度的不足及完善路径的研究。学者克莱夫·谢尔顿（Clive Sheldon，2012[③]）对现有的磋商规则进行了理性的反思，认为劳资磋商必须公平地进行，“公平”取决于案件

---

① See Ed., *Draft Law on Information and Consultation*, European Industrial Relations Law Review, p. 22 – 26(2005).

② See Paula Ruane, *The Information and Consultation Directive-Are Unions Redundant*, Galway Student Law Review, Vol. 3, p. 101 – 114(2007).

③ See Clive Sheldon, *Consultation: Revisiting the Basic Principles*, Judicial Review, Vol. 17: 2, p. 152 – 160(2012).

的具体情况和性质，法官在审理有争议的磋商议题时必须更加谨慎。公平的协商不仅要求协商对象的公平，也要求协商时间的公平，除非有法定的时间限制，否则磋商无须在规定的时限内进行，劳资双方均应给予对方足够的考虑和回应时间。学者马克·霍尔（Mark Hall，2005①）结合英国现有的劳动法律和国情，深入论证了《欧盟员工信息与磋商指令》的重要性以及在英国执行的效果，认为英国在制定相关法律时必须充分考虑资方、劳方以及工会的能动性，法律只能为三方主体之间的沟通协商提供一个基本的框架，而不能对所有的磋商事项均做出具体的强制性规定。

还有部分学者专门就某国的劳资沟通协商机制进行研究。学者迈克尔·多尔蒂（Michael Doherty，2009②）以最高法院的重要裁决为参照，分析了 2001～2004 年劳动者磋商权立法的运行现状，深入研究了立法是否有作用、立法和最高法院的裁决对劳动关系利益相关者的影响、工会在劳资磋商过程中的权利等问题。其认为法律并不是解决劳资磋商问题的万灵药，爱尔兰的立法和司法判决确实为一个行业或整个经济领域的劳资磋商提供了普遍的规范，这些规范得到了较好的执行。在欧盟法律对集体谈判权的法律保护似乎面临困境的情况下，爱尔兰的做法可能提供了一个值得探索的替代模式。国际劳工组织越南局国家产业关系顾问杜琼枝（Do Quynh Chi，2012③）就越南的工作场所咨询机制进行了深入的研究。首先，

① See Mark Hall, *Assessing the Information and Consultation of Employees Regulations*, Industrial Law Journal, Vol. 34:2, p. 103－126(2005).

② See Michael Doherty, *Representation, Bargaining and the Law: Where Next for the Unions?*, Northern Ireland Legal Quarterly, Vol. 60:4, p. 383－402(2009).

③ 参见［越］杜琼枝：《越南的工作场所咨询机制》，载［德］鲁道夫·特劳普－梅茨、岳经纶编：《中国产业民主：兼论德国、韩国与越南》，中国社会科学出版社 2012 年版，第 185～197 页。

其对工作场所咨询机制的功能进行了论述。其认为工作场所咨询机制有着多重目的,除了包括促进劳资沟通对话,还包括雇员参与和劳动争议处理。在工作场所咨询机构与工会相分离的国家,工作场所咨询机制还有缓解工会运动的危险。在由工会代表劳动者与雇主沟通协商的国家,工作场所咨询机制还可以成为一种替代机制。其次,其讨论了越南的工作场所咨询机制,包括由企业工会作为代表的工作场所咨询机制和非工会的工作场所咨询机制。在国有企业,工作场所的咨询机制是工人代表大会制度,由工会代表劳动者负责劳资双方之间的沟通和交流。其研究发现,工会未能充分发挥企业场所沟通协商的桥梁作用,致使出现了大量的“野猫罢工”现象,进而促使雇主不得不去创建工会代表咨询的替代形式,起初雇主只接受职工非正式的咨询请求,但随着工人运动的发展,受到罢工影响的雇主就不得不将非正式的咨询机制程式化。虽然咨询机制的主要目的是避免劳资纠纷,但它在某种程度上促进了劳资合作,这促使越南政府不得不承认这种基于非工会的咨询机制。最后,其提出了自己的观点。其认为无论是有工会的企业,还是无工会的企业,都必须通过法律的形式明确工人的知情权和咨询权,以此构建工作场所咨询法律机制,而不能成为雇主的恩赐,这样才能真正促进劳资双方之间的合作。

此外,韩国劳动研究院研究员裴圭植(Kiu-Sik Bae,2012[①])对韩国公司里的劳资理事会制度进行了研究。首先,其分析了韩国劳资理事会的历史溯源和功能。劳资理事会的初衷是促进劳资双方之

① 参见[韩]裴圭植:《韩国通过无工会公司里的劳资理事会实现产业民主》,载《中国产业民主:兼论德国、韩国与越南》,中国社会科学出版社2012年版,第198~206页。

间的合作,它不是一种雇员参与机制,直到20世纪80年代末90年代初才成为一种雇员代表机制。劳资理事会由同等数量的雇员代表和雇主代表组成,有权就企业的经营和管理事项发表意见,还有工资谈判和咨询的权利,但无权采取集体行动。其次,其分析了劳资理事会的贡献和局限。劳资理事会的功能发挥与公司有无工会、雇主的态度以及雇员的参与度有很大的关系。在有工会的大公司,劳资理事会发挥了较好的作用,但总体来看,劳资理事会主要是由雇主来主导,雇主在选举雇员代表和召开会议等方面均有很大的主导权,有的雇员代表因担心受到雇主的报复而不敢发言,有的雇员代表缺乏足够的时间和能力去参加劳资理事会议,还有部分雇员代表因与雇员缺乏交流沟通而导致雇员代表与雇员之间存在分歧,致使部分劳资理事会难以发挥其应有的功能,只是作为形式上的机构。最后,其提出了完善劳资理事会的建议。由于企业职工委员会全由雇员代表组成,比劳资理事会更有利于代表雇员的利益,因此通过修改法律设立企业职工委员会,由其替代劳资理事会;在有工会的公司里强制建立企业职工委员会,但必须与工会建立密切的联系,无论是产业工会还是企业工会均应在雇员代表的选举和培训以及必要信息的提供等方面发挥重要作用;禁止雇主干预雇员代表选举、拒绝为雇员代表履行职责提供必要的时间和培训等不当行为;企业职工委员会会议应定期化;加强雇员代表与雇员之间的沟通,防止二者间出现分裂。

德国不来梅大学欧洲与德国劳动法教授沃尔夫冈·多伊布勒(Wolfgang Däubler,2012①)就德国的企业委员会制度进行了研究。

---

① 参见[德]沃尔夫冈·多伊布勒:《企业与公司层面工人的代表:选举产生的代表及其法律地位》,载《中国产业民主:兼论德国、韩国与越南》,中国社会科学出版社2012年版,第198~206页。

首先,其介绍了德国企业委员会的组建和权利。企业职工委员会全部由职工代表构成,法律要求有 5 名雇员的企业就应当成立一个企业委员会,职工代表由全体职工选举产生,工会也可以提出一个人选。企业委员会享有知情权、协商权和共决权。其次,其对德国企业委员会制度提出了个人的评价。通过调查查明,在实践中,大约只有 10% 的企业设置了企业委员会,一般都是大型企业,德国大约只有 50% 的雇员有企业委员会代表。其认为现实与法律存在这么大差距的根本原因在于缺乏惩罚机制,雇员代表缺乏勇气与雇主的违法行为作斗争。企业职工享受共决权的一个重要前提是充分了解企业的信息,然而,信息的缺乏致使雇员代表很难行使这一权利,企业的大多数决定是由雇主做出的。此外,企业在拟施行一项方案时,需要讨论数月的时间,且往往需要与专业人士合作才能完成,企业委员会往往没有从一开始就参与到方案的拟定,且缺乏专业知识,因而在短时间内很难提出建设性的意见,致使德国的现实情况与法律相去甚远。

总体来看,国外对劳资沟通协商法律制度的研究起步较早,理论也比较成熟,总体上呈现几个特点:定性研究与定量研究并重;与现实紧密结合;劳资沟通协商实践比较完善,学术研究大多数都来自现实,并以解决现实问题为目的。在研究内容方面,学界始终能够以劳资沟通协商法律关系的构建为中心,重点探讨劳资沟通协商的主体、客体、权利和义务、责任、救济等法律关系的重要元素。在主体方面,学界深入论证了工会代表和员工代表的优劣以及工会在劳资沟通协商中所扮演的角色;在客体方面,学界重点讨论了企业经营决策是否属于劳资共决的事项;在权利和义务配置方面,学界广泛研究了员工磋商权的理论基础以及此项权利所对应的义务;在责任方面，学界重点论证了行为无效责任形态的适用情形；在救济方面，学界重点探讨了劳资沟通协商争议的处理机制。虽然学术观点还存在诸多分歧，但学者始终能够秉持务实的精神。

四、研究思路、方法与创新点

（一）研究思路

本书以“理论—实践—规范”为逻辑主线对劳资沟通协商法律制度的基本理论问题、实践基础和制度构建进行了论证。在理论层面，探究了劳资沟通协商法律制度的源流、本质属性、价值及法律依据；在实践层面，梳理了劳资沟通协商的典型模式及其成功经验，并剖析了各种模式取得成功的原因，结合我国国情，剖析了劳资沟通协商法律制度构建的必要性与可行性；在规范层面，分析了劳资沟通协商法律制度构建的总体思路和具体路径。主要思路如图1所示。

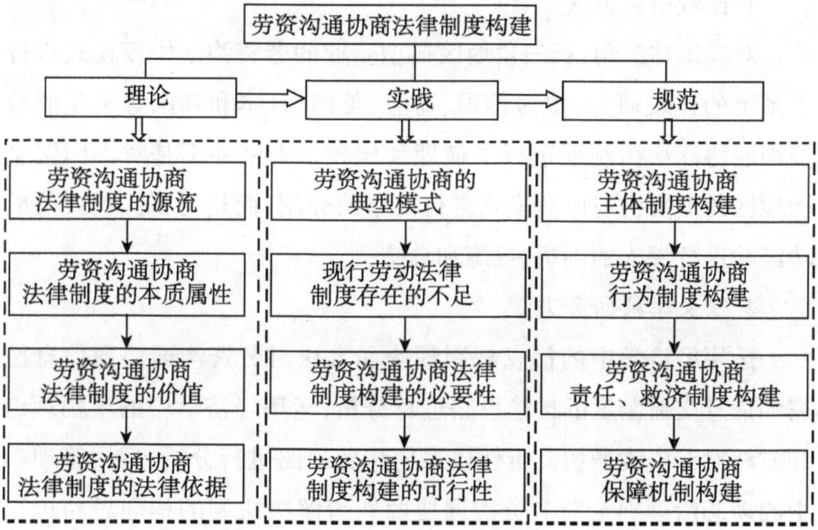

图1　本书研究思路

(二)研究方法

1. 基础哲学或法(哲)理学研究方法

运用主体间性理论、法律沟通理论、主观程序正义理论、承认理论和社会赋能理论等基础哲学或法(哲)理学特别是自然法哲学的理论,对劳资沟通协商法律制度的价值和理论基础进行深层次分析。

2. 整体主义研究方法

将劳资沟通协商制度与劳资社会协商制度、集体协商制度、职工代表大会制度以及劳动争议预防调解等劳动法律制度视为一个整体,并运用关于法律之整体性阐释的方法对不同制度之间的互助关系进行论证,在此基础上探究劳资沟通协商法律制度构建的整体思路,使不同制度相互衔接、相互配合,共同构成一套动态协调的劳动关系协调机制。

3. 比较研究方法

对我国珠三角、长三角地区典型企业的劳资沟通协商模式进行了系统的比较研究,也对德国、荷兰、英国、日本和韩国等国家的劳资沟通协商法律制度进行了梳理和比较。本书并不是对不同国家和地区的劳资沟通协商模式进行简单的介绍,而是对不同模式的成功经验进行深入的剖析、提炼和总结。

4. 交叉学科研究方法

运用经济学中的信息规制理论和方法对劳资沟通协商信息披露和信息交流制度的构建思路进行分析;运用经济学中的激励理论和方法对劳资沟通协商责任体系的构建思路进行分析;运用管理学中的动态治理理论对劳资沟通协商纠纷解决机制的构建思路进行分析。

（三）创新点

1. 尝试运用整体主义理论和方法探究劳资沟通协商法律制度与相关制度之间的互助关系。劳资沟通协商法律制度的功能发挥离不开集体协商制度和职工代表大会制度等劳动法律制度的“配合”，因而将相关制度视为一个整体，并剖析彼此间的互助关系，更有助于探究劳资沟通协商法律制度的构建思路。

2. 倡导构建“劳动者磋商权”这一权利形态。劳动者磋商权是一个具有综合权利性质和丰富权能内容的权利形态。这一权利形态旨在保护劳动者表达意见的权利、意见获回应的权利，与集体协商权、民主参与权既存在密切联系，又存在质的区别，共同构成集体劳动权利体系。与学界所主张的“协商权”相比，“磋商权”更能准确反映其内涵，亦不容易将该项权利与集体协商权相混淆。

3. 倡导构建“权利推动型”劳资沟通协商法律制度。与学界倡导的“权力主导型”劳资沟通协商法律制度相比，“权利推动型”劳资沟通协商法律制度更有助于明确劳资双方的预期，从而更有利于劳资沟通协商活动的有效开展。

五、研究目标和意义

（一）研究目标

1. “劳资沟通协商法治化”命题的证成

劳资沟通协商法律制度构建本质上就是实现“劳资沟通协商法治化”，即让劳资双方之间的沟通对话走上法治化轨道，更进一步讲，就是通过法律强制企业管理层必须与劳动者沟通协商。劳资沟通协商本应属于劳资自治的范畴，主要由企业自主制定的沟通协商机制予以调整，法律按理不应对其进行干预。为何要对企业施加沟通协商的义务？我国是否具有劳资沟通协商法治化的必要性与可行性？这是本书必须回答的问题。

2.“劳动者磋商权”范畴的提出和证成

劳资沟通协商法律制度的有效运行可以靠“权力主导”，也可以依赖“权利推动”，“权利推动型”劳资沟通协商法律制度构建本质上就是劳资沟通协商权利、义务规范的确立，由于义务规范是为权利而设立的，再加上劳资沟通协商对于劳动者来讲更多的是一种权利，对于企业来讲更多的是一种义务，因而“权利推动型”劳资沟通协商法律制度构建的中心任务就是确立劳动者磋商权。我国为何应当构建“权利推动型”劳资沟通协商法律制度？劳动者磋商权的法理依据何在？这是本书必须论证的问题。

3. 劳资沟通协商法律关系的构造

劳资沟通协商法律制度构建的核心内容就是将抽象的劳资沟通协商权利义务规范转化为行为主体的具体法律行为，即劳资沟通协商法律关系的构造。因而，本书的核心目标就是以法律关系理论为分析工具，分别从劳资沟通协商的主体、客体和程序等方面进行劳资沟通协商法律关系的构造，并通过构建劳资沟通协商主体制度、信息披露和交流制度等将劳资沟通协商权利、义务规范转化为劳资沟通协商利益相关者的具体法律行为。

4. 劳资沟通协商法律制度有效运行的保障机制构建

劳资沟通协商法律制度需要一套行之有效的保障机制才能有效运行。这套保障机制既包括劳资沟通协商责任制度、纠纷解决制度以及劳资沟通协商代表的权益保障制度，也包括科学合理的劳资沟通协商激励制度。我国应构建何种类型的劳资沟通协商法律保障机制？这是本书必须解决的问题。

(二)研究意义

1.理论意义

(1)有助于深化劳动法基础理论研究。本书采用“主体—行为—责任—救济”分析范式,探究了劳资沟通协商的主体、行为模式、责任形态以及权利救济机制,这一分析范式将有助于深化劳动法主体理论、行为理论、责任理论以及救济理论研究。

(2)有助于深化劳动权利理论研究。本书以劳动者磋商权的确立、运行和实现为逻辑主线探究了劳资沟通协商法律制度构建的路径,这一逻辑主线的揭示将有助于深化劳动权利理论研究。

(3)有助于深化劳资协商理论研究。劳资协商包括三方协商、集体协商、参与式协商和沟通式协商,四种劳资协商形式相互衔接、相互配合,劳资沟通式协商能够为其他协商形式的功能发挥创造条件,因此本书将有助于深化劳资协商理论研究。

2.实践意义

(1)为相关部门贯彻落实《协商民主意见》提供一定的思路。劳资沟通协商法律制度作为社会主义协商民主建设的重要组成部分,有利于提高劳资双方的协商意识和协商能力,从而能够为劳资双方参与其他领域的协商奠定坚实的基础,本书能够为国家开展协商民主建设提供一定的思路。

(2)为新时代基层党组织建设、工会建设以及社会治理提供一定的思路。本书通过分析政府、企业党组织、工会、劳动者、用人单位以及社会力量在劳资沟通协商中的角色定位,以及彼此之间的互动模式,为政府、企业党组织、工会以及社会力量在新时代的职能定位提供参考。

(3)为劳动立法、执法和司法提供一定的参考意见。本书尝试构建职工沟通协商委员会制度、信息披露和交流制度、劳资沟通协商责任体系和纠纷解决机制，能够为立法者制定相关法律制度、为劳动执法和司法部门的角色定位提供一定的参考意见。

第一章　劳资沟通协商法律制度的基础认知

劳资沟通协商法律制度如何成为一种集体劳动关系协调机制？哪些因素促成劳资沟通协商法治化？这需要诉诸劳资沟通协商法律制度的源流来加以阐释。劳资沟通协商法律制度在集体劳动关系法律制度中的地位如何？其与职工代表大会制度、集体协商制度有何关联？其具有何种特质和功能？这需要诉诸劳资沟通协商法律制度的内涵体系来加以阐明。劳资沟通协商法律制度这一来自欧洲国家的制度设计在中国有无生存和发展的土壤？从理论层面讲，对这一问题的回答至少需要从该制度的价值和法律依据两个方面展开论证。

第一节　劳资沟通协商法律制度的源流

一、理论渊源

劳资沟通协商法律制度的理论探索源于20世纪的欧洲。而恰在彼时，欧洲国家的工会运动风起云涌，工会领导的劳工运动日益发展，欧盟和国际劳工组织高度重视对劳工权利的保护，拉美部分国家亦同样处在劳工运动的浪潮中。这导致人们极易将劳资沟通协商法律制度的哲学基础与劳工运动结合起来，产生了“劳资沟通协商法律制度缘起于工会运动”的误解。有学者专门就此予以了澄清：一方面，劳资沟通协商法律制度和其他劳动关系调整机制一样，确实起源于欧洲，这一制度设计理应归功于欧洲劳动哲学家们的不懈努力，但欧洲劳资沟通协商法律制度并不是工会运动的产物，而是欧盟在充分尊重广大雇主意见的基础上根据成员国劳资沟通协商实践的具体情况所产生和发展起来的。① 另一方面，劳资沟通协商法律制度的实质是雇员基于沟通协商而对雇主所享有的请求权，其宗旨是实现劳资沟通协商的法治化，沟通协商在本质上就是雇员与雇主之间的互助共赢关系，而这并不是工会主义理论的主张。② 实际上，劳资沟通协商法律制度之所以源于欧洲，乃是回应各国雇主的需要，反映的是欧洲国家雇主渴望将工会限制在企业之外，以此克服工会集权主义给企业发展制造障碍的愿景，亦是欧洲国家领导者们意图限制工会运动，进而创设一种劳资协商共赢文化的产物。

因此，对于劳资沟通协商法律制度理论，首先需要澄清其并非源自工会主义。相反，从逻辑上说，劳资沟通协商法律制度理论的出现，恰恰是为了防止工会过度集权的倾向。在工会集权主义理念下，雇员为工会有机组成成员，工会集权主义强调工会的优先性和

---

① See Christopher Docksey, *Employee Information and Consultation Rights in the Member States of the European Communities*, Comparative Labor Law, Vol. 7:1, p. 32(1986).

② See Clive Sheldon, *Consultation: Revisting the Basic Principles*, Judicial Review, Vol. 17:2, p. 152 – 160(2012).

雇员群体利益的最大化，强调雇员对工会的绝对服从。因此，工会有千万种理由忽略和剥夺单个雇员的权利，也极易压缩雇主与雇员友好协商的空间，使雇主很难根据自身处境灵活调整经营策略和管理策略。此外，工会集权主义强调工会与雇主组织在沟通协商方面的重要性，容易忽视个别雇员与雇主之间的互助合作关系，从而极易导致雇员人格的异化。① 劳资沟通协商法律制度之所以能够消解工会集权主义的危险，根本原因在于其提供了除工会以外的另一个员工代表机构——工作场所劳资沟通协商机构，由其代表劳动者行使咨询权和磋商权。劳资沟通协商机构与工会彼此分离，为了赢得雇员的信任，二者往往会展开一定程度的竞争，若劳资沟通协商机构能够有效开展沟通协商，将势必会提高雇员的工作满意度，减轻雇员对工会的依赖程度，从而有助于缓解工会集权主义的危险。② 美国有学者认为，在21世纪，工会这一旨在强调集权和劳资对抗的雇员代表组织的弊端越来越明显，工会必须与劳资沟通协商组织有机配合才能发挥其理应有的功能。③ 另一个原因在于其能够实现工业生产的目的——提高企业的竞争力和雇员工作满意度，详言之，雇主与雇员之间的沟通协商是促进生产、避免劳动力异化、促进劳资合作以及改善劳资关系的有效手段，对雇员和雇主都有意义。④

---

① 参见[英]理查德·海曼：《劳资关系：一种马克思主义的分析框架》，黑启明译，中国劳动社会保障出版社2008年版，第9～11页。

② See Paula Ruane, The Information and Consultation Directive-Are Unions Redundant, Galway Student Law Review, Vol. 3, p. 101(2007).

③ 参见[美]托马斯·寇肯等：《美国产业关系的转型》，朱飞、王侃译，中国劳动社会保障出版社2008年版，第17页。

④ See Christopher Docksey, Employee Information and Consultation Rights in the Member States of the European Communities, Comparative Labor Law, Vol. 7:1, p. 32(1986).

工会集权主义的消解是否意味着要赋予劳资双方更多的沟通协商自主权,也就是说,是否意味着劳资沟通协商法律制度的哲学基础是自由主义?答案是否定的。自由主义强调国家干预的有限性和个人的自主性,在自由主义意识形态下,政府的权力是有限权力,国家法律制度的存在亦是有限的,旨在实现个人利益的最大化,而不能干预个人的发展。① 依据原初意义上的自由主义理念,劳资沟通协商理应是一个个人自主的问题,国家缺乏干预劳资沟通协商的合法性依据。可见,在最初的自由主义思想下,寻找劳资沟通协商法律制度的理论基础将是一件极其困难的事情。

然而,随着自由主义理论的不断发展以及时代的变化,理论界也找到了突破国家干预劳资沟通协商的正当性难题的依据。学者和立法者主张,并不是所有的国家对劳资沟通协商的干预都是对雇主自由的侵犯,劳资沟通协商法律制度并不会妨碍雇主的自主经营权和管理权,甚至有学者主张,劳资沟通协商法律制度对劳资双方都是有利的。② 这主要是由自由主义理论的基本原则和劳资沟通协商法律制度的本质决定的。自由主义理论虽然反对国家对个人自由的不当干预,但也排斥国家消极不作为,主张国家应对那些缺乏沟通协商能力的劳动者负有保护的义务。③ 事实已经证明,劳动关系的从属性特质致使许多雇员无法自主地和雇主展开沟通协商,缺

---

① 参见[美]保罗·卡恩:《摆正自由主义的位置》,田力译,中国政法大学出版社 2015 年版,第 1 页。

② See Anne Marie Lofaso, *Talking is Worthwhile: The Role of Employee Voice in Protecting, Enhancing, and Encouraging Individual Rights to Job Security in a Collective*, http://ssrn.com/abstract=1558563.

③ See John Tobin, *The Right to Health in International Law*, Oxford University Press, 2012, p. 61.

乏国家干预的劳资沟通协商实践时常呈现以下态势:劳资沟通协商的主导权仍掌握在雇主手中,雇员能否常态化地参与劳资沟通协商基本上取决于雇主的旨趣与喜好;雇员即使能够参与劳资沟通协商也难以自主地表达意见;雇员即使能够参与劳资沟通协商并自主地陈述意见,但能否获得雇主的及时回应也不确定;雇主不履行满足雇员参与劳资沟通协商的各种义务,雇员也难以通过法律手段追究雇主责任。劳资沟通协商法律制度本质上并不是一种真正意义上的员工参与制度,而是一种员工介入制度。① 申言之,其只赋予劳动者获取雇主经营信息和管理信息、表达意见和建议以及意见获回应的权利,劳动者在大多数情形下对相关事宜并不享有表决权。劳资沟通协商法律制度的这一特性决定了其并未削弱雇主的自主经营权。恰恰相反,其有利于规范雇主的经营行为和管理行为,使各项决策更具科学性,还会起到预防劳资纠纷、提高生产效率的作用。

由上可知,劳资沟通协商法律制度产生的哲学基础就是对工会集权主义与过度自由主义的平衡。工会过度集权与过度的劳资自治都是危险的,工会过度集权会限缩劳资自治的空间,过度的劳资自治会使劳资沟通协商成为雇主个人的自主行为。通过法律制度来保障雇员的沟通协商利益,是国家介入劳资沟通协商领域,平衡工会集权主义与过度自由主义的重要手段。

二、制度契机

劳资沟通协商实践缘起于19世纪的欧洲。彼时的欧洲经济发

① 参见[英]菲利普·李维斯等:《雇员关系:解析雇佣关系》,高嘉勇等译,东北财经大学出版社2005年版,第194页。

展加快,但劳资矛盾却日益突出。以德国为例①,为应对日益兴起的劳工运动,雇主们自发建立了企业内部的劳资沟通协商制度。雇主做出这一举动的原因有两个方面:一是削弱工会的职能;二是使雇主在企业层面的决策更能得到工人的支持,从而使决策更具合法性。1891 年,保守团体首次倡议制定规范劳资沟通协商的法案,但遭到了社会民主党和工会的强烈反对,随着政治的变化和劳工运动策略的改变,工会开始支持企业层面的劳资沟通协商,但开始在企业内部建立民主架构来限制雇主的决策权。1920 年第一部《企业组织法》颁布,该部法案更接近于 19 世纪雇主们自主建立的企业内劳资沟通协商模式,而并非工会所主张的模式,并确立了工会代表和企业委员会代表的双重体制,工会主要负责集体谈判,企业委员会则负责企业内劳资沟通协商活动,纳粹政权倒台后,企业委员会体制开始了重建,1952 年重新颁布了《德国企业组织法》,并于 1972 年、1989 年对该法案进行了两次修正,劳资沟通协商制度正式被该部法案予以了明确肯定。因此,该部法律的出台虽然与工会有关,但并不是因为工会而颁布的。

自 20 世纪 90 年代以来欧盟理事会就开始积极推动建立欧盟企业委员会制度,为欧盟企业应当如何设立欧盟企业委员会订立规则。在欧洲,企业委员会制度是雇员参与企业民主管理的一项重要途径,雇员借助该项制度享有广泛的知情权、磋商权和共同决定权等权利。2000 年 12 月通过的《欧盟基本权利宪章》(EU Charter of Fundamental Rights)首次对劳资沟通协商法律制度进行了萌芽式的

① 参见[德]曼弗雷德·魏斯、马琳·施米特:《德国劳动法与劳资关系》,倪斐译,商务印书馆 2012 年版,第 248~249 页。

表达。该法案第 27 条规定："职工或其代表必须在适当的程度、适当的时间得到对信息和磋商的保障。"劳资沟通协商法律制度在欧盟部长会议于 2001 年 12 月通过的《欧盟员工信息与磋商指令》中被正式提出，指令明确规定雇员享有知情权和磋商权，并要求欧盟成员国应遵守这一指令，通过制定劳资沟通协商法律制度来落实雇员的这些权利。

此后，在欧洲乃至全球掀起了劳资沟通协商立法的浪潮。例如，荷兰为了畅通雇员与雇主的沟通渠道，从而减少劳资冲突、增强雇员的集体谈判能力以及监督雇主的经营和管理行为，于 1971 年制定了《荷兰企业委员会法》，并根据《欧盟员工信息与磋商指令》进行了多次修正。该法明确规定企业应当建立劳资沟通协商制度，企业在做相关决策时必须事先听取企业委员会的意见，若意见未被采纳还需说明没有采纳的理由，以此保障雇员的磋商权。① 英国劳资联合会于 2001 年 7 月对私营雇主进行了访谈，发现在被访谈的 673 名雇主中有近一半的雇主主张在企业内部建立劳资磋商制度，为了满足雇主的这一需求，英国遵循了《欧盟员工信息与磋商指令》的规定，并于 2004 年通过了《英国雇员信息和磋商条例》，明确规定企业职员可以借助劳资沟通协商法律制度享有知情权和磋商权。② 除欧洲国家以外，韩国也出台了《韩国职员参与与合作促进法》。与欧洲国家存在的差异是，韩国的这部法律构建的是"权力主导型"劳资磋商制度，而不是"权利推动型"劳资磋商制度，即法律没有明确承认

---

① 参见[荷]费迪南德·B. J. 格拉佩豪斯、莱昂哈德·G. 费尔堡：《荷兰雇佣法与企业委员会制度》，蔡人俊译，商务印书馆 2011 年版，第 56 ~ 62 页。

② 参见[英]史蒂芬·哈迪：《英国劳动法与劳资关系》，陈融译，商务印书馆 2012 年版，第 311 页。

劳动者磋商权，而只是规定劳资沟通协商机构——劳资理事会的职责权限包括披露信息以及咨询、协商、共决有关事项，主要是借助政府权力来运行劳资磋商机制。[①] 日本、越南等国家没有借助法律来明确劳资磋商制度，主要是通过政府来推动劳资沟通协商活动，劳动者虽然不享有磋商权，但实际上享受了磋商的利益。[②] 可见，劳资沟通协商法律制度作为一项新兴的集体劳动关系协调机制，其产生大致经历了国内实践——国际立法——国内立法的历程。这股浪潮也于21世纪初期开始涌入中国。虽然磋商权尚未成为劳动者的一项法定权利，但我国部分劳动立法却存在劳资沟通协商的碎片化规定，劳动者磋商权的部分权能在规范层面上也有一定的彰显。[③] 近年来，随着“打造共建共治共享的社会治理格局”论断的提出以及《协商民主意见》的出台，劳资沟通协商不仅成为学界讨论的中心话题，更是广大企业积极实践的对象，亦取得了一些成功的经验，如浙江萧山传化集团的劳资沟通协商制度、“瑞德－新安1＋3劳资恳谈协商制度”。

各国的劳资沟通协商实践及立法表明，各国政府已经认识到劳

---

① 参见[韩]裴圭植:《韩国通过无工会公司里的劳资理事会实现产业民主》，载[德]鲁道夫·特劳普－梅茨、岳经纶主编，中国社会科学出版社2012年版，第185～197页。

② 参见[越]杜琼枝:《越南的工作场所咨询机制》，载[德]鲁道夫·特劳普－梅茨、岳经纶主编:《中国产业民主:兼论德国、韩国与越南》，中国社会科学出版社2012年版，第174～184页；[日]荒木尚志:《日本劳动法》(增补版)，李坤刚、牛志奎译，北京大学出版社2010年版，第135～137页。

③ 《劳动合同法》第4条规定:“用人单位在制定、修改或者决定有关劳动报酬、工作时间、休息休假、劳动安全卫生、保险福利、职工培训、劳动纪律以及劳动定额管理等直接涉及劳动者切身利益的规章制度或者重大事项时，应当经职工代表大会或者全体职工讨论，提出方案和意见，与工会或者职工代表平等协商确定。”第43条规定:“用人单位单方解除劳动合同，应当事先将理由通知工会。用人单位违反法律、行政法规规定或者劳动合同约定的，工会有权要求用人单位纠正。用人单位应当研究工会的意见，并将处理结果书面通知工会。”

资磋商对于促进劳资合作、预防劳资纠纷以及提高雇员民主参与能力的工具性价值，雇主自主经营权与雇员磋商权之间的关系需重新审视。随着国家协商民主建设的深入推进，我国劳动者的磋商能力和意识将会日益提高，企业亦会逐渐意识到劳资沟通协商对于提高生产力的价值，劳资沟通协商法律制度必将受到官方的确认，国际劳工组织和更多国家亦将会认可这一制度。

第二节　劳资沟通协商法律制度的本质属性

一、内涵及特征

(一)劳资沟通协商法律制度的内涵

《中国劳动保障发展报告(2016)》提出，劳资协商共赢的中心目标是加强三个层面的协商：一是宏观层面的劳资政三方协商；二是中观层面的企业民主协商；三是微观层面的劳资个别协商。[①] 其中，企业民主协商包括集体协商、参与式协商和沟通式协商。集体协商是指员工代表或工会与用人单位就劳动报酬、劳动条件等事项进行协商，目的是签订集体劳动合同，为员工争取更大的利益。参与式协商是指劳动者借助职工代表大会制度、职工董事和职工监事制度等直接或间接地参与用人单位的决策活动，主要表现为提出建议的参与和决策参与。沟通式协商是指由劳动者集体或代表与用人单位进行信息沟通，沟通的信息既包括与劳动者切身利益有关的信

---

① 参见刘燕斌主编：《中国劳动保障发展报告(2016)》，社会科学文献出版社2016年版，第21页。

息,也包括用人单位的经营信息,该制度的初衷是消除劳资双方之间的分歧、提高信任度,从而达到预防劳动争议的目的。

国内部分学者虽然对劳资沟通协商制度的重要性有所认知,但对这一制度进行系统研究的较少,大多数是将该制度作为一种员工参与制度来研究。依照这些学者的理解,广义的员工参与包含以下三种:(1)所有参与,即主要表现为职工持股;(2)经营参与,即主要表现为职工董事、职工监事参与企业决策和监督;(3)信息参与,即主要表现为劳资双方之间的信息交流。① 实际上,这类学者所称的信息参与就是本书所要探讨的劳资沟通协商。沟通协商与所有参与、经营参与存在质的区别,所有参与和经营参与的本质是劳动者与用人单位共同分享决策权,体现了所有者、管理者和劳动者之间的权力分配,而沟通协商一般只涉及信息分享和交流,劳动者在大多数情况下并不参与用人单位的决策,本质上并未改变用人单位单方行使决策权的现状。鉴于此,为了更好地区分沟通协商与所有参与、经营参与,凸显沟通协商制度的重要性,本书将劳资沟通协商制度视为是与员工参与制度并列的一种制度,二者与集体协商制度、职工代表大会制度共同组成企业民主协商机制。对于此分类,英国学者菲利普·李维斯也持有类似的观点。其认为员工介入和员工参与所追求的目标存在质的差异,二者不是同一个概念。员工参与是雇员行使表决权的体现,本质上是企业投资者、管理者以及雇员之间权力的分配,主要表现为雇员对组织决策的直接介入或通过代表的间接介入。一般来讲,员工参与是由国家推动或劳动者自身争取的,因此可能会受到雇主的排斥。员工介入是指雇员借助一系列

---

① 参见周超:《职工参与制度法律问题研究》,中国社会科学出版社 2006 年版,第 32 页。

程序性规定与雇主展开信息交流和沟通,旨在鼓励雇员最大限度地理解和支持雇主的管理策略和经营策略,激发雇员的责任感和归属感,从而达到预防劳资纠纷、提高用人单位经营效率的目的。[①] 由于雇员介入不涉及用人单位的经营决策,因此这意味着其不会对雇主的管理权威带来挑战,大多数情形下能够得到用人单位的理解和认同。

(二)劳资沟通协商法律制度的特征

1. 主体间性

主体间性是20世纪西方哲学中的一个概念,主要用于分析一个主体是如何与另一个主体相互联系的。主体间性理论与主体性理论最大的区别在于:主体性理论把主体视为孤立的个体,而主体间性理论将自我的存在方式看作群体性,也就是说,主体既是个体性的,又是以主体间的方式存在的。[②] 胡塞尔、海德格尔从哲学角度研究过主体间性;哈贝马斯从社会学角度对主体间性进行了深入的论证,并提出了著名的交往行动理论。哈贝马斯的交往行动理论旨在为后现代社会如何实现社会团结提供理论导向,该理论将"主体性"理论修正为"主体间性"理论,并将规范事实上的有效性与规范的正当性有机联系,这种联系只有借助社会主体间的交流与对话,并达成共识才能得以建立,达成共识的必要条件是创设理想的沟通情境,这种情境必须符合以下要求:所有利益相关者参与对话的机会

---

① 参见[英]菲利普·李维斯等:《雇员关系:解析雇佣关系》,高嘉勇等译,东北财经大学出版社2005年版,第194页。

② 参见[德]埃德蒙德·胡塞尔:《笛卡儿式的沉思》,张廷国译,中国城市出版社2002年版,第125页。

均等、参与者不能有特权、自由表达意见、诚实。①

哈贝马斯的交往行动理论不仅仅适用于政治和法律领域,还在生活世界中得到广泛运用。企业作为劳动者日常工作生活的重要场所,理应属于交往行动理论的实践领域。随着劳动者诉求的日益多元化,劳资矛盾日益显现,如何化解劳资矛盾,并在劳资双方之间达成共识,是企业面临的严峻问题。交往行动理论为企业化解矛盾带来了理论导向。主体间性在劳资沟通协商活动中主要体现为:劳资沟通协商不仅仅只涉及单向的信息披露和意见反馈,而是体现为一种双向互动,用人单位除应主动披露相关信息以外,对于部分事项的决策还应征求劳动者的意见,而且还有义务回应劳动者的意见,甚至当劳动者的意见尚未得到采纳时,用人单位还有义务说明理由。也就是说,劳资双方之间的交流与互动是"双向"而不是"单向"的,不仅表现为用人单位管理层自上而下的信息公开,还体现为劳动者主动向管理者传递信息并得到回应。劳资沟通协商的这一程序性特征使其与厂务公开制度存在质的区别。劳资沟通协商法律制度主要是借助一套中立、公正的程序为维系劳资双方之间的"互动"关系创设制度性空间。依照季卫东教授的理解,公平、正义的程序蕴含着"选择"的要素,具有较强的"过程性"和"交涉性"色彩,有助于交涉双方达成共识。②

2. 程序性

法律中的程序是指决策机构按照某种标准、顺序以及方式公平

① 参见[德]哈贝马斯:《在事实与规范之间:关于法律和民主法治国的商谈理论》,童世骏译,生活·读书·新知三联书店2003年版,第1~33页。

② 参见季卫东:《法律程序的意义——对中国法制建设的另一种思考》,载《中国社会科学》1993年第1期。

地听取利益相关者的意见，整理不同的观点，在利益相关者充分交流、沟通并理解的情形下做出决策。① 法律中的程序在本质上体现为利益相关者的相互关系，法律程序主义作为一个与法律形式主义和法律实质主义相对应的范畴，承担着整合形式主义与实质主义、消解经验主义与理性主义之间二元对立的使命。② 从直觉上看，程序也体现为一种形式。对此，韦伯（Weber）就将广义的形式主义分为抽象的形式主义和直观的形式主义，前者是指借助抽象的逻辑推理阐释法律，以形成抽象的规则，后者则体现为具有法律意义的论辩、签字以及其他象征性行为。③ 由此可以看出，韦伯所理解的抽象的形式主义与大多数人所理解的形式主义类似，即狭义的形式主义，而直观的形式主义与部分学者所提倡的程序主义存在相似之处。昂格尔（R. M. Unger）是这样界定法律形式主义、实质主义和程序主义的：当把普遍的规则视为正义时，这就是形式主义；实质主义是被用来支配实际结果；而程序主义是用来限制利益分配的程序合法性。④ 按照季卫东教授的法律程序主义观，程序主义是一种既不同于形式理性又有别于实质理性的反思理性，程序主义有两层含义：一是形式理性；二是决策过程可视化，利益相关者对分配公平与否存在主观感知。⑤ 程序主义法律观的初衷就是消解“形式—实质”

---

① 参见季卫东：《法治秩序的建构》，中国政法大学出版社 1999 年版，第 12 页。

② 参见韩德明：《法律程序主义：论证逻辑和时代际遇》，载《社会科学》2007 年第 2 期。

③ 参见［德］马克斯・韦伯：《经济与社会》（下卷），林荣远译，商务印书馆 1997 年版，第 17 页。

④ 参见［美］R. M. 昂格尔：《现代社会中的法律》，吴玉章、周汉华译，译林出版社 2001 年版，第 188 页。

⑤ 参见季卫东：《法律程序的形式性与实质性——以对程序理论的批判和批判理论的程序化为线索》，载《北京大学学报（哲学社会科学版）》2006 年第 1 期。

的二元法律困境。以抽象的法律原则和具体的法律规则为内核的法律形式主义不能带来一种具有客观正义的法,而且在价值多元的社会中不能确保普适性。法律实质主义作为一种追求事实平等,且随时臣服于价值的拯救方案,不断威胁到法律的稳定性。法律程序主义能够消解"形式—实质"二元对立的根本原因在于其既不主张法律建构论,也不支持法律实在论,而是坚持法律商谈论立场,既扬弃了"法律是主权者的命令"的法律观,亦不完全支持"法律是发现的结果"的观点,而认为法律的合法性在于具有社会交往理性,即立法过程具有商谈特性。① 法律程序主义者眼中的"程序"不仅仅只具有形式价值,也不只是实现结果的工具,而是一种与结果评判不存在依附关系,具有独立的价值的商谈过程,正是这种过程使结果具有合法性。② 正如贝勒斯(Bayles)所言,"程序的价值来源于其本身具有让人主观上感到满意的元素,包括尊重人的尊严、公平待遇、自愿、参与、及时以及被利益相关者认同"③。法律程序主义正是借助价值中立的程序来实现程序的这些价值,从而消解形式主义和实质主义的二元对立。

早期学者对法律程序主义的倡导旨在实现法律对政治的自治,使立法、执法和司法免受政治的干预,后期学者所理解的法律程序主义并不局限于法治领域,还包括社会组织领域和私人生活领域,甚至整个社会关系领域。显然,企业组织领域也属于广义的法律程序主义范畴。劳资沟通协商法律制度的程序性主要体现在该制度

① 参见韩德明:《法律程序主义:论证逻辑和时代际遇》,载《社会科学》2007 年第 2 期。

② 参见韩德明:《法律程序主义:论证逻辑和时代际遇》,载《社会科学》2007 年第 2 期。

③ Michael Bayles, *Principles for Legal Procedure*, Law and Philosophy, Vol. 5, p. 53 – 56 (1986).

的目标定位上。劳资沟通协商法律制度的主要目标是为劳资双方提供制度性交流平台，通过彼此间的交流沟通，消除分歧，达成共识，旨在保护劳动者知情权、咨询权、磋商权等程序性权利，因而在大多数情形下只涉及信息的披露和咨询，劳动者不参与用人单位的决策。也就是说，其更强调沟通协商的“过程”而不是“结果”，追求的是“程序正义”而不是“实质正义”。这一程序性特征使劳资沟通协商法律制度区别于职工代表大会制度、职工董事和监事制度以及集体协商制度等企业民主参与制度，因为这些制度追求的是民主参与的结果，而劳资沟通协商法律制度追求的是程序正义，旨在借助一系列商谈程序使企业民主参与制度能够发挥其功能，使劳动者能够从直观上感受到民主决策结果的合法性。

3. 整体性

依照整体主义思想来审视人与人之间以及人与社会之间的关系，我们可以总结以下三点：第一，人不是孤立的个体，而是和他人彼此联系，社会不是由单个人的机械相加组成，而是由不同个体相互联系、相互依存，共同构成的一个有机体。相应地，社会整体利益也并非是每个人的利益相加，个人利益的获取不仅取决于个人的努力，还与其他人的配合以及整个社会息息相关。第二，人不仅是一个有七情六欲的自然人，还是一个有智识和理性的社会人，人的智识的累积和理性能力的提高不仅仅只依靠个人的努力，还需要他人和社会的相助，因为任何一个人在任何时间都会自觉或不自觉地从他人和其身处的社会中获取财富和智识，并从人际交往中知晓自己的不足以及他人的优点，从而能够明确自己努力的方向，实现自己的全面发展。这意味着人的理性是“人与人之间的相关理性”，每个人的生存和发展离不开其所在的社会，因而每个人都应维护好其所在的社会。第三,人与人之间的关系并不是机械的、静态的和独立的,而是有机的、动态的和密切联系的。这意味着人与人之间的利益并不是"此消彼长"的关系,而是共赢或共损的关系,如果彼此合作就可能出现共赢的结果,相反,彼此争斗将可能产生共损的后果,个人的违法行为不仅侵犯了个别人的利益,而且可能会损害其所处社会的共同利益,即违法行为的损害具有非个别性和潜在性。①

劳资沟通协商法律制度所体现出的整体性主要表现为以下几点:第一,劳资沟通协商法律制度的主要目标就是消除劳资双方之间的隔阂,增强彼此之间的认同感,以此去培育劳资利益共同体。依照整体主义思维,劳动者和企业是相互依存的,劳资利益共同体的利益并不是企业利益与劳动者利益的简单相加,劳资沟通协商法律制度可以调动劳动者的积极性,提高企业效率,从而能够使劳资利益共同体的利益最大化,劳动者和企业彼此均会获益。第二,无论是劳动者,还是企业管理者,均不是孤立的个体,双方智识的积累和理性能力的提高都离不开彼此之间的互动。劳资沟通协商法律制度既可以增加劳资双方之间的互动,又可以加强劳动者之间的互动,通过彼此之间的互动,各自的能力得以提高。对于劳动者而言,这种能力的提高将有助于提高劳动者的权利质量,使劳动者能够真正去享受权利。从整体主义角度来看,权利是指行为人参与共同体各项活动的资格和借此得到的利益。② 正如马克思所言,权利本质

---

① 参见[英]马尔科姆·卢瑟福:《经济学中的制度:老制度主义和新制度主义》,陈建波等译,中国社会科学出版社1999年版,第33~34页。

② 参见[瑞士]皮亚杰:《结构主义》,倪连生等译,商务印书馆1984年版,第143页。

上就是共同体各种社会关系的呈现。[①] 这意味着劳动权利实际上就是劳动者参与劳资利益共同体各项活动的资格和借此所获取的利益。从劳动权利的这一内涵可以得知,劳动者享受劳动权利的过程绝不是一个单向的、孤立的过程。也就是说,劳动权利的有效实现不能仅靠国家自上而下的权利赋予或劳动者自下而上的争取,还需要用人单位的认同和配合。第三,在价值日益多元化的当今时代,劳资利益协调最好的方式就是沟通协商。对此,吉登斯也曾说过,"不论是哪一社会,处理价值冲突、化解矛盾、形成共识、做出决定的最理想的方式是平等对话"[②]。这意味着新时代劳资利益关系并不是一个"此消彼长"的关系,只有借助沟通协商,才能实现劳资双赢,也才能营造"劳资利益共同体"。

4. 非博弈性

博弈论作为应用数学的一个重要理论,亦称"对策论"和"赛局理论",是研究竞争性行为和程式化的激励结构的一种数学理论。博弈论中的博弈是指多个行为主体的决策行为存在相互作用的关系,致使决策者在决策时往往只考虑自己的利益,并根据自身所知晓的信息以及对自身能力的判断,做出对自己有利的决策。[③] 与德国、荷兰等国家的劳资沟通协商法律制度存在重大差异,我国劳资沟通协商法律制度在当前还不具备"共同决策"的功能,劳资双方只是借助劳资沟通协商法律制度实现信息的共享、意思的表达,企业

---

① 参见《马克思恩格斯全集》(第 30 卷),人民出版社 2002 年版,第 302 页。

② [英]吉登斯:《生活在后传统社会中》,载[德]乌尔里希·贝克等:《自反性现代化》,赵文书译,商务印书馆 2001 年版,第 133 页。

③ 参见[美]汤姆·齐格弗里德:《纳什均衡与博弈论》,洪雷等译,化学工业出版社 2011 年版,第 36 页。

重大事项的决定权仍然掌握在企业管理层手中，旨在营造劳资双方彼此信任的氛围，为集体协商制度、员工参与制度以及劳动争议调解等制度的功能发挥创设良好的条件。劳资沟通协商法律制度的这一特性决定了劳资双方在沟通协商中并不存在本质上的竞争，二者之间不存在博弈关系，这意味着劳资沟通协商法律制度与集体协商制度等民主参与制度存在质的区别。集体协商本质上属于工会与企业之间的博弈，工会为了给劳动者争取更好的劳动待遇和劳动条件，往往会与企业进行针锋相对的讨价还价，甚至在必要时还会采取停工的手段。劳资沟通协商法律制度并不支持劳资双方之间的博弈行为，更不允许劳动者采取集体行为，主要是通过一系列激励和约束程序，激发劳资双方展开沟通协商的积极性，保障双向沟通机制的畅通。

二、功能定位

（一）国外劳资沟通协商法律制度的功能定位

从世界范围来看，欧盟国家和日本、韩国的劳资沟通协商制度较为典型。欧盟成员国的企业委员会制度和日本、韩国的劳资理事会制度均承担了劳资沟通协商的使命，但两种制度在功能定位上还是存在较大的区别。在德国、荷兰等欧洲国家，企业委员会制度不仅具有信息共享和意思疏通的功能，而且承载了民主决策的使命，即该制度赋予雇员的权利不仅有知情权、意见表达权、意见获回应权，而且有共同决策权，雇主在制定规章制度、工时制度以及经营决策等与雇员切身利益密切相关的事项时，不仅要告知雇员、征询雇员的意见并就雇员的意见做出相应的回应，而且在某些特殊事项上需征得雇员的同意，只要有一定比例的雇员持否定意见，这些事项将不发生法律效力，当劳资沟通协商争议发生时，劳资双方将诉诸司法途径予以解决。日本和韩国的劳资理事会制度主要发挥着信息沟通的功能，在大多数情况下并不承载“劳资共同决策”的使命，只有极个别的事宜需要征得雇员的同意，而且由于法律并未明确承认雇员享有共同决策权，更未明确雇主未征得雇员同意所应承担的法律后果，因而在实践中很难追究雇主的责任。可见，与企业委员会制度相比，劳资理事会制度的“共同决策”功能明显较弱。企业委员会制度之所以能够在欧盟国家发挥作用，主要原因在于这些国家一直奉行产业民主理念，劳动者的沟通协商能力和意识较强，劳方团体充分自律，能够自觉遵守相关法律法规、集体合同以及规章制度等的规定和约定，劳方团体内部成员也彼此信任，且内部成员愿为团体的利益而牺牲自己的利益。① 劳资理事会制度能够在日本和韩国得到有效运行的主要原因在于企业培育了浓厚的劳资协商文化，雇主非常看重劳资双方的共同发展，大多数雇主具有人文关怀的品格和清晰的、长远的经营理念，且不崇尚短期逐利行为。

（二）我国劳资沟通协商法律制度不应具有“劳资共决”的功能

我国构建劳资沟通协商法律制度的宗旨是在职工代表大会闭会期间为劳资双方的沟通对话搭建一个制度平台，使职工能够知晓用人单位的基本信息、经营信息和管理信息，用人单位也能够知悉职工的建议和意见，从而更有利于职工代表行使民主表决权，最终使职工代表大会制度、职工董事和监事制度等民主参与制度以及集体协商制度得以落到实处。劳资沟通协商法律制度强调过程性和

---

① 参见［法］奥特马尔等：《欧洲的产业民主：扩大的欧盟中公司决策雇员参与的规则与实践》，范围译，载《社会法评论》2010 年第 4 卷。

非博弈性，旨在实现劳资双方之间的信息共享和意思交流，与民主参与制度构成手段与目的的关系。我国劳资沟通协商法律制度的功能只能是促进劳资双方之间常态化的沟通协商，提升劳动者的个人能力和职业素养，加强用人单位的人文关怀和提高其劳资共同发展的意识，以此培育劳资协商文化。这意味着我国劳资沟通协商法律制度与欧盟各国的企业委员会制度、日本和韩国的劳资理事会制度的相似之处在于均承载了劳资双方信息共享和意思交流的使命。但也存在差异，主要表现在我国劳资沟通协商法律制度不具有“劳资共决”的功能。其主要理由如下。

现阶段，我国大多数劳动者不愿意为了团体的利益而牺牲个人的利益，若采用企业委员会制度，使我国的劳资沟通协商法律制度具有很强的“劳资共决”功能，劳方代表一方面会因个人能力和奉献精神的欠缺难以完成劳资沟通协商的任务，另一方面也会因劳方团体自律的缺失而容易被企业利用，且容易因理性精神的欠缺而制造劳资对抗。此外，我国大多数用人单位尚未意识到劳资沟通协商的重要性，若采用劳资理事会制度，赋予我国劳资沟通协商法律制度一定程度的“劳资共决”功能，将导致劳资沟通协商活动难以实现常态化，劳资沟通协商活动是否开展、如何开展，将完全听命于用人单位的喜好。因而，无论是企业委员会制度，还是劳资理事会制度，均很难在中国生根发芽，这意味着我国劳资沟通协商法律制度不应承载“劳资共决”的功能。

（三）我国劳资沟通协商法律制度的功能

我国劳资沟通协商法律制度的主要功能是为劳资双方之间信息共享、意见表达、意思疏通、达成共识和协商解决纠纷提供制度平台，以此实现劳动纠纷的预防。

1. 信息共享

劳资沟通协商法律制度的重要功能之一就是信息共享。信息共享是落实劳动者知情权的重要保障,亦是劳资沟通协商的基本前提,劳动者只有在充分知晓企业管理信息和经营信息的前提下才能更有效地与用人单位进行有关事项的沟通和协商。信息共享主要是借助一套完备的信息披露和信息交流制度来实现的。劳动者有权知晓的信息一般包括以下几种:(1)用人单位的基本信息。其主要包括用人单位的组织形式及其章程,投资者的姓名,与企业保持长期关系、可能对企业的经营产生重大影响的用人单位的名称和组织架构。(2)用人单位的经营信息。其主要涉及用人单位的总体业绩、中长期发展规划、重大经营决策以及技术改造、生产变化、合并分立等重大变革等信息。(3)涉及员工切身利益的信息。其主要包括规章制度的制定和修改、集体合同和劳动合同的签订和履行情况、工时工资发放、社会保险缴纳、人力投资计划、雇佣条件、员工考核以及岗位聘任等与劳动者利益密切相关的信息。(4)财务信息。其主要涉及年度账目、财务盈亏情况以及未来一定时期的财务规划。信息交流主要是借助一套信息交流制度来实现的,劳动者在知晓相关信息后,可以要求用人单位做出相应的解释,企业有回应劳动者的义务。信息交流是落实劳动者咨询权和磋商权的重要保障,劳动者只有真正理解了相关信息才能就双方协商的内容表达意见。

2. 意见表达和意思疏通

劳资沟通协商法律制度不仅为劳资双方提供了信息公开和交流的平台,而且为劳动者对相关事项表达意见提供了平台。劳资沟通协商法律制度要求企业在做相关决策前一定要以书面的形式将拟做出的决定及其理由书面告知劳动者或职工代表,劳动者有权对这些决定表达意见，但应在合理的时间内回复企业。此外，劳动者也可以对企业的发展以及员工的生活保障等事宜发表自己的看法。劳资沟通协商法律制度发挥意思疏通功能的根本原因在于能够实现双向性沟通。劳资双方之间的意思疏通不仅包括由企业主动向劳动者发出征询意见的请求，还包括由劳动者主动向企业发出沟通协商的意思表示。就前者而言，法律要求企业在收到劳动者的意见和建议后必须进行有针对性的回应，且如果没有采纳劳动者的意见和建议，还应当说明理由，从而实现了劳资双方之间的双向沟通。对于后者，劳动者通过企业各层级沟通协商机制表达自己的建议和看法后，法律要求不同层级的企业方代表必须对劳动者的建议和意见进行回应，从而达到劳资双方意思疏通的目的。劳资沟通协商法律制度要求企业根据自身的实际情况建立不同层级的职工沟通协商机制，不仅包括企业层面的沟通协商机制，还包括部门、车间或小组层面的沟通协商机制。也就是说，代表企业方进行沟通协商的主体既包括董事长、总经理、副总经理等企业高级管理人员，也包括部门负责人、车间负责人或小组组长；代表劳动者一方参与协商的主体既可以是普通职员，也可以是小组组长、车间负责人或部门负责人等，因为相比于董事长、总经理来讲，部门负责人、车间负责人也是广义上的劳动者。劳资沟通协商法律制度主要借助以下三个平台发挥意思疏通功能：一是劳资双方日常对话交流的平台；二是职工表达意见和建议的平台；三是职工申诉的平台。劳动者既可以借助平台询问事情、对相关事项发表意见，也可以表达诉求、反映问题、诉说不满、提出建议等，企业可以借此平台宣布政策、传递感情、表达关心、征求意见等。劳资沟通协商既可以采用当面的言语交流方式，也可以通过邮件、信件、电话、短信、微信等媒介进行。当小组组长无法回应劳动者的意见和建议时,应当依次交由车间主任、部门负责人以及企业高级管理人员,直到劳动者能够得到权威的回应,从而确保劳资双方之间的双向沟通。

3. 达成共识

劳资双方代表经过沟通协商后若能就相关事项达成共识,那么双方可以通过订立劳资协议的形式将共识固定下来,书面协议经过双方签字后具有法律约束力。协议的内容比较广泛,既包括工资、工时、劳动条件等集体协商的事项,又包括合同签订、履行、解除、终止等有关个别劳动合同的内容,甚至还包括争议的解决方式等。但必须注意的是,劳资协议必须是基于双方自愿的,任何一方均无权强制另一方签订,一方不能因为另一方不签订协议而采取报复行为。劳资协商的内容必须符合法律法规的规定,且不能与集体合同内容相冲突或低于集体合同的标准,否则,将不具有法律效力。劳资协议的条款对个别劳动关系当事人自动具有强制力,个别劳动者与企业签订的劳动合同不能与之相冲突或低于其标准。双方可以约定劳资协议的生效期限(可以是固定期限,也可以是无固定期限),还可以约定劳资协议解除的事由、解除的程序、违约责任以及争议解决办法等。

4. 预防纠纷

劳资沟通协商法律制度主要借助以下两种机制发挥纠纷预防的功能:一是通过劳资双方的平等协商,消除彼此之间的分歧和隔阂,降低劳资矛盾发生的概率;二是当产生劳资矛盾或有产生劳资争议的隐患时,可以通过劳资沟通协商法律制度予以解决,将劳资矛盾消灭在萌芽状态或减少进入劳动仲裁与诉讼程序的劳动争议数量。劳资沟通协商法律制度消解劳资矛盾的重要机制是企业内部预防性劳动争议协商调解机制，即预防性调解制度，该机制是一种替代性争议处理机制，建立在劳资自治的基础上，本质上属于一种动态性的争议解决机制。该机制与传统的企业内劳动争议协商调解机制的最大区别是，争议处理的方法不是法律的规定，也不是由劳动者或企业任何一方设计的，而是劳资双方共同设计的，有的是劳资双方代表在调解员的介入下共同确定的，有的是劳资双方借助劳资协议确定的。① 由于预防性劳动争议协商调解机制是建立在劳资合作基础上的，因此其可以处理无法借助仲裁、诉讼或集体协商处理的争议，一般不会破坏劳资双方的信任关系，有利于从根本上化解劳资矛盾，对于促进劳资合作、预防劳动纠纷具有重要的意义。在实践中，预防性劳动争议协商调解机构一般隶属于劳资沟通协商组织机构，这使劳资沟通协商法律制度能够承载预防劳动纠纷的使命。

三、与相关制度的异同

（一）劳资沟通协商法律制度与职工代表大会制度的异同

劳资沟通协商法律制度与职工代表大会制度均表现为劳资双方之间的信息交流，二者存在密切联系，在功能上亦存在互助关系。正因如此，我国立法并未专门构建劳资沟通协商法律制度，很多学者也尚未注意到二者的区别，甚至将两种制度混为一谈。二者的联系主要体现在：第一，二者均体现为信息交流与沟通。劳动者或者其代表均可以借助两种制度了解用人单位的经营信息和管理信息，

---

① See Carl Sallade, *Preventive Mediation: What it is and What it has Been*, Industrial and Labor Relations Forum, Vol. 9:4, p. 1 – 18(1973).

也可以表达自己的意见和看法。第二,劳资沟通协商法律制度能够为职工代表大会制度的功能发挥创设条件。劳资沟通协商法律制度的宗旨是实现劳资沟通协商常态化,尤其是为劳资双方在职工代表大会闭会期间搭建一个企业信息公开和日常沟通协商的平台。借助劳资沟通协商法律制度,劳资双方彼此了解,劳动者或其代表更能够理解职工代表在大会期间的讨论事项,也更能够理性地、客观地对相关事宜做出表决,使劳动者的民主管理权利能够真正落到实处,进而使职工代表大会制度的功能得以正常发挥。

虽然二者存在紧密的联系,但二者在本质上还是存在区别的,主要表现在以下几个方面:第一,劳资沟通协商的方式存在差异。职工代表大会是定期召开的,一般一年召开一次或二次,劳资双方是通过正式会议的形式进行沟通与协商;而劳资沟通协商的方式非常多样,并没有固定的形式,既有会议沟通,也有电话、微信、邮件等线上沟通形式,还有面对面的沟通。此外,职工代表大会一般情况下是由职工代表参加,这意味着劳资双方只能采用间接协商的方式进行沟通协商,而劳资沟通协商的方式则较为灵活多样,既可以是企业方代表与职工代表之间的间接沟通协商,亦可以是企业方代表与职工之间的直接对话沟通。第二,二者的功能存在一定的差异。我国现有法律只要求公有制企业必须设立职工代表大会,对非公有制企业是否设立职工代表大会并未作强制性要求。职工代表大会的主要职权有:了解企业的经营方针、发展规划等经营事项,并对这些事项提出意见和建议;审议并表决通过集体合同以及工资协议等关系劳动者切身利益的重要事项;审议讨论企业规章制度、奖惩办法等事项。由此可见,职工代表大会制度是公有制企业职工行使民主管理权利的重要制度设计,是基层民主的重要组成部分,其主要职责是贯彻执行党和国家的方针政策，对企业管理层进行民主监督，防止国有财产的流失。职工代表大会制度的功能主要有信息沟通、意见表达和民主表决等。反观劳资沟通协商制度，其本质并不是一项真正意义上的民主表决制度，而是一项正如英国学者菲利普·李维斯所主张的员工介入制度，其仅仅只是劳资双方之间信息交流与意见表达的平台，并不承载“共同决策”的使命，劳动者对沟通协商事项并不具有表决权。第三，沟通协商的组织机构存在差异。职工代表大会主要由工会来组织和运行，职工代表的选任、建议的搜集、会议的组织等均由工会负责，而劳资沟通协商的组织机构则并不统一，有的国家由工会担任，而有的国家则由企业委员会和劳资理事会等组织担任。

（二）劳资沟通协商法律制度与集体协商制度的异同

劳资沟通协商法律制度与集体协商制度作为调整集体劳动关系的重要制度，在功能上存在互助关系，主要表现在以下两方面：第一，劳资沟通协商可以作为集体协商的预演。劳资沟通协商的事项比较广泛，既包括用人单位的经营事项，又包括规章制度、工资、工时、劳动条件等与劳动者切身利益密切联系的事项，可见，劳资沟通协商的内容与集体协商的内容存在交叉。在劳资沟通协商中，虽然劳资双方不能就集体协商的事宜进行强制性的沟通协商，只能进行意见交换，用人单位有权不采纳劳动者的意见，但劳资双方之间的这种沟通可以使双方了解彼此的诉求，劳动者也能够知悉用人单位的经营现状，这能够为集体协商的启动和有效开展奠定基础。第二，集体协商制度有利于劳资沟通协商法律制度的功能发挥。集体协商能够就劳动者关心的切身问题进行协商并达成一致意见，这有利于提升劳动者参与劳资沟通协商的积极性，从而使劳资沟通协商法律制度能够发挥其应有的作用。

二者也存在明显的区别，主要表现为：第一，协商的主体存在差异。集体协商一般是在工会与用人单位之间进行，而代表劳动者参与沟通协商的主体却并不固定，除工会以外，还有职工代表。第二，协商的方式存在差异。法律对集体协商的次数一般没作强制性规定，用人单位在应工会的协商请求后方才进行，而且一般情形下一年最多一次，甚至是几年才协商一次；而劳资沟通协商是常态化的，且很多协商并非只是劳动者事先提出邀请，还有很多情形是用人单位主动向劳动者提出协商请求。第三，二者的本质存在差异。集体协商制度属于职工民主参与制度的重要组成部分，体现为劳资双方对相关事项进行“共同决定”，劳资双方有妥协，也有抗争；而劳资沟通协商作为一种员工介入机制，劳动者对沟通协商事项享有知情权和意见表达权，大多数情形下没有表决权，劳资双方一般情形下没有抗争。

第三节　劳资沟通协商法律制度的价值

一、有助于培育“劳资协商共赢”文化

（一）培育“劳资协商共赢”文化的缘由

随着《协商民主意见》的出台，协商民主建设已成为我国政治建设的重要组成部分。协商民主起初被视为一种决策机制，也就是说，集体决策应当通过协商的方式达成，所有受到决策影响的公民或其代表均有权参与集体决策的讨论，后来协商民主被运用至政治和治理活动中，即自由和平等的公民就共同关心的话题借助沟通、

协商形成公共政策的过程。[1] 协商民主是一个具有公共理性的民主社会所需要的,其价值在于:一是对公民进行教育,以此培育公民的公共理性精神;二是有助于共同体的形成;三是促进公正的结果;四是实现统治、决策与治理的有机统一。[2] 协商民主本质上蕴含着"参与",和参与民主一样都主张公民应当参与公共协商,但协商民主更为关注参与的效果,旨在为公民提供有效参与公共协商的机会、增强公民参与协商的能力,使公民的民主参与更真实、有效。[3] 参与民主的最大贡献在于其指出了公民与政治制度、公共决策之间的关联,唤醒民众参与国家、公共事务的意识,而协商民主的最大价值则在于其为政治民主和决策民主指明方向,使参与民主能够从理想变为现实,从某种程度上讲,协商民主是对参与民主的继承和深化。[4] 在当今社会,协商民主的场域正日益从传统的政治领域向企业、工会、行业协会和公民协商大会等公民社会领域和公共协商领域扩展,公民通过参与每个场域的协商,可以实现国家、社会以及公民团体之间的交流与互动,从而能够实现国家统治、社会治理和公民自治的有机统一。

企业作为协商民主的重要场域,理应在国家协商民主建设中扮演极其重要的角色。国家必须为企业扮演这一角色提供制度保障,

---

① 参见陈尧:《从参与到协商:协商民主对参与式民主的批判与深化》,载《社会科学》2013 年第 12 期。

② 参见[南非]毛里西奥 · 帕瑟林 · 登特里维斯主编:《作为公共协商的民主:新的视角》,王英津等译,中央编译出版社 2006 年版,第 15 ~ 40 页。

③ 参见郑慧:《参与民主与协商民主之辨》,载《华中师范大学学报(人文社会科学版)》2012 年第 6 期。

④ 参见陈尧:《从参与到协商:协商民主对参与式民主的批判与深化》,载《社会科学》2013 年第 12 期。

以此营造“劳资协商共赢”文化。培育“劳资协商共赢”文化的价值主要体现为：一是促进劳资双方展开自由和平等的交流，培育劳资双方尤其是广大劳动者的协商意识和协商能力，提高双方参与社会治理和国家决策的积极性和有效性，塑造具有公共理性精神的公民，从而为社会主义协商民主建设的有效开展奠定基础；二是通过促进劳资双方的交流与互动消除彼此间的分歧，增进双方之间的合作，促进劳资双方机制共建、利益共享，最终形成劳资利益共同体；三是使企业的经营决策和管理制度更加科学合理，让劳动者能够感受到公平与正义，提高劳动者参与企业民主决策的积极性，使职工民主参与能够从理想变为现实；四是促进企业成为国家、社会与公民互动的桥梁，使法律、政策、制度能够在企业得到落实，最终实现国家统治、社会共治与企业自治的有机统一。

（二）有助于培育“劳资协商共赢”文化的理论依据

劳资沟通协商法律制度对于促进劳资双方之间的互动，从而营造“劳资协商共赢”文化具有重要的价值，承认理论和程序正义社会心理学理论为剖析这一价值提供了恰好的理论依据。

1. 承认理论

“承认”作为哲学界研究的热门理论，在当今已成为一种重要的社会理论。承认理论主要萌芽于德国，学界通常认为其发端于费希特的哲学思想。黑格尔对费希特的思想进行了推崇和发扬，认为人不是彼此孤立的原子式个体，而是处在彼此承认的社会共同体中，并在相互承认的过程中建立自我主体性。① 作为哈贝马斯的得意门生，霍耐特认为黑格尔的承认理论没有把人与人之间的关系视为社

① 参见郑作彧：《承认的社会构成》，载《社会》2018 年第 4 期。

会交往活动中的经验事件,未能在经验层面探究主体之间如何建立承认关系,而是从心智层面考察主体间的承认关系,带有形而上学的色彩。于是,霍耐特以米德的社会化理论为视角来研究主体之间的承认关系,认为人的主体性是通过人与人之间的相互承认来形成的,主体性形成可以分为三个阶段:爱、法律与社会敬重。① 霍耐特将承认理论推向了顶点,也获得了学界的广泛认可。霍耐特的承认理论之贡献在于其可以成为批判社会的规范准则,因为其主张人的主体性的形成与社会的承认机制健全与否密切相关。进一步讲,其认为人总是希望追求幸福,而人又是一种社会存在,因而人要想实现美好生活愿望,就必须有足够的自主和自由,而自主是需要社会的相互承认的,由于诉求的多样化,社会承认并不是一定会实现的,其需要法律、社会制度的保障才能实现。承认本质上就是一种互惠的社会互动,法律就是保障社会互动的重要媒介。② 依照承认理论,劳资沟通协商法律制度就是保障劳资双方互动,实现"劳资协商共赢"的重要媒介。

2. 程序正义社会心理学理论

程序正义社会心理学理论是"正义的社会心理学"理论的一个重要子理论。依据程序正义社会心理学理论,程序的正义可以用客观和主观标准加以审视,也就是说,程序正义可以分为客观程序正义和主观程序正义。客观程序正义是指程序符合正义的标准,使借此产生的结果本身或得出结果的过程更加公平;主观程序主义则是

① 参见郑作彧:《承认的社会构成》,载《社会》2018 年第 4 期。

② 参见郑作彧:《承认的社会构成》,载《社会》2018 年第 4 期。

指程序增强人们公平感的能力。[①] 客观程序正义社会心理学者着力于研究人们获得的结果与分配规则之间的相关性，他们都假设人们会依据其所获得的结果来判定程序的公正性，并认为人们的态度和行为模式也可以借助这种结果来判定；而主观程序正义社会心理学家却认为，程序公平增强人们对结果的满意度不仅仅是因为其使结果本身看上去更为公平，还在于其直接影响了人们对于结果的感受。[②] 美国著名学者艾伦·林德（Allan Lind）和汤姆·泰勒（Tom Tyler）是主观程序正义社会心理学研究的代表人物。两位教授认为，“当决策程序的受影响者能够拥有程序的过程控制或意见表达机会时，这种程序就会被视为是公平的，在绝大多数情况下程序正义会引起满意度的增强，这种效果在消极结果的情况下尤为明显，程序正义既能够在正式法律环境中发挥作用，又能够在非正式法律环境和政治环境、工作组织环境中发挥类似的效果，在工作组织中，雇员对他们认为公平的评价程序会做出更加积极的反应，无论这种评价的结果如何”[③]。依照程序正义社会心理学理论，公平正义的劳资沟通协商法律制度既有助于使用人单位的决策更加公平，又能够增强劳动者对企业决策的满意度，从而调动劳动者的生产积极性。

（三）有助于培育“劳资协商共赢”文化的机理

依照承认理论，劳资沟通协商法律制度促进“劳资协商共赢”文化生成的机理在于：第一，有助于实现劳动者的美好生活向往。由

---

① 参见［美］艾伦·林德、汤姆·泰勒：《程序正义的社会心理学》，冯健鹏译，法律出版社2017年版，第56～85页。

② 参见［美］艾伦·林德、汤姆·泰勒：《程序正义的社会心理学》，冯健鹏译，法律出版社2017年版，第64页。

③ 参见［美］艾伦·林德、汤姆·泰勒：《程序正义的社会心理学》，冯健鹏译，法律出版社2017年版，第56～85页。

于新时代我国社会的主要矛盾是人民日益增长的美好生活需要和不平衡不充分的发展之间的矛盾,因而新时代广大劳动者对美好生活的向往不仅仅体现在工资待遇的提高,还表现为人格得到尊重、智力成熟和自主支配权利等方面。劳动者借助劳资沟通协商法律制度能够知晓用人单位的各项信息、表达建议和意见,且提出的意见能够得到用人单位的回应。这能够使劳动者的人格得到用人单位的尊重,从而使劳动者的人格更加健全、心智更加成熟,且劳动者有更多的自主和自由,劳动者的主体性也能够得以实现,从而有助于劳动者实现美好生活向往。第二,有助于提高生产效率。劳资沟通协商法律制度为劳资双方确立了互动规则,劳资双方借助彼此间的互动使诸多不确定性能够得以解决,进而可以建立起信任,从而有利于预防劳动纠纷,这不仅能给劳动者带来利益,而且能够提高用人单位的生产效率。第三,有助于"劳资利益共同体"的形成。共同体成员交流与互动可以消除彼此间的分歧,从而有助于利益共同体的形成,法律是共同体成员之间互动的行为规则。劳资沟通协商法律制度因具有拉兹所称的"共同善"特质,而有利于培育劳资双方的理性精神和互相尊重与承认的"共同善文化",①使劳资双方都会从这种"善文化"中获益,从而有助于"劳资利益共同体"的形成。从理论上来讲,劳资沟通协商法律制度是促进生产和避免劳动力异化的重要手段,对改善劳资关系、提高生产率、创造就业机会、促进劳资合作具有极其重要的价值,对于劳动者和用人单位来讲它都是至关重要的。

---

① 参见陈祖为、朱振:《拉兹论自由权与共同善》,载《法哲学与法社会学论丛》2015 年第 20 卷。

依照程序正义社会心理学理论，劳资沟通协商法律制度促进“劳资协商共赢”文化生成的机理在于：第一，公平正义的劳资沟通协商法律制度有助于促进劳资双方的互动，用人单位借助这种互动规则可以使管理决策和经营方针更加规范与合理，在一定程度上可以改善用人单位的管理水平和经营水平，提高生产效率，从而有利于实现客观程序正义。第二，劳资沟通协商法律制度通过赋予劳动者知情权和磋商权等程序性劳动权利，使劳资双方能够展开平等的交流与互动，这些权利的有效实现能够增强劳动者对用人单位行为的公平性感受，并会使劳动者对用人单位产生更高的评价，即使用人单位的决策和管理制度看上去并不是那么的公平，劳动者的这种公平性感受仍然存在。劳动者公平感的增强一方面有利于劳动者主动地去接受用人单位的劳动报酬制度、工时制度以及规章制度等规则，从而可以提高目标的可接受性，另一方面有助于劳动者养成积极的心态，使劳动者觉得工作和生活更有价值，从而使劳动者对用人单位更加忠诚，工作积极性更高。

从实然的角度看，虽然欧洲国家的劳资沟通协商法律制度在实践中并未完全得到实施，但总体来看，其对经济和社会发展起到了积极的推动作用。例如，《荷兰企业委员会法》《德国企业组织法》《英国工会与劳工关系巩固法案》等欧洲国家的劳资沟通协商立法均取得了较好的实施效果。韩国、日本和越南等亚洲国家虽然没有制定专门的劳资沟通协商法律制度，但国家有关职能部门制定的劳资沟通协商规范在企业得到了较好的实施，对于消除劳资分歧、预防劳资纠纷以及促进劳资合作发挥了至关重要的作用。我国部分企业自主制定的劳资沟通协商机制在预防劳动纠纷、提高企业经济效益以及维护社会稳定等方面也起到了重要的作用。

二、有助于实现"劳动法制社会化"

(一)实现"劳动法制社会化"的缘由

"劳动法制社会化"是指劳动法律规范既能够自洽,又能够与社会系统、社会机制、社会过程形成能量交换关系,使政治、经济、文化和社会等系统的改革成果能够进入劳动法制系统内,劳动法制也能够促进国家的全面发展。[①] 由于我国《劳动法》《劳动合同法》等劳动法律直接规定了劳资双方的权利义务,很少为劳资双方的意思自治提供制度性空间,再加上不同劳动关系协调机制之间缺乏互助关系,致使现有的劳动法制呈现管制性、封闭性、静态性和滞后性的特征。这一劳动关系法律规制模式导致国家在政治、经济及社会等领域的一系列改革成果很难进入劳动法制系统内,劳动法制亦难以有效促进社会的全面发展。随着党的十九大"打造共建共治共享的社会治理格局"论断的提出,我国的社会治理模式较之前发生了较大的变化,这意味着社会治理要体现人民的主体地位,充分发挥人民群众参与社会治理的主动性和积极性。《和谐劳动关系意见》提出的"共建共享"原则从根本上就是要调动劳动者参与企业治理的主动性和积极性。社会治理模式的变化致使我国现有的劳动法制表现出与国家政治、经济、文化及社会建设不能有效衔接,凸显管制性、封闭性、滞后性以及与劳动者诉求脱节等问题。出现这些问题的根本原因在于"劳资合意"的缺失。因而,劳动法必须契合新的时代精神,进行结构上的调整和优化,以"劳资协商共赢"为基本理念

---

① 法制社会化,是指法律制度与社会发展、社会机制以及社会过程存在能量交换关系,并借此发挥促进政治、经济、社会、文化发展的功能。关于法制社会化的详细论述参见关保英:《行政法治社会化的进路》,载《法学》2015 年第 7 期。

进行规范设计,这需要劳动法制从封闭走向开放、从管制走向治理、从静态走向动态,即实现"劳动法制社会化"。

(二)有助于实现"劳动法制社会化"的理论依据

从20世纪60年代开始,西方国家进入了"后现代社会",人们开始质疑现代性的理念和制度,由此陷入了"现代与后现代"之争。正是在这一时代背景下,哈贝马斯以"沟通理性"为分析工具构建了宏大的社会理论体系,对当代哲学、政治学和法学等学科的理论重构产生了深远的影响。比利时法理学教授凡·豪埃克运用哈贝马斯的"交往行动理论"对"后现代社会"的法律进行了理论和制度重构,《作为沟通的法律》一书就是其代表作。作者以沟通的视角审视法律,认为法律在本质上是共同体成员之间互动与交往的行为规范,不同的行为主体借助法律互动起来,消除分歧、增进信任,从而能够创造一个多方位的循环程序,法律制度正是借助这种循环程序创造了法律系统的结构,从而实现了闭合和开放的有机统一,使法律体系能够在保持自治的前提下主动适应和促进社会的发展。[①] 关于法律体系的结构,豪埃克教授有过这样的论述:法律规制分为第一性规则和第二性规则。前者是指法律规则的实体结构,也即规范行为人实体性权利义务的规则;后者是指法律规则的动态结构,这种规则并不直接涉及相关主体的实体性权利和义务,其主要功能是使第一性规则能够主动适应社会的发展,是法律系统各要素间的结构联系。豪埃克教授认为,法律的本质在于沟通,为了充分发挥法律的功能,全体公民均应该参与沟通,这种沟通不仅包括立法者与

---

① 参见[比利时]马克·范·胡克:《法律的沟通之维》,孙国东译,法律出版社2008年版,第27页。

国民之间的沟通、立法者和法官之间的沟通以及法官与当事人之间的沟通,还包括契约双方之间的沟通。① 依照豪埃克的法律沟通理论,劳资沟通协商法律制度属于法律规则中的第二性规则,是不同劳动关系协调机制之间的结构联系,对于实现劳动法律制度闭合与开放的有机统一具有重要的价值。

(三)有助于实现"劳动法制社会化"的机理

劳资沟通协商法律制度的宗旨是促进劳动合同双方主体之间的沟通与互动,这意味着该制度主要是由一系列旨在促进劳资双方之间信息交流的程序性规则所构成,一般不涉及劳资双方主体的实体性权利义务。依照豪埃克教授的观点,劳资沟通协商法律制度属于劳动法律体系的第二性规则,其主要功能是使实体性劳动法律制度能够实现自治性和灵活性的平衡,从而能够取得实效、获得合法性。由于 21 世纪全球需要的是一种能够实现劳动力市场安全性和灵活性平衡的劳动法律制度设计,这意味着不可能指望立法者能够制定出一套固定的法律规则供劳资双方遵守,劳动法律的生命力在于劳资双方对法律的认可和再生产。劳资沟通协商法律制度通过一系列程序性规定明确劳资双方沟通协商的内容、程序、责任和救济等事项,使劳资双方能够借此展开平等的交流与互动,通过交流消除彼此之间的分歧。这不仅有利于劳资双方对实体性劳动法律规则的认可,还能够激励双方在劳动法律和集体合同的框架下共同设计一套有利于"劳资利益共同体"发展的规则,实现劳动法律规则的再生产,最终实现效率、公平与话语权的平衡。劳资沟通协商法

---

① 参见[比利时]马克·范·胡克:《法律的沟通之维》,孙国东译,法律出版社 2008 年版,第 27 页。

律制度之所以能够实现这一目标，主要原因在于其不仅是职工代表大会制度、集体协商制度、民主参与制度以及企业内劳动争议协商调解等制度得以有效发挥作用的“催化剂”，还是这些制度之间形成互助关系的“纽带”，且能够使这些制度既能自成一体，又相互协助，共同组成动态、协调的劳动关系协调机制，从而可以减少国家强制干预的强度，且有利于在劳动法制系统与其他社会系统之间形成能量交换关系，使劳动法制从静态走向动态、从管制走向治理、从封闭走向开放，最终实现“劳动法制社会化”。

三、有助于促进劳动法律制度的互动融合

（一）实现劳动法律制度互动融合的缘由

以《劳动法》《劳动合同法》《劳动争议调解仲裁法》为核心的劳动法律体系为劳动者构建了一套较完备的劳动权利规范体系和救济体系，但现实中劳动者很难将规范中的权利转化为现实中的权利。这意味着我国劳动法治面临的困境并不在于劳动者权利规范的缺失，而是规范中的劳动权利难以真正转换为现实劳动权利。造成这一现象的因素有很多，但直接原因在于缺乏高效、合理的权利运行体系，致使我国劳动者普遍缺乏权利意识以及支配、处分权利的能力。例如，虽然相关劳动立法明确劳动者可以通过职工代表大会行使企业民主管理权利，但缺乏具体的权利运行规则，致使劳动者因缺乏知情权、意见表达权等程序性权利而无法有效地去行使这一民主权利，从而导致劳动者缺乏权利意识和社会责任感。少部分劳动者虽有权利意识，但往往因缺乏支配权利的能力而不敢诉诸法律武器维权。

导致权利运行体系不畅的根本原因在于劳动法律制度之间缺

乏互助关系。我国劳动关系协调机制是在国家自上而下的干预下逐渐建立和完善的,不论是个别劳动关系协调机制,还是集体劳动关系协调机制,都体现了强烈的国家干预色彩。作为个别劳动关系的重要协调机制,《劳动合同法》是一部强制性色彩很浓的法律,很多条文直接为劳动关系主体创设了权利义务关系,且不允许劳资双方通过协商的方式予以变更。集体劳动关系协调机制中的集体协商制度并不是劳工运动的产物,而是借助国家自上而下的方式构建起来的,工会作为代表劳动者参与集体协商的主体,是党联系广大劳动者的政治组织,集体协商的动力并非来自劳动关系主体,而是来自党政机制。职工代表大会制度、职工董事制度也是国家出于政治目的而设立的,旨在监督国有企业、集体企业管理层,以防国有资产流失。仅以自上而下的方式构建劳动关系协调机制容易出现动力不足的问题,致使这些机制难以发挥其应有的功能。在工会缺乏动力和压力的情况下,其签订的集体合同很难为企业民主参与制度以及个别劳动合同制度的功能发挥创设条件,工会也无法在职工代表大会闭会期间发挥促进劳资双方之间交流与互动的功能。正因为工会无法真正解决劳动关系主体所关心的问题,劳资双方对其缺乏信任,尤其是广大劳动者普遍缺乏参与集体协商和企业民主管理的意愿,“劳资合意”缺失,从而导致不同劳动法律制度之间难以形成互助关系,劳动关系协调机制的功能也因此得不到正常发挥。这意味着和谐劳动关系构建的中心任务是应在劳资双方之间制造“合意”,实现这一任务既需要国家自上而下的建构,也需要劳资双方自下而上的推动,且需要劳动法律制度之间存在互助关系,共同组成动态协调的劳动关系协调机制。

(二)有助于促进劳动法律制度互动融合的理论依据

"可行能力"一词由印度诺贝尔奖获得者阿马蒂亚·森(Amartya Sen)首次提出,其本质上是一种自由,是一个人从事各种在他看来有意义的功能性活动的自由。① 纳斯鲍姆(Nussbaum)沿用了阿玛蒂亚·森的"可行能力"概念,在此基础上提出了"能力理论",主张将每个人视为目的,而不是手段,能力理论强调通过提高每个人支配权利的能力来提升权利的质量。② 依照二位学者的观点,能力与实质自由密切相连,一个人要想得到实质自由,其不仅应当享有法律赋予的权利,还要有具备自由支配权利的能力。关于权利与能力的关系问题,阿玛蒂亚·森认为,能力的内涵要比权利的内涵更广泛,权利在大多数情况下是关涉实质机会的,而能力除涵盖实质机会外,还包括程序性事务,能力是权利的来源和实现的保障。③ 公众参与社会、政治活动一方面能够引导公众进行利益表达和权利保护,促进公众与社会的良性互动,从而能够增强公众对社会的认同感,另一方面可以提升公众参与社会、政治活动的意识和能力,从而有助于提高公众支配权利的能力,进而使权利质量得以提高。依照可行能力理论,劳资沟通协商法律制度使劳动者能够参与企业管理和经营事务中来,以此提高劳动者支配权利的能力,使劳动者能够享受其他劳动法律制度所赋予的权利,从而能够实现不同劳动法律制度的互动融合。

---

① 参见[印度]阿马蒂亚·森:《以自由看待发展》,任赜、于真译,中国人民大学出版社2013年版,第3页。

② See Martha C. Nussbaum, *Creating Capabilities: The Human Development Approach*, Harvard University Press, 2011, p. 21.

③ 参见[印度]阿马蒂亚·森:《以自由看待发展》,任赜、于真译,中国人民大学出版社2013年版,第3页。

(三)有助于促进劳动法律制度互动融合的机理

劳资沟通协商法律制度之所以能够促进劳动法律制度互动融合,根本原因在于其有助于其他劳动法律制度的功能发挥。第一,其有助于民主参与制度的功能发挥。劳动者行使企业民主管理权利的根本前提是获取企业的相关信息,并能够就相关信息与用人单位进行平等的交流,若劳动者的知情权和意见表达权得不到保障,劳动者参与企业管理将成为空谈。劳资沟通协商法律制度借助一系列程序性规则明确了用人单位的信息披露与交流的义务,从而为劳动者行使知情权和意见表达权提供了制度保障,这将提升广大劳动者参与企业民主管理活动的意识和能力,使劳动者的参与更具有效性。可见,职工民主参与制度的功能发挥离不开劳资沟通协商制度的“配合”。第二,其有助于集体协商制度的功能发挥。集体协商制度是建立在“劳资合意”基础之上的,其功能的发挥需要劳动者的广泛参与,劳资沟通协商法律制度不仅能够提高劳资双方参与集体协商的积极性,还会给工会履行职责带来动力和压力,使工会不断走向完善,从而有利于集体协商的有效开展和集体协议的签订和履行。第三,其有助于劳动纠纷解决机制的作用发挥。劳资沟通协商法律制度除了具有信息分享和交流的功能,还有助于消除分歧、预防纠纷,且有助于营造劳资双方彼此信任的环境。正因如此,其能够减轻劳动监察、劳动仲裁和诉讼的压力,为劳动争议协商解决机制的功能发挥创设条件。可见,虽然劳资沟通协商法律制度只是集体劳动关系协调机制的一个组成制度,但其价值不仅体现在集体劳动关系的协调方面,还体现在有助于实现不同劳动法律制度的互助融合。

第四节 劳资沟通协商法律制度构建的法律依据

虽然我国现有法律法规并未明确规定劳资沟通协商制度，但为这一制度的构建提供了法律依据。现就这些法律依据以表的形式(见表1)予以汇总，并对其进行简要的说明。

表1 劳资沟通协商法律制度构建的法律依据

法律名称	法律条文	主要内容
《宪法》	第14、16、17条	国有企业、集体企业通过职工代表大会或其他形式实行民主管理
《劳动法》	第8条	劳动者借助职工大会、职工代表大会或者其他形式，参与民主管理或者与用人单位进行平等协商
《劳动合同法》	第4、8条	用人单位在制定规章制度或重大事项的决定时，应当经职工代表大会或者全体职工讨论，与工会或者职工代表平等协商确定；用人单位招用劳动者时，应当如实告知劳动者工作内容、工作条件等事项
《工会法》	第6、35、36、37、38条	所有的企业，不论是国有、集体企业，还是其他企业，都应当实行民主管理；劳动者民主参与的形式有职工代表大会或其他形式；工会是劳动者行使民主参与权的组织者
《公司法》	第18条	公司研究决定改制以及经营方面的重大问题、制定重要的规章制度，应当听取公司工会的意见，并通过职工代表大会或其他形式听取职工的意见和建议

一、宪法依据

《宪法》明确规定了国有企业、集体企业应当实行民主管理。①民主管理作为经济民主的重要组成,主要是指劳动者能够借助民主管理渠道参与企业各项事务,共同协商、决定企业的各项决策。劳动者有效参与企业民主管理的前提是知晓企业的相关信息,且享有充分的意见表达权和意见获回应权,这意味着企业民主管理不仅需要民主参与制度,还需要劳资沟通协商制度。劳资沟通协商法律制度的功能就在于能够为劳资双方创建平等对话的平台,充分保护劳动者的知情权、意见表达权和意见获回应权,调动劳动者参与企业管理的积极性,提高企业管理层的民主管理意识,使《宪法》规定的民主管理权利能够落到实处。有学者认为,《宪法》规定的企业民主管理只适用于国有企业和集体企业,目的是发挥劳动者的主人翁作用,保障国有财产和集体财产的安全。笔者认为,这种观点是经不起推敲的,实际上,《宪法》有关条文②使用的是"企业"一词,并未将实行民主管理的企业限定为国有企业和集体企业。这意味着在中国这个社会主义国家里,《宪法》中的"人民民主专政"③既包括政治民主,也包括经济民主,且不论是公有制企业的劳动者,还是私人企

① 《宪法》第16条第2款规定,"国有企业依照法律规定,通过职工代表大会和其他形式,实行民主管理";第17条第2款规定,"集体经济组织实行民主管理,依照法律规定选举和罢免管理人员,决定经营管理的重大问题"。

② 《宪法》第14条第1款规定,"国家通过提高劳动者的积极性和技术水平,推广先进的科学技术,完善经济管理体制和企业经营管理制度"。

③ 《宪法》第1条第1款规定,"中华人民共和国是工人阶级领导的、以工农联盟为基础的人民民主专政的社会主义国家";第2条第3款规定,"人民依照法律规定,通过各种途径和形式,管理国家事务,管理经济和文化事业,管理社会事务"。

业的劳动者,均有权参与企业的民主管理。

二、劳动法依据

《劳动法》作为一部调整劳动关系的重要法律,在《宪法》的指引下规定劳动者享有民主管理权和平等协商权。① 与《宪法》不同的是,《劳动法》将民主参与和劳资平等协商作了区分。民主参与是指劳资双方共同分享企业的决策权,而劳资平等协商旨在强化劳资双方的交流与沟通,劳动者一般不参与企业决策。但两部法律并不冲突,《宪法》作为母法,其不可能对某一事项做出具体规定,更多的是为下位法提供指引作用。实际上,《宪法》中的职工民主参与属于广义的概念,既包括旨在进行劳资共同决策的民主参与,又包括劳资双方之间的不以决策为导向的平等协商,而《劳动法》中的民主参与是狭义的概念。《劳动法》虽然没有明确劳资平等协商的类型,但从该部法律的立法理念和制度设计可知,此部法律中的平等协商不仅包括集体协商,还包括劳资沟通式协商。《劳动合同法》在《劳动法》的基础上明确规定劳资平等协商包括沟通式协商和集体协商两种,并明确了用人单位应当事先与劳动者协商以及必须告知劳动者的事项。② 用人单位必须与劳动者协商的事项主要有两类:一是劳动

① 《劳动法》第 8 条规定:“劳动者依照法律规定,通过职工大会、职工代表大会或者其他形式,参与民主管理或者就保护劳动者合法权益与用人单位进行平等协商。”

② 《劳动合同法》第 4 条规定,“……用人单位在制定、修改或者决定有关劳动报酬、工作时间……直接涉及劳动者切身利益的规章制度或者重大事项时,应当经职工代表大会或者全体职工讨论,提出方案和意见,与工会或者职工代表平等协商确定……用人单位应当将直接涉及劳动者切身利益的规章制度和重大事项决定公示,或者告知劳动者”;第 8 条规定,“用人单位招用劳动者时,应当如实告知劳动者工作内容、工作条件、工作地点、职业危害、安全生产状况、劳动报酬,以及劳动者要求了解的其他情况”。

规章制度,二是与劳动者切身利益有关的事项。应当向劳动者告知的事项主要有工作内容、工作条件以及劳动报酬等劳动者最为关心的事项。劳资沟通协商法律制度的主要功能就是赋予劳动者知情权、意见表达权和意见获回应权,《劳动合同法》明确规定劳动者享有一定的知情权和意见表达权,为劳资沟通协商法律制度的构建提供了法律依据和指引。

三、工会法依据

《工会法》对工会的职责定位是:组织职工参与用人单位的民主决策、民主管理和民主监督。对国有企业和集体企业的工会委员会的职责也进行了明确。此外,该法还明确了除国有企业和集体企业以外的企业、事业单位的工会委员会的职责:组织职工采取符合单位实际情况的民主管理形式参与单位的民主管理。《工会法》不仅明确了工会委员会的具体责任,还要求企业、事业单位在制定重大经营管理制度以及关系职工切身利益的制度时必须听取工会的意见。可见,《工会法》通过相关条文主要明确了三个事项:第一,所有的企业,不论是国有企业、集体企业,还是其他企业,都应当实行民主管理,不论何种企业形态,劳动者均有权参与企业决策、进行民主管理和民主监督;第二,劳动者民主参与的形式既可以是职工代表大会,也可以是其他形式;第三,工会是劳动者行使民主参与权的组织者。虽然《工会法》没有对民主参与和沟通协商作严格区分,但从该部法律的宗旨和条文表述可知,其是从广义的角度来界定“民主参与”的,既包括通过职工代表大会制度进行的民主参与,也包括以劳资沟通协商制度为载体的民主参与。此外,由于劳动者行使民主管理权、民主决策权和民主监督权的前提是知晓用人单位的管理信息和经营信息，并且享有意见表达权，因此《工会法》为构建劳资沟通协商法律制度提供了法律依据。

四、公司法依据

1994年施行的《公司法》要求部分公司必须实行民主管理，[①] 2014年施行的《公司法》要求公司必须实行民主管理，并未就公司的类型加以限制。[②] 从新旧《公司法》的变化可以看出，2014年《公司法》要求所有的公司均要设立职工代表大会，实行民主管理。此外，1994年施行的《公司法》将职工参与的范围限制在"涉及职工切身利益的重大问题"，而2014年《公司法》规定职工民主参与的内容不仅指与职工切身利益有关的重要规章制度，还包括企业经营方面的重大问题，这极大地拓展了劳资协商的空间。

由上可知，与《工会法》一样，2014年《公司法》也是从广义的角度来界定"职工民主参与"的，民主参与的形式有职工代表大会和其他形式两种，民主参与的内容包括用人单位的管理信息和经营信息。依据主流观点，劳资沟通协商属于广义上的民主参与形式，是职工代表大会以外的民主参与，且沟通协商的内容较为广泛，包括管理事项和经营事项。

---

① 《公司法》(1994年施行)第16条第2款规定："国有独资公司和两个以上的国有企业或者其他两个以上的国有投资主体投资设立的有限责任公司，依照宪法和有关法律的规定，通过职工代表大会和其他形式，实行民主管理。"

② 《公司法》(2014年施行)第18条规定："……公司依照宪法和有关法律的规定，通过职工代表大会或者其他形式，实行民主管理。公司研究决定改制以及经营方面的重大问题、制定重要的规章制度时，应当听取公司工会的意见，并通过职工代表大会或其他形式听取职工的意见和建议。"

本章小结

本章主要从理论层面探讨了劳资沟通协商法律制度产生的历史背景、内涵、特征、功能定位、理论价值以及法律依据6个方面的内容。经研究发现,劳资沟通协商法律制度并不是劳工运动的结果,而是工会集权主义与自由主义平衡的产物,得益于雇主自主开展的劳资沟通协商实践和欧盟的大力推动。劳资沟通协商法律制度作为一项协调集体劳动关系的重要制度,具有程序性、主体间性、整体性和非博弈性的特征。程序性主要体现为借助价值中立的程序为劳资双方提供对话的平台,一般不涉及实体性劳动权利;主体间性体现在劳资双方之间的双向互动;整体性主要体现为有助于营造"劳资利益共同体",从而实现劳资双赢;非博弈性体现为劳资双方在劳资沟通协商中不是竞争对手,而是合作伙伴,劳动者一般情况下不参与相关事项的表决,也不能采取集体行动。劳资沟通协商法律制度与职工代表大会制度、集体协商制度等企业民主参与制度既密切联系,又相互区别,尤其是职工代表大会制度和劳资沟通协商法律制度的联系更为紧密,也是很容易混淆的一对概念。劳资沟通协商法律制度与职工代表大会制度在形式上均体现为促进职工代表与企业管理层之间的信息交流和沟通,但在价值目标方面却存在较大差异。职工代表大会制度的主要目标是让劳资双方能够共同分享企业有关事宜的决定权,而劳资沟通协商法律制度旨在为劳资双方在职工代表大会闭会期间提供一个常态的沟通交流平台,使职工代表大会制度更有针对性和实效性,一般不涉及民主表决的内容。劳资沟通协商法律制度的功能定位是:促进劳资双方之间信息共享、意见表达、意思疏通、达成共识和协商解决纠纷。

政治学中的协商民主理论、法学中的法律沟通理论、经济学中的可行能力理论以及心理学中的主观程序正义心理学理论等不同学科的理论都能从不同的视角为劳资沟通协商法律制度的构建提供理论依据。这些理论也充分表明劳资沟通协商法律制度具有重要的理论价值,主要表现为:第一,劳资沟通协商法律制度有利于促进劳资双方的交流与互动,从而有助于培育劳动者的理性精神、提高劳动者的沟通协商能力和消除彼此之间的分歧,这将有利于促进"劳资协商共赢"文化的生成。第二,劳资沟通协商法律制度与政治、经济、社会机制之间存在能量交换关系,这种能量交换关系能够使劳动法制在保持自治的前提下主动适应并促进政治、经济、社会的全面发展,进而有助于实现"劳动法制社会化"。第三,劳资沟通协商法律制度有助于促进职工代表大会制度、集体协商制度和劳动争议预防调解等制度功能发挥,从而有利于实现劳动法律制度互动融合。劳资沟通协商制度虽然尚未得到我国劳动立法的认可,但《宪法》《劳动法》《劳动合同法》《工会法》《公司法》为构建该制度提供了法律依据。

第二章　实践场景中的劳资沟通协商模式

为贯彻落实《协商民主意见》，我国部分企业在政府的推动下建立了劳资沟通协商机制，随着该意见的稳步推进，劳资沟通协商实践已展现出良好的发展态势。由于缺乏法律规范的指引，不同地区以及同一地区不同企业的劳资沟通模式存在差异。分析不同劳资沟通协商模式的运行机制，洞察不同模式取得成功的深层次原因，并在此基础上探究不同模式存在的共同经验，对于分析劳资沟通协商法律制度构建的可行性、整体思路以及具体路径，将具有十分重要的意义。

第一节　劳资沟通协商的典型模式

根据劳资沟通协商组织机构之差异，可以将我国现有的劳资沟通协商模式分为“工会”模式、“劳动关系促进委员会”模式和“工人代表委员会”模式三种。“工会”模式是指劳资沟通协商的运行主要由工会来组织,工会在劳资沟通协商中发挥了极其重要的角色。在采用“工会”模式的企业中,浙江传化集团的劳资沟通协商模式在全国范围内最为典型,在劳资沟通协商对话方面,积累了诸多行之有效的经验,人力资源和社会保障部、全国总工会、全国工商业联合会(以下简称工商联)高度认可了这一经验,并将其提炼为“传化经验”。“劳动关系促进委员会”模式是指劳资沟通协商活动主要由劳动关系促进委员会来组织。劳动关系促进委员会主要由公司方代表、员工代表以及工会代表组成。瑞德电子(深圳)有限公司(以下简称瑞德公司)是采用这一模式的典型代表。自从尝试开展劳资恳谈协商以来,企业的管理水平有较大的提升,员工流失率不断下降,公司的年销售额、年利润额一直呈上升趋势,劳资恳谈协商已经内化为企业文化的一部分,公司的劳动关系得到了不断的改善。“工人代表委员会”模式是指由工人推选工人代表,由工人代表组成工人代表委员会,由其负责与企业管理层沟通协商。河北省泊头市的铸造企业和广州利得鞋业有限公司是采用“工人代表委员会”模式的典型代表。作为中国铸造之乡,河北省泊头市的铸造企业大多数是中小型劳动密集型企业,虽然这些企业的集体协商机制流于形式,但劳资关系却比较和谐,很少发生劳动纠纷。经调查,大多数企业建立了“自组织”机制,劳动者可以借助该机制与企业进行平等的、常态化的交流和沟通。广州利得鞋业有限公司的劳资沟通协商模式表现为:工人绕开工会,自选代表,由代表组成工人代表委员会,负责与企业方或政府沟通协商,企业和政府迫于压力,大多数情形下会与工人代表进行诚恳的协商,劳动矛盾得到了明显的缓和。

一、"工会"模式

(一)传化集团劳资沟通协商的方式

传化集团是一个位于浙江萧山的民营企业,主要从事化工、物流等经营活动,该公司自从设立以来就非常重视劳资双赢,且一直致力于打造"劳资利益共同体"。传化集团负责劳资沟通对话的主要组织机构是工会。1994 年集团成立了工会,开启了中国民营企业设立工会的先河。工会主要依托职工代表大会开展劳资双方之间的沟通协商,集团公司、子公司、分公司都设立了职工代表大会,职工代表大会的组建和运行均由工会负责,自 1995 年以来,每年均定期召开职工代表大会,一般情况下,每年召开 1~2 次。除职工代表大会以外,工会还搭建了诸多劳资沟通协商平台:一是成立"工会意见箱",旨在收集员工的意见和诉求;二是建立集团工会和总经理接待平台,工会和行政共同听取员工意见,由工会整理后交由相关部门处理;三是开通员工热线、员工网上论坛等,职工可以通过电话、网络等形式发表自己的意见;四是召开员工座谈会,工会每年针对不同的员工召开员工座谈会,员工可在座谈会上表达意见,由工会收集员工的意见;五是召开民主听证会,由集团工会会同企业相关职能部门就职工关心的事项广泛听取职工的意见;六是开展"民主评议干部"活动,听取员工对企业领导的评价。随着互联网时代的到来,工会将这一渠道拓展到微信群、公众号、直播等线上沟通渠道。此外,传化集团的党建工作能够始终贴近员工的工作生活,借助党员组织活动,党员员工能够表达自己的建议和诉求,党建工作逐步成了员工与企业沟通交流的桥梁。由此可知,传化集团是以职工代表大会为劳资沟通协商的主要渠道,结合总经理接待平台等多种常设沟通渠道以及企业党组织，确保每位员工均有表达意见和建议的机会。传化集团劳资沟通协商制度的主要职能是保障劳动者的知情权、建议权、发言权、监督权和表决权。①

（二）传化集团劳资沟通协商的制度保障

劳资沟通协商有效开展的关键是要落实劳动者的知情权、发言权、监督权和表决权等民主权利。为此，集团先后制定了《厂务公开实施办法》《民主评议监督干部实施条例》等十余项民主管理制度。为了实施上述民主管理制度，集团还成立了由集团党委书记任组长、工会主席任副组长的厂务公开领导小组。集团建立了员工对管理人员的评价制度，集团将员工的评价结果与管理人员的工作绩效相关联，对评价结果较好的管理人员，在绩效奖励、职务升迁方面会优先考虑，对评价结果较差的管理人员进行经济处罚、降职、免职等。此外，为了激励员工参与劳资沟通协商的积极性，集团还制定了建议征集奖励制度，集团安排专人收集、整理和评选职工提出的建议，对提出合理建议的职工进行表彰。为了增强工会的创造力，集团还建立了"交叉兼职制"和"组织共建制"。"交叉兼职制"是指集团党委副书记兼任工会主席，并成为集团监事会成员，下属企业办公室主任兼任工会主席，并成为企业经管会成员。"组织共建制"是指既要从企业管理队伍中选派业务能力强，并擅长做员工思想工作的管理人员担任工会干部，又要从工会组织中选拔优秀人才进入集团管理层。"交叉兼职"和"组织共建"既可以确保工会有效参与企业经营决策活动，又可以调动工会工作的积极性，还可以提高工

① 参见本书编写组编：《"传化样本"解读——构建和谐劳动关系企业启示录》，中国工人出版社2011年版，第10~64页。

会在会员中的威望。①

二、“劳动关系促进委员会”模式

(一)瑞德公司劳资恳谈协商的组织机构

劳资恳谈协商制度是一种基于“劳资协商共赢”而确立的劳资沟通协商制度,旨在实现劳资双方真诚的、平等的对话。劳资恳谈协商制度起初发端于瑞德公司,该公司位于深圳市宝安区新安街道辖区,为了应对2008年全球金融危机,该公司创设了劳资恳谈协商制度,并设立了劳动关系促进委员会,由其专门负责开展劳资沟通协商活动。劳动关系促进委员会主要由委员会主任1人、执行委员1人以及委员若干组成。委员会主任由企业主要负责人担任,委员主要由企业人力资源部负责人、主营业务部门负责人、工会负责人以及员工代表组成,委员人数依据企业实际情况自行调整,但总数一定为单数,委员可以通过民主推荐产生,也可以由委员会主任直接任命,员工代表主要是通过员工自荐报名、员工民主推荐等方式产生。每届委员的任期为两年,员工会通过民意测评的形式对员工代表进行考核,只有表现良好的员工代表才有资格连任。瑞德公司劳动关系促进委员会的职责主要有以下几个方面:(1)劳资双方日常交流与沟通。主要负责组织劳资恳谈协商活动,收集员工的建议和意见,传达企业的经营现状和规章制度等。(2)重大事项的友好协商。组织委员对关系企业发展及劳动者切身利益的重大经营事项进行平等友好的协商。(3)跟踪落实劳资双方达成的协议。劳资

① 参见本书编写组编:《“传化样本”解读——构建和谐劳动关系企业启示录》,中国工人出版社2011年版,第10~64页。

双方可以就劳动报酬、工作时间、休息休假等事项展开恳谈协商，若双方能在自愿的情形下达成一致意见，可以借助协议将协商内容固定下来，协议对双方具有约束力，劳动关系促进委员会有职责跟踪并落实该协议。(4)与街道办事处劳动管理办公室进行沟通，及时汇报企业恳谈协商活动的实时状况和劳动争议处理情况等事项，并接受劳动管理办公室的业务指导。(5)调解劳动争议。劳动关系促进委员会在成立之初并没有调解劳动争议的职能，为了响应国家人力资源和社会保障部、司法部等部门联合下发的《关于加强劳动人事争议调解工作的意见》，瑞德公司率先在劳动关系促进委员会的基础上设立了调解委员会，实行两个委员会一套人马，劳动关系促进委员会被赋予了调解企业劳动争议的职能。[①]

(二)瑞德公司劳资恳谈协商的方式

劳资恳谈协商分为日常沟通协商和会议协商。

日常沟通协商主要有以下三种形式：CEO与员工代表之间的沟通、中层管理者与其所在部门的员工之间的沟通以及一线管理者与生产线员工之间的沟通，旨在使公司每位员工都有机会参与劳资恳谈协商活动。CEO与员工代表沟通会所讨论的主题主要涉及公司的经营状况，CEO主持讨论会并首先介绍公司的盈利情况、经营困难以及拟采取的对策等事项，然后由员工代表就相关事项进行平和的讨论和交换意见，也可以要求CEO就相关事项做出说明。中层管理者与其所在部门的员工之间的对话主题是公司的规章制度、加班调休制度、薪酬福利制度等与劳动者切身利益有关的重要事项，中

① 姚文胜、翟玉娟主编：《劳资协商制：中国劳动关系改善的路径选择》，中国法制出版社2012年版，第195～207页。

层管理者一般为公司各职能部门的负责人,与中层管理者对话的是各部门的普通员工。一线管理者与生产线员工对话的主题是生产计划、工作流程优化、生产效率提高等事项,主要是公司主管与生产线一线员工就如何提高生产效率展开的交流与沟通。以上三个交流平台基本上涵盖了公司的全体员工,公司高层的决策可以传递到一线员工,一线员工的诉求、建议也可以直接传递到公司最高管理层。一般情况下,为了第一时间了解员工的需求和意见,不同层次的恳谈协商每周会召开一次员工座谈会。此外,还通过建立"CEO 热线""CEO 意见箱""CEO 恳谈协商论坛"(通过企业内网)等即时沟通平台的方式,随时了解员工的诉求和建议。①

会议协商是指劳动关系促进委员会全体成员,即企业方代表、企业部门代表和员工代表,定期或临时就相关事项进行沟通和表决。劳动关系促进委员会原则上每季度召开一次会议,如遇特殊情形,也可以临时召开会议。一般情况下,会议由委员会主任或执行委员主持,临时会议由提议方主持。恳谈协商的时间、地点及其他具体事项由企业方代表与企业部门代表、员工代表三方协商确定。各方代表应在会议召开的前两周向劳动关系促进委员会办公室提出议题,经委员会主任和执行委员同意后,各方代表根据议题的内容确定参加会议的人员。每次会议应该形成会议记录,重大事项的会议记录还应呈报给街道办事处劳动管理办公室。若劳动关系促进委员会对某事项的决议未达成一致,可以暂时休会,另定时间再行磋商,若经劳动关系促进委员会两次会议仍未达成一致意见,将

① 姚文胜、翟玉娟主编:《劳资协商制:中国劳动关系改善的路径选择》,中国法制出版社 2012 年版,第 201 ~ 207 页。

由劳动关系促进委员会提请街道办事处劳动管理办公室介入或提交街道调解仲裁委员会进行调解或仲裁。①

(三)瑞德公司劳资恳谈协商的制度保障

为了实现劳资恳谈协商的常态化和规范化,不论是企业还是政府,均出台了一系列保障措施。为建立政府与企业的联络平台,政府劳动管理办公室建立了“劳资恳谈协商运作中心”网站,将其作为企业劳资恳谈协商信息平台,并将其视为政府与企业联络的桥梁。以瑞德公司为首的企业安排专人借助网站上报劳资协商计划、恳谈协商的结果等事项,劳动管理办公室会即时了解相关事项,并随时与企业劳动关系促进委员会保持沟通,实施动态关注。劳动管理办公室通过信息平台对企业提供法律、法规、政策方面的指导,及时掌握企业劳资沟通协商的动态,发现存在不稳定因素时,可以提前介入,及时化解劳资矛盾。企业劳动关系促进委员会通过平台可以将劳资恳谈协商的相关事项录入网站,并可以进行相关档案资料保存。这不仅有利于劳动管理办公室掌握信息,还有利于企业劳动关系促进委员会对恳谈协商活动的执行和跟踪,使恳谈协商活动更具可操作性、简易性和灵活性,从而提高恳谈协商活动的效率。②

为了将劳资恳谈协商落到实处,瑞德公司还制定了一系列内部管理制度。公司首先明确了劳资恳谈协商的基本理念:使劳资恳谈协商成为企业管理、经营活动和日常生活的一个有机组成部分,将恳谈协商嵌入企业的制度之中。在这一理念的指引下,公司出台相

---

① 姚文胜、翟玉娟主编:《劳资协商制:中国劳动关系改善的路径选择》,中国法制出版社2012年版,第40~41页。

② 姚文胜、翟玉娟主编:《劳资协商制:中国劳动关系改善的路径选择》,中国法制出版社2012年版,第16~21页。

关制度明确了劳动关系促进委员会的具体职责，公司人力资源管理部门还设置了专司劳动关系促进和恳谈式协商工作的专员。公司要求劳动关系促进委员会必须制订年度恳谈协商计划，实现目标管理，并将目标落实到公司每个部门和具体人员，计划表中载明了哪个月哪一天，由哪个部门哪个人负责组织劳资双方的恳谈协商。公司还制定了考核制度，旨在强化公司对承担恳谈协商工作的每位工作人员进行严格考核，采用记分的考核方法，并将考核分数与收入挂钩，对工作失职的工作人员按制度给予不同程度的处罚。为了严格落实相关考核制度，公司还制定了一套监督机制，明确规定公司行政部、稽核部、生活委员会以及工会是劳资恳谈协商的监督部门，并对这些部门的职责进行了具体规定。①

三、"工人代表委员会"模式

（一）泊头市铸造企业的劳资沟通协商模式

1. 泊头市铸造企业劳资沟通协商的组织机构

泊头市铸造企业的工人绝大多数都是来自当地的农民，这些农民工借助亲戚、朋友、同乡等关系组建了一个奇特的社会组织网络，且工人之间非常团结，有学者将这种以乡土为基础的社会关系称为"特别的工人团结权"。这种"乡土团队"与珠三角地区的"同乡会""帮会"最大的区别在于其是一种掌握了铸造技术的工人组织。这种组织与工会也不同，其是一个没有组织名称、内部结构比较松散且未经登记的组织。然而，其却是一个团结的、理性的利益共同体。

① 姚文胜、翟玉娟主编：《劳资协商制：中国劳动关系改善的路径选择》，中国法制出版社2012年版，第48～49页。

日常工作生活中负责与企业管理层沟通协商的主体是由全体工人推选的“工头”或“领头人”，虽然这种推选程序不是正式的选举程序，但这种基于乡情的推选方式能够产生出技术好、沟通协调能力强且有威望的代表。“工头”一般情况下是企业的班组长，“工头”通过自己的技术优势、社会经验和人脉能够把工人团结起来，在现实中能够成为劳资双方沟通交流的桥梁，且能够真正代表和维护工人的正当利益。①

2. 泊头市铸造企业劳资沟通协商的方式

泊头市铸造企业劳资沟通协商的议题很广泛，不仅有企业管理层向工人征求有关企业管理和经营的建议，还有工人向企业管理层就相关事项提出建议和意见，但实践中沟通协商的主要内容是劳动报酬。按照现有法律规定，劳动报酬应该由工会与企业借助集体协商制度来确定，但现实中工人一般情况下不依赖工会，他们只信任“工头”，致使当地政府推行的工资集体协商只能是流于形式。“工头”与企业管理层之间的沟通协商没有固定的程序，一般情况下都是劳资双方自发的，只要双方认为有必要沟通，双方就会进行协商。当企业需要与工人沟通时，企业就会找“工头”商量，对于不是很重要的事宜，“工头”可以自己做主，而对于比较复杂的事项，“工头”就会找工人商量，充分征询大家的意见，尽可能形成一致意见，然后“工头”再向企业转达工人的意见。在大多数情况下，劳资双方均能本着劳资双赢的理念进行协商，彼此尊重，且均具有理性经济人的精神。这个过程有要约，也有反要约，有让步，最终实现意思一致。

① 参见关彬枫：《泊头：根植乡土习惯和草根组织的工资集体协商》，载冯同庆主编：《聚焦当代中国社会劳动热点问题》，中国工人出版社2013年版，第220页。

双方协商达成的协议不需要职工代表大会审议,也无须向当地政府有关部门备案,且大多数情况下都能够得到履行,当地社会经济秩序一直以来都比较良好,劳资双赢已成为一种常态,当地政府也基本上对这种劳资自治的沟通协商予以了认可。① 由此可知,泊头市铸造业劳资沟通协商的运行具有很强的“乡土”特色,但又具有集体协商的核心特征。

3. 泊头市铸造企业劳资沟通协商的保障措施

泊头市铸造企业劳资沟通协商虽然没有严格的保障机制,但劳资沟通协商却能够正常运行,这主要依赖于工人团结、市场规律和劳资理性精神。首先,铸造业工人大多数属于当地的农民工,工人之间相互认识,且往往存在亲戚、朋友关系,这种社会关系天然地有利于工人之间的团结。而且与珠三角地区的农民工相比,这里的工人有土地作为生存的保障,没有后顾之忧。一旦企业拒绝与工人平等协商导致工人离职,那么工人还可以借助土地维持生活,部分工人不会为了生存而选择与企业妥协,这更有利于工人紧紧地团结在一起,为劳资博弈提供了物质保障,工人因而敢于和企业进行沟通协商,如果企业管理层不配合协商,那么工人会选择离开企业,这无形中能够督促企业管理层自觉与工人进行诚信友好的协商。其次,市场规律也能变相地起到保障劳资沟通协商顺利进行的作用。从铸造行业的供求现状来看,由于汽车、航空航天、能源等行业都离不开铸件,因而铸造业在国民经济中扮演了非常重要的角色,泊头市生产的铸件销往全国各地,铸造企业获取的利润也相当可观。从铸

① 参见关彬枫:《泊头:根植乡土习惯和草根组织的工资集体协商》,载冯同庆主编:《聚焦当代中国社会劳动热点问题》,中国工人出版社 2013 年版,第 221 页。

造业劳动力市场的供需现状来看，由于铸件市场需求量很大，铸造工人却短缺，劳动力市场存在供不应求的现象。造成这一现象的原因在于铸造是一个生产条件非常艰苦、劳动强度非常大的传统行业，很多城里人以及年轻的农民工不愿意从事这一行业。以上两个市场规律决定了泊头市铸造工人是一种稀缺资源，这让铸造工人明白其存在的价值，因而敢于和企业老板博弈，使企业管理层非常尊重工人的意见。最后，劳资沟通协商的顺利进行除因铸造工人具有团结力量和人力资本优势以外，还有一个不可忽视的因素是铸造工人具有理性精神。铸造工人自发地推选代表，由工人代表与企业管理层沟通协商，以此维护自己的权益。这是一种具有强烈乡土气息的维权方式，虽然工人抛弃了正规的集体协商制度，但其行为方式是极其理性的。与珠三角地区的“工人代表制”显著不同，泊头市铸造工人并没有滥用“团结权”和“人力资本力量”，并未采取罢工等激进手段，而是采用“用脚投票”的方式，当企业缺乏沟通协商的诚意时，整个企业或车间的工人会集体辞职，去其他铸造企业。此外，铸造工人在劳资沟通协商中的“要价”也不是不切实际和盲目的，他们在沟通协商前会对整个铸造业的行情进行摸底，甚至对整个行业的走势都有一个预判。因而，工人在大多数情况下也是本着“劳资共赢”的原则进行理性的沟通协商，所提出的要求也在企业所能承受的范围内，从而使劳资双方能够达成一致意见。[①]

---

① 参见关彬枫：《泊头：根植乡土习惯和草根组织的工资集体协商》，载冯同庆主编：《聚焦当代中国社会劳动热点问题》，中国工人出版社 2013 年版，第 223～225 页。

(二)广州利得鞋业有限公司的劳资沟通协商模式

1.广州利得鞋业有限公司劳资沟通协商的组织机构

2010~2015年,我国珠三角地区发生了几十起"工人绕开工会,自选代表与企业方或政府沟通协商"的维权案例,如2010年南海本田罢工、2014年东莞裕元鞋厂罢工、2014年广州利得鞋业有限公司"集体停工"以及2014年深圳哥士比罢工等事件。在这些事件中,工人委托的谈判代表有工人,也有律师或非政府组织。以广州利得鞋业有限公司为例,该公司2500名员工"集体停工",以此抗议公司拖欠社会保险费、加班费和强迫员工签订(变更)不合理的劳动合同等行为。公司各部门的工人民主推选工人代表,由工人代表组成工人代表委员会,并由工人代表民主推选出谈判代表,由工人谈判代表与公司或政府进行沟通协商,工人代表大会是劳资沟通协商的组织机构。①

2.广州利得鞋业有限公司劳资沟通协商的方式和保障措施

广州利得鞋业有限公司劳资沟通协商的运行主要依据民法和合同法,而不是依据劳动法与工会法。工人与工人代表签订民事委托书,授权工人代表代为参与谈判,并在授权委托书中载明工人代表的权限范围,工人与工人代表之间构成了代表与被代表的关系,工人代表行为对所有被代表的工人有效。对于一般事项,工人代表有权自己做出决定,但对重大事项的决定,须被代表工人同意。工人代表依据法律明确了员工的诉求,并制订了沟通协商方案。为使沟通协商能够顺利进行,每名工人缴纳50元作为团结基金。在劳资

---

① 参见陈步雷:《工人代表制:"制度边缘"的革新——以我国珠三角地区的案例为考察对象》,载《探索与争鸣》2016年第11期。

沟通协商的保障措施上，与泊头铸造工人“用脚投票”不同，广州利得鞋业有限公司的工人采取了更为激进的行为方式——停工，只要公司拒绝与工人代表协商或者是没有满足工人的诉求，工人就会选择集体停工。当地政府和公司迫于工人停工的压力都会与工人代表进行有效沟通，也基本上能够达成一致意见，工人一般情况下也会很快复工。①

第二节　劳资沟通协商实践的成功经验

一、“工会”模式的成功经验

（一）坚持“以人为本”的发展理念

传化集团一直以来秉承“员工和老板是利益共同体、事业共同体、命运共同体”的企业发展理念，将员工视为企业主人，强调员工、企业和社会要在价值观、目标以及利益方面实现“三个统一”。在这一理念的指引下，集团努力实现“四个转变”：一是从雇佣与被雇佣的劳动关系理念转变为劳资协商共赢的观念；二是从以利益为劳资双方的连结点到以情感为劳动关系的连接点；三是从以管理手段来维系劳动关系到以激励手段来维系劳动关系；四是从以提高员工的待遇为主转变为以促进员工全面发展为主。通过实现“三个统一”和“四个转变”，集团实现了制度与情感、物质与精神、利益与发展的有机结合，集团员工有了物质保障、事业发展空间以及良

① 参见陈步雷：《工人代表制：“制度边缘”的革新——以我国珠三角地区的案例为考察对象》，载《探索与争鸣》2016 年第 11 期。

好的人际关系，并具有了主人翁意识和责任感，从而更加积极地参与劳资沟通协商活动，最终形成了“企业关爱职工、职工热爱企业”的企业文化。[①] 这不仅为劳资沟通协商创设了良好的环境，而且提高了员工参与沟通协商的意识和能力，增强了员工对职工代表和工会的信任，使职工代表大会制度能够发挥其理应有的功能。

（二）党组织在劳资沟通协商中发挥了桥梁作用

传化集团于1995年便成立了党组织。1998年，传化集团党委作为浙江省非公经济组织的第一个党委正式成立，1999年被作为省非公企业党建工作示范点，2013年，“传化样本”被中央组织部确立为非公党建的范本。传化集团一直以来秉承“党群工作也是生产力”的理念开展党建工作，使党建工作能够将意识形态建设与经营管理、员工的实际需求与企业的健康发展有机整合，形成“共力”，从而使党建工作既能够“落地”，又能够调动企业与职工沟通协商的积极性。在这一理念的指引下，党组织与集团形成了“目标同向、功能互补、互相监督、共同发展”的格局。集团党委强调对员工的心理疏导和员工素质的提升，使员工对党委产生高度的认同感，从而愿意在党组织各项活动中表达自己的意见和诉求。发挥党组织的沟通桥梁作用，既能够保证企业和职工以正确的价值观来沟通协商，避免职工非理性行为的发生以及因为职工权利诉求的膨胀而给企业带来不可预知的后果，又能够给党员职工表现的舞台，提高党员职工的沟通协商能力，培育其理性精神，从而可以通过发挥党员先进模范作用的方式调动非党员职工参与劳资

① 参见本书编写组编：《“传化样本”解读——构建和谐劳动关系企业启示录》，中国工人出版社2011年版，第10～64页。

沟通协商的积极性。由于民营企业中大部分职工都是工会会员，党员人数却较少，因而党组织的职能难以发挥。为了使党组织能够发挥更大的作用，传化集团出台了“交叉兼职制”，真正实现了“党工共建”，从而更有利于党的各项方针政策的实施。[①]

（三）工会成为企业联系员工的纽带

传化集团工会的职能主要体现为以下几个方面：一是处理劳动合同签订、文化娱乐、住宿等与员工切身利益有关的事项；二是传达企业的发展计划和各项决策；三是组织员工讨论企业的各项决策和规章制度，收集员工对企业的意见和建议，并将这些意见和建议转达给企业；四是与企业开展集体协商，讨论收入分配、福利待遇、职业安全、子女上学等职工和企业共同关心的问题。传化集团工会的四项职能之所以能够“落地”，主要原因在于工会能够得到企业和员工的高度认可。

工会能够得到集团信任的重要原因在于工会的职能定位不仅仅是维护员工的切身利益，还包括宣传和贯彻企业的发展计划、各项决策以及促进员工理性地表达意见和建议。也就是说，工会在维护员工利益和推动企业发展方面均发挥了重要作用。自从有了工会，集团的各项意图能够得到广大职工的理解并支持，当员工对集团存在意见时，工会立即召开座谈会，在座谈会上工会能够诚恳地向员工交代实情，介绍集团面临的困境以及如何弥补员工的收入减少，工会合情合理的解释也能够得到员工的理解，从某种程度上讲，工会干了集团想干而又很难干好的事情，自然能够得到集团的认

① 参见本书编写组编：《“传化样本”解读——构建和谐劳动关系企业启示录》，中国工人出版社2011年版，第52～56页。

可。正因为集团高度信任工会,所以集团愿意将权责交给工会,让工会能够真正发挥作用。此外,工会通过开展各项活动能够提高职工的综合素质,也能够为企业输送管理人才,这也是集团重视工会的理由之一。①

工会能够得到职工认可的根本原因在于其能够聚焦民意,并能够成为集团联系职工的纽带,且职工的意见和建议能够有效转化为企业的经营管理行为。其具体原因有以下两点:第一,能够让工会干部队伍流动起来,避免工会干部的老龄化和官僚化,使工会充满活力,从而能够得到广大职工的信任。为了克服工会干部老龄化,企业经营管理团队让技术好且沟通协调能力强的职工担任工会干部,工会组织也可以向企业经营管理团队推荐业务能力强的职工。第二,有利于实现工会职能的多样化。传统企业工会往往只负责员工的文娱活动,这一单调的职能定位对促进企业发展没有直接的价值,因而难以得到企业的重视,在传化集团,工会的职能定位是“不仅职工的工资要涨,而且职工本领也要涨”。工会把提升职工素质作为工作的重要内容,通过对职工进行职业培训,使广大职工的职业技能得到提高,进而提高工作效率。这不仅能够得到广大职工的认可,也能够让企业得到实惠,使企业能够真正认识到工会的重要性。

(四)劳资沟通协商与工资集体协商存在良好的互助关系

在传化集团,工会肩负了集体协商和沟通协商的双重任务,集体协商是工会与集团针对工资待遇、工作条件、工作时间以及社会

---

① 参见本书编写组编:《“传化样本”解读——构建和谐劳动关系企业启示录》,中国工人出版社2011年版,第68~71页。

保障等事项展开协商，沟通协商主要是引导员工与集团就经营事项、管理制度等事宜展开平等的对话和沟通。集团秉持“有好待遇才能好心情”的理念，将维护和保障好员工的劳动经济权益视为企业最起码的社会责任。为了保障职工的经济权益，集团建立了工资集体协商机制，自 2002 年以来，工资集体协商就成为传化集团与员工一年一度的重要事情，工资集体协商机制建立以后，员工的待遇有了更坚实的制度保障，集团还承诺员工每年的工资都有一定比例的增长。为了进一步落实工资集体协商机制，集团还建立了工资民主听证和职代会审议制度，明确规定凡是与工资管理有关事项，均须职工代表大会审议后才能通过。① 通过工资集体协商来提高劳动者的经济待遇，可以进一步调动劳动者参与劳资沟通协商的积极性。反过来，劳资沟通协商可以让职工了解企业的经营现状、理解企业所面临的困境，并能感受到收入分配的民主性，使职工在工资集体协商中更加理性，也乐意做出一定的让步，从而有利于工资集体协商的有序进行。正是由于集体协商机制和沟通协商机制存在相互促进和功能互补的关系，工会的工作才能够得到集团和员工的高度认可。

（五）重视员工职业素质的培养

传化集团认为，维护职工权益不仅仅只是让员工的工资涨起来，而且是让他们的能力也要“涨”，并秉持“集团不仅是一个企业，还是一个学校”的理念。为此，集团建立了分类培训体系，着力实施有针对性的培训。除军训和入职培训外，培训方式还包括专业技能

① 参见本书编写组编：《“传化样本”解读——构建和谐劳动关系企业启示录》，中国工人出版社 2011 年版，第 30～32 页。

培训、职业进阶培训和外出进修、考察等,集团鼓励员工进入高校接受学历教育,获得文凭后可以增加工资。集团工会将提高职工综合素质作为工作的重要内容之一,将职工送进由浙江省工会举办的职工学校、职工俱乐部等机构进行职业技能培训,并联合高校和培训机构进行素质提升教育。此外,集团工会还通过技能练兵、技能比武等形式培养一批知识型、创新型的人才队伍。集团党组织也提出了争创"五个好"的要求,即要求党员职工学好科学理论知识、掌握业务技能、争当优秀党员、钻研操作技能以及改进新工艺。[①] 由此可见,集团、工会和党组织均高度重视职工素质的提升。职工职业素质的提高既有利于提高工作效率,又可以增强他们的沟通协商能力,使劳资双方能够在沟通协商中具有"共同语言",这为劳资沟通协商的有效开展奠定了坚实的基础。

二、"劳动关系促进委员会"模式的成功经验

(一)政府在劳资恳谈协商中扮演了极其重要的角色

劳资恳谈协商起初是瑞德公司在经营管理过程中自发形成的一种劳资沟通方式,并没有形成系统化、规范化的沟通协商制度。这一劳资沟通协商模式在得到政府有关部门的高度认可后,经政府和学者的共同努力,最终被提炼总结为"1+3"劳资恳谈协商。从2009年7月起新安街道办劳动办公室在辖区36家员工在500人以上的制造类企业内推广瑞德公司的劳资恳谈协商模式,2010年又将这一协商模式推广到辖区60家员工在300人以上的企业。为了在

① 参见本书编写组编:《"传化样本"解读——构建和谐劳动关系企业启示录》,中国工人出版社2011年版,第35~40页。

全区有效推广劳资恳谈协商制度，区政府还出台了宝安区"1+3"劳资恳谈协商制度推广方案，明确了推广的指导思想、组织机构和工作安排等具体事宜，将相关工作落实到具体责任人，并将推广劳资恳谈协商制度纳入政府考核体系，作为工作人员评优评先的依据。可见，从这一沟通协商模式的发现、总结提炼到推广，政府均发挥了极其重要的作用。此外，政府在劳资恳谈协商制度的运行中也起到了重要作用。为了引导和促进劳动关系促进委员会更加有效率地开展劳资沟通协商活动，政府劳动管理办公室建立了"劳资恳谈协商运作中心"网站，并将其作为政府与企业沟通的平台。政府劳动管理办公室能够借助该网站实现对企业劳资沟通协商的动态关注：一方面，劳动管理办公室可以借该网站向企业提供相关法律法规和政策的指导，还可以为企业开展劳资恳谈协商活动提供建议，从而能够提高企业恳谈协商的效率；另一方面，当劳资恳谈协商纠纷发生时，政府可以选择介入，也可以邀请相关专家介入，通过调解的方式化解劳资矛盾。①

（二）企业管理层能够意识到劳资恳谈协商的重要性

虽然政府在劳资恳谈协商制度的推广中发挥了极其重要的作用，但这一制度的有效运行从根本上还是要归功于企业的高度重视。劳资恳谈协商制度最初并不是由政府构思出来的，而是由个别企业在经营管理过程中摸索出来的，这些企业意识到了尊重员工发言权不仅有利于缓和劳资矛盾，还有利于企业的长远发展。在政府的大力倡导和推广下，越来越多的企业纷纷建立了劳资恳谈协商制

① 姚文胜、翟玉娟主编：《劳资协商制：中国劳动关系改善的路径选择》，中国法制出版社2012年版，第78~207页。

度，但不同企业构建这一制度的主观目的存有差异，有的企业抱着完成任务的态度，虽然按照政府的要求设立了劳资恳谈协商组织机构，并明确了该组织机构的工作职责、议事规则等相关事项，但由于没有落实相关行为人的责任，也没有构建一套激励机制，劳资恳谈协商存在“碎片化”和“形式化”的流弊，没有形成一种常态，劳动者缺乏恳谈协商的动力和热情，最终导致这一制度远未发挥其理应有的功能。

而以瑞德公司为代表的企业充分意识到了劳资恳谈协商在预防劳动矛盾、提高企业效率等方面的重要性，其不仅响应政府的号召，而且将劳资恳谈协商制度内化为企业的重要制度，使其成为劳资双方定期沟通对话的机制，并将员工视为企业长足发展的宝贵财富、将劳资恳谈协商作为一种企业文化来对待。为了使劳资恳谈协商制度能够落到实处，这些劳资恳谈协商实践比较成功的企业不仅成立了劳动关系促进委员会，而且配置了从事劳资恳谈工作的专职人员，并将劳资沟通协商职责落实到公司每个部门和具体人员。为了约束和激励每位工作人员，部分企业还制定了考核制度、监督机制以及激励机制。企业设立了劳资恳谈协商监督部门，专门负责对劳资恳谈协商工作人员进行考核和监督，并将考核结果与奖金、职务晋升挂钩，对表现突出的工作人员进行精神奖励和物质奖励，对不称职的工作人员给予一定的处罚。由于劳资恳谈协商活动是在企业主导下进行的，因而这种沟通模式在实践中必将面临一个最棘手的问题——劳动者参与恳谈协商的积极性不高。为了克服这一障碍，企业还在政府推广的三个劳资恳谈协商平台的基础上创设了多种沟通方式，从而实现了劳资双方定期交流与日常沟通的有机结合，使劳动者随时参与到劳资沟通协商中来。企业还通过举办员工生日会和文娱活动等活动培育团结向上的企业文化，提升员工的归属感，以此在劳资双方建立更多的信任，调动员工参与劳资恳谈协商活动的积极性。经实地调查得知，企业管理层对劳资恳谈协商的重视程度与取得的效果是成正比的。①

（三）直接协商与间接协商有机结合增强了劳资恳谈协商的有效性

瑞德公司的劳资恳谈协商分为直接协商和间接协商两种类型，直接协商主要表现为一线员工与CEO、中层管理者以及一线管理者之间的沟通协商。间接协商是指员工代表、企业方代表、企业部门代表以及工会代表之间定期或临时进行的沟通协商。② 间接沟通协商由于存在的中间环节较多，容易出现代表性不强、代表不尽职责、信息不对称等天然缺陷。直接协商恰好能够弥补这一缺陷。首先，不同层级的直接沟通协商在某种程度上有助于实现广大职工的知情权，消除一线员工与企业方之间的隔阂，调动员工参与沟通协商的积极性。通过与CEO、中层管理者以及一线管理者的直接对话，一线员工能够及时、准确地了解企业的经营现状和经营计划、各项规章制度以及技术革新等信息，这有助于一线员工在不同层级的沟通协商会议上提出有针对性的建议和诉求。其次，直接沟通协商还有助于消除一线员工与员工代表之间的误解，增强员工代表的代表能力。由于信息不对称以及沟通环节过多的原因，员工代表很难将企业方的信息及时、准确地传达给一线员工，这极易造成一线员工

① 姚文胜、翟玉娟主编：《劳资协商制：中国劳动关系改善的路径选择》，中国法制出版社2012年版，第48～49页。

② 姚文胜、翟玉娟主编：《劳资协商制：中国劳动关系改善的路径选择》，中国法制出版社2012年版，第2～3页。

与员工代表之间的误解，致使员工不愿意和员工代表讲真话，从而导致员工代表难以发挥其应有的作用。最后，直接沟通协商有助于企业对中层干部的考核。企业 CEO 通过与一线员工的直接对话，可以更真实地了解员工的想法和诉求。这一方面有助于企业对相关工作的改进，另一方面也可以变相地考察中层干部在劳资恳谈协商过程中的工作表现，进而能够对企业中层干部起到鞭策作用。当然，直接协商涉及的员工较多，再加上员工的素质也参差不齐，致使直接协商与间接协商一样都会出现效果不佳的问题。这意味着直接协商必须与间接协商有机结合才能使彼此有效发挥作用，也才能释放劳资恳谈协商制度的功效。

三、“工人代表委员会”模式的成功经验

（一）企业重视职工的意见

铸造业的特殊性决定了铸造企业有稳定的利润，即使工人要求增加工资，企业老板也有利润可赚。因而，为了防止因工人集体跳槽而使企业受到损失，企业老板非常注重工人的意见，一般来讲都会接受工人的理性要求。反过来，当企业老板积极地与工人沟通且满足了工人的各项需求尤其是涨工资的需求后，工人因经济待遇、主体地位得到了提高而在工作中表现得更加积极且更为理性，也希望企业发展得更好。正因如此，工人提出的各项要求也不会太苛刻，一般情况下不会超出企业所能承受的范围。经济的稳定发展培育了劳资协商文化，且“劳资协商共赢”的理念已转化为企业老板和工人的实际行动。广州利得鞋业有限公司重视员工意见的根本原因在于“集体停工”。由于“集体停工”既会扰乱公司的经营、管理秩序，从而影响到公司的收入，还因其影响社会的稳定而受到政府的

重视,因此迫于政府的压力以及自身利益的考虑,公司会认真听取员工的意见,并与员工展开真诚的沟通协商。

(二)工人的团结和理性是劳资沟通协商的内在推动力

由于铸造工人大多数来自当地的农民工,工人之间因彼此了解、熟悉而生活在熟人社会中,这是工人之间彼此团结的天然条件。正因如此,工人能够推选出信得过、有威望且敢担当的工人代表,工人代表为了不辜负工人的期望,也会尽职尽责地履行沟通协商职责,这是工人之间能够团结在一起的组织基础。此外,由于铸造工人并不担心失去工作,没有后顾之忧,再加上工人彼此熟悉,一旦有人破坏工人的团结,其将付出很大的伦理成本,在这种情形下,企业老板不大可能通过和单个员工分别沟通协商,以此分化、瓦解工人团体。工人的理性精神也是促进劳资沟通协商有效进行的重要因素。铸造工人在沟通协商中提出的条件是经过对市场行情的精心分析后提出来的,因而工人的诉求一般来讲符合市场价值规律,即便劳资双方没有达成一致,工人也并未采取罢工的过激行为,而是集体辞职,正是工人的这种理性精神使企业老板更加尊重工人的意见。广州利得鞋业有限公司的工人与工人代表签订委托代理协议,旨在通过民法的途径来解决劳动问题,这一行动模式表明工人是有法律意识的。工人在与当地政府和公司协商时也并未漫天要价,有妥协、也有让步,这表明工人是理性的。工人听从工人代表的指挥,展现了工人团结的一面。正因为工人的团结和理性而使政府和公司均非常重视工人的意见,并愿意与工人进行真诚的沟通协商。

第三节 劳资沟通协商实践取得成功的原因

一、"工会"模式取得成功的原因

传化集团的沟通协商模式是一种制度成本最小,最为理想的沟通协商模式。首先,这种协商模式能够降低制度成本。由于此种沟通协商模式主要是由企业主动构建的,这种主动是发自内心的,既不是迫于劳动者的压力而被动构建的,也不是为执行国家的相关政策而建立的,因此企业会自觉履行沟通协商义务,从而可以节约劳资沟通协商制度的运行成本。此外,这种沟通协商模式将职工代表大会制度、工资集体协商制度和劳动争议协商调解制度有机结合起来,从而还有利于这些制度的有效运行,节约制度的运行成本。其次,此种沟通协商模式有利于平衡劳动关系利益相关者的利益,使各自的利益均能得到满足,从而达到共赢的目的。该协商模式不仅体现了企业老板对广大工人主体地位的认可和尊重,还体现了对工会、国家的高度信任,使工会能够独立自主地开展工作并能有效地发挥作用,国家相关政策也能够在企业落地生根。此外,基层党组织也能发挥劳资沟通协商的纽带作用,以此促进国家与企业之间的交流与互动,彼此配合、相互支持。例如,传化集团所在地政府为了促进劳资沟通协商,出台了一系列激励与约束机制,传化集团也认真配合政府,并积极履行企业社会责任,为社会和谐做出了应有的贡献。总体来看,传化集团的劳资沟通协商模式有利于实现政府、企业和劳动者的共同发展,是一种较理想的沟通协商模式。

然而,以传化集团为代表的"工会"模式能够取得成功是有深刻的历史和文化背景的，主要原因在于该集团存在劳资沟通协商制度生存的土壤，且对该制度进行了有效的运用。具体原因为：首先，传化集团所在地的大部分人口是外来移民，他们聚集而居、互相尊重，民间纠纷能够借助乡规民约予以解决，并形成了沟通协商的民间传统。其次，传化集团传承了王阳明重视人的主体性的思想，集团管理者非常注重培育员工的主体性，并发自内心地尊重员工，将员工视为集团的主人，视集团管理者和员工为平等的主体。再次，由于地缘关系，基督教自近代以来就在集团所在地广泛传播，该地区也成为了基督教徒的聚集地，佛教也在该地传播，在政府的精心治理下，该地区的教徒服从政府的管理，生活也很正常，且慈悲和慈善成为了传统。最后，传化集团注重劳资沟通协商文化建设，这使集团呈现良性的发展态势，集团的生产效率得以不断提高，反过来，集团效益提高后可以改善员工的物质和精神需求，从而提高了劳动者参与沟通协商的积极性。① 由此可见，"工会"模式取得成功是有深层次原因的，这意味着不是每一个企业都能在短期内构建这种劳资沟通协商模式，国家在构建劳资沟通协商法律制度时必须充分考虑各地以及各企业的实际情况。

二、"劳动关系促进委员会"模式取得成功的原因

"劳动关系促进委员会"模式是一种自上而下构建的劳资沟通协商模式，该模式因具有严格的组织保障和程序保障而能够在各个企业得到迅速地推广，使一个地区内不同企业能够沿用同一种模

① 参见冯同庆：《学术忆旧：走出劳动研究之愁城》，载《劳动社会学评论》编委会：《劳动社会学评论》（第1辑），中国出版集团、世界图书出版公司2015年版，第6～7页。

式,便于企业之间进行经验借鉴,为不同企业的职工相互学习沟通协商技巧提供了便利,也有利于地方政府不断总结劳资沟通协商经验,完善沟通协商程序。此外,由于劳动关系促进委员会由职工代表、企业方代表和工会代表组成,这种协商模式有利于各主体之间的日常沟通互动,增强协商的效果,且能够平衡利益相关者的利益。当地政府虽然不直接参与劳资沟通协商,但通过对企业劳资沟通协商活动进行指导、引导和监督能够实现国家意志的表达,使企业劳资沟通协商更符合国家的相关政策和精神。因此,“劳动关系促进委员会”模式与“工人代表委员会模式”相比,更符合国家、企业、工会以及劳动者等利益相关者的利益,运行风险更小。然而,“劳动关系促进委员会”模式作为一种自上而下构建的劳资沟通协商模式也存在一些不足之处。与传化集团的“工会”模式相比,这一劳资沟通协商模式的运行成本更高,因为当地政府劳动管理办公室专设部门负责引导、监督各企业的劳资沟通协商活动需要付出相应的人力成本和物资成本。

“劳动关系促进委员会”模式取得成功的原因在于政府的引导和企业的努力,其中,政府支持是最根本的原因。虽然企业老板也意识到构建劳资沟通协商制度的重要性,也在尝试构建这一制度,但企业老板构建这一制度的初衷是缓解劳资矛盾,度过企业危机,并未像传化集团老板那样从内心意识到劳资沟通协商对促进生产力和社会和谐的重要价值,完全是一种权宜之计。政府在企业劳资沟通协商实践中不断总结经验,形成“劳动关系促进委员会”模式,并大力进行推广,且制定了相应的保障制度,确保了这一模式的有效运行,还对各个企业的劳资沟通协商活动进行业务指导、监督和纠纷解决。政府强力推动这一沟通协商模式是有深层次原因的。由于珠三角地区与长三角地区的实际情况存在较大的差异,珠三角地区的企业老板和工人主要来自全国各地,而长三角地区的企业大多数是本土企业,工人也主要是当地的。珠三角地区相对来讲是一个陌生人社会,工人与工人之间、工人与老板之间在文化、习惯等方面存在差异,企业缺乏劳资沟通协商文化。在这一背景下,企业老板难以构建行之有效的沟通协商制度,只能由政府进行自上而下的推动。

三、"工人代表委员会"模式取得成功的原因

在"工人代表委员会"模式中,员工通过采取"用脚投票"或"集体停工"的方式倒逼企业管理层与自己沟通协商,或者是引起政府的高度重视。劳动者转向合同法,在意思自治的前提下委托工人代表参与谈判。这既是一种无奈之举,又充分彰显了新生代农民工渴望与企业管理层平等协商,且对自己的行为模式充满了自信。"工人代表委员会"模式在当前也能发挥一定的作用。首先,这种模式在某种程度上既有利于促进工会不断走向完善、督促政府履行职责,又有助于督促企业自觉履行法定义务和尊重员工的主体地位。例如,随着农民工法律意识和权利意识的不断增强,在浙江省义乌市,农民工组建了同乡会等草根维权组织,彰显了新生代农民工渴望有一个可靠的维权组织。当地工会不仅认可了这类草根维权组织,还与这类组织合作,从而改变了以前工会行政化色彩过浓的现状,实现了行政化工会向社会化工会的成功转型。其次,该模式彰显了新时代工人有自尊、自信和团结的精神,只不过中国工人的自尊与西方工人注重自我绝对性的自尊存在区别,其自我保护的手段更委婉和隐蔽。① 尊严不仅是人的自我能力得到社会认同的一种主

① 参见张向葵、丛晓波:《自尊的本质探寻与教育关怀》,载《教育研究》2006 年第 6 期。

观需要,是一个人理应有的权利,还会使工人有着适应环境的认知能力和积极向上的精神,能够为社会的发展带来动力。① 正如英国学者吉登斯曾言,在现代社会生活中,所有行动者均应具有认知能力,对其行为的性质和后果都应有理性的认识。②

"工人代表委员会"模式出现的根本原因在于我国集体劳动关系调整机制的失灵,与西方国家工人罢工是在集体谈判未果的情形下出现的存在质的区别。我国工人为了使自身的行为具有"合法性"而设计出来的具有民法色彩的制度模式,彰显了新生代工人有着强烈的自尊和自信,这种自尊和自信使工人有着适应环境的认知能力和积极向上的精神,能够为社会发展带来动力。根据社会心理学理论,尊严是一个人理应有的权利,是人对自我能力得到社会认同的一种主观需要。中国工人的自尊与西方工人注重自我绝对性的自尊存在区别,其自我保护的手段更委婉和隐蔽,新生代农民工的自尊和自信与中国传统的"和"文化相一致,有利于促成集体劳动关系调整机制不断走向完善,也有助于企业老板意识到劳资沟通协商的重要性,从而有利于劳资沟通协商法律制度的有效运行。虽然珠三角地区劳动者"集体停工 + 委托工人代表参加谈判"的行动模式看上去有一定的破坏性,但经理性分析即可发现,新生代工人的集体行动不具有颠覆性,恰恰反映了新生代农民工具有渴望沟通协商、希望能够得到企业老板尊重的需求。

---

① 参见冯同庆:《成长和展现中的工人主体性:一个延续 30 年的判断及检验》,载《广东社会科学》2011 年第 3 期。

② 参见[英]吉登斯:《生活在后传统社会中》,载《自反性现代化》,赵文书译,商务印书馆 2001 年版,第 410 页。

第四节　劳资沟通协商实践的启示

一、劳资沟通协商实践需要法律予以规范

由上可知,我国劳资沟通协商实践的确收到了不错的效果,这充分表明了我国具有劳资沟通协商的实践基础,但从理性角度看,这些成功实践也仅仅存在于部分企业,全国还有很多企业至今尚未建立劳资沟通协商制度,即便有的企业构建了这一制度,但也存在不少的问题。其主要表现为:第一,劳资沟通协商实践存在“随意化”和“碎片化”的态势。由于劳资沟通协商的主导权仍掌握在企业手中,劳动者能否常态化地参与劳资沟通协商基本上取决于企业管理层的旨趣与喜好,有的企业因担心劳资沟通协商会降低生产效率,且存在商业秘密被泄露的顾虑,而很少给劳动者参与的机会;有的企业虽不排斥劳资沟通协商,劳动者也获得了与企业管理层沟通协商的机会,但往往属于被动加入,劳动者参与资格无保障;劳动者即使能够参与劳资沟通协商,也有陈述自己观点的机会,但由于协商的议题已由企业所预设,劳动者因各种顾虑而不敢提出与企业管理层不一致的意见,致使劳动者难以自主地表达意见;劳动者即使能够自主地陈述意见,但能否获得企业管理层的及时回应也不确定,从实践来看,企业可能置之不理,也可能敷衍了事,劳动者提出的合理意见能否被采纳也完全取决于企业的喜好,致使劳资沟通协商只是断断续续的“片段”。第二,当企业不履行满足劳动者参与沟通协商各种义务的情形下,容易出现劳动者集体辞职和集体停工的现象,从而破坏了劳资友好协商的氛围。虽然泊头市铸造企业的沟

通协商纠纷较少,但这种成功模式很难被其他地区或其他行业的企业所模仿,其是有独特的社会、历史和文化背景的,从根本上讲,员工通过“用脚投票”的方式来维权是不利于营造劳资友好协商氛围的。珠三角地区的“工人代表委员会”模式看似符合民法的精神,但劳动者用“集体停工”的方式逼迫企业履行沟通协商义务是存在安全风险的,从长远来看不利于劳资沟通协商的有效开展。第三,政府在劳资沟通协商中所承担的监督成本很高,从长远来看不利于劳资沟通协商的有效运行。珠三角地区大部分企业的劳资沟通协商制度主要是在政府的大力引导和推广下逐步构建起来的,亦是在政府的介入和监督下有效运行的。虽然这一模式在短期内能够发挥不错的效果,但从长远来看会大大增加政府的行政成本,而且还存在监管失灵和不作为的问题。

出现上述问题的原因在于劳动者参与沟通协商的资格无保障,即使有机会参与,也是被动参与和形式参与,难以主动和企业形成有效的交流与互动,在企业拒绝履行沟通协商义务时,又无法追究其责任,且无正式的纠纷解决途径。此外,劳资沟通协商的内容和程序也缺乏统一的规定,致使实践中劳资沟通协商呈现“单向”的态势,即主要表现为劳动者就提高劳动报酬和改善劳动条件向企业提意见和建议,企业管理层很少主动向劳动者披露企业的重大经营行为并征询劳动者的意见。我国《劳动合同法》中虽然存在劳资沟通协商的相关规定,但这些规定主要表现为用人单位民主管理的制度化,并未真正成为劳动者的权利规范。[①] 事实上,沟通协商权在我国

① 例如,《劳动合同法》要求用人单位在解除劳动时必须通知工会,并且赋予了工会提出意见的权利,但未就用人单位的回应义务作明确规定。该法还规定用人单位在制定规章制度时必须与职工民主协商,但未就用人单位违反这一规定所应承担的责任作出明确规定。

劳动立法上并未得到全面确立，而且在实践中更没有得到有效保障。因此，劳资沟通协商实践需要法制予以引导和保障，劳资沟通协商法律制度的主要目的就是实现劳资沟通协商常态化。

虽然不同区域和不同国家的劳资沟通协商模式存在差异[①]，但同一国家的不同企业的劳资沟通协商模式在组织机构、协商内容、协商模式以及争议解决等方面是相同的，究其原因在于这些国家制定了在全国范围内施行的劳资沟通协商法律制度。在我国劳资沟通协商实践中，不同企业的劳资沟通协商组织机构存在巨大的差异。例如，传化集团主要是由工会负责劳资双方之间的沟通协商，以瑞德公司为代表的企业则是由劳资双方代表和工会代表组成的企业劳动关系促进委员会负责劳资恳谈协商，而泊头市铸造企业以及广州利得鞋业有限公司的劳资沟通协商却没有形式上的组织机构。劳资沟通协商组织机构的不一致直接导致劳资沟通协商的内容、程序和纠纷解决模式存在差异，这些差异除不利于在全国范围内进行有效推广外，还涉及工会的职能定位问题，且容易和其他劳动关系协调机制相冲突。因而，需要通过法律制度来明确劳资沟通协商的组织机构、客体、责任、纠纷处理机制以及劳资沟通协商制度与集体协商制度、职工代表大会制度等劳动关系协调机制之间的关系。当然，这并不意味着劳资沟通协商的具体形式和内容全由法律做出明确规定，劳资沟通协商法律制度实际上只是就劳资沟通协商的关键事宜做出底线性规定，具体事项应当授权企业根据自身的实际情况制定。

---

① 例如，欧盟国家相关立法明确规定企业委员会是劳资沟通协商的组织机构，而韩国、日本等国家的劳资沟通协商组织机构则是劳资理事会。

二、劳资沟通协商亟须形成社会合力

从劳资沟通协商实践的效果和经验来看，劳资沟通协商的有效开展是离不开国家、工会、企业和劳动者的共同努力的，即需要自上而下和自下而上两种力量的合力。虽然两种力量在不同劳资沟通协商模式中的作用大小有差异①，但不论哪种模式的有效运行，都不是国家、企业、工会和工人任何一方努力的结果，而是四者共同努力的成果。② 这意味着要想在中国构建劳资沟通协商法律制度，并使该制度能够达到理想的效果，就必须同时调动国家、企业、基层党组织、工会以及劳动者等劳资沟通协商利益相关者的积极性，充分发挥各自的作用。对于国家来讲，其主要职责有两个：一是总结全国各地企业的劳资沟通协商经验，分析各自发挥作用的机理，在此基础上制定行之有效的制度，从制度上明确劳资沟通协商的内容、程序和保障机制等要素，为劳资沟通协商提供制度保障；二是通过出台各项措施调动企业和劳动者的积极性，提高劳资双方尤其是广大劳动者的沟通协商能力，培育劳资协商文化，为劳资沟通协商法律制度的有效运行营造良好的环境。企业作为劳资沟通协商法律制

---

① 例如，企业老板在"工会"模式中扮演了极其重要的角色；国家在"劳动关系促进委员会"模式中发挥了更大的作用；广大工人的团结和努力在"工人代表委员会"模式中发挥了极其重要的作用。

② 例如，工会在"工会"模式中充当了劳资沟通协商的桥梁，国家虽然没有直接介入劳资沟通协商活动，但在先进企业评选、基层党组织建设以及工资集体协商等方面为劳资沟通协商提供了良好的制度环境，并营造了"劳资协商共赢"文化。在"劳动关系促进委员会"模式中，除国家积极推动外，企业老板的重视、企业基层党组织和工会的积极参与以及劳动者的积极配合，对劳资沟通协商制度的有效运行均具有不可小视的作用。在"工人代表委员会"模式中，国家虽然没有积极支持工人代表的行为，但至少没有采取打压的措施，而且还通过与企业、工会积极协商的方式，促进了劳资双方的友好协商。

度能否取得实效的关键主体，应做到以下两点：首先，其必须改变“劳资沟通协商是干预企业自主权”的传统观念，要发自内心地认识到劳资沟通协商对于提高企业生产效率，预防劳资纠纷的重要价值。其次，其要充分信任工会，并发挥工会在劳资沟通协商中的桥梁作用，为劳资沟通协商提供物资保障。广大劳动者要努力改变在劳资沟通协商中的被动地位，积极参与劳资沟通协商活动，既要在劳动者之间积极沟通、相互信任，形成一个团结的整体，又要积极关注国家政策和企业的发展状况，提高自身的知识储备和沟通能力，并在沟通协商中逐步培养起“劳资协商共赢”的精神。

在中国特色社会主义制度体系下，不论是公有制企业还是民营企业，均应该发挥基层党组织和工会的作用，这不仅是落实《协商民主意见》的必然要求，而且能成为劳资沟通协商的重要桥梁。传化集团的劳资沟通协商实践非常直观地表明了这一点。传化集团实现了企业经营管理组织与党群组织的功能互补和共同发展，经营管理组织负责抓经营管理，基层党组织和工会负责抓意识形态、劳资沟通协商、企业文化建设以及争议调解等任务，二者互通信息、相互协商、相互监督、共同发展。在珠三角劳动关系促进委员会模式中，虽然工会不是劳资沟通协商的组织机构，也并不具体负责劳资沟通协商相关事宜，但工会是劳动关系促进委员会的成员，其既可以通过参与劳资沟通协商活动传达上级的精神，从而实现国家与企业之间的交流与互动，又可以在职工代表的培训、选举方面发挥重要作用，而且当劳资双方就工资待遇和劳动条件等事宜无法达成一致意见时，还可以迅速启动集体协商程序，使劳资沟通协商制度与集体协商制度形成有效的衔接。

很多民营企业还尚未建立基层党组织，有基层党组织的企业也存在不注重党建的问题,且对工会的功能认识不足,致使企业基层党组织和工会尚未在劳资沟通协商中发挥理应有的功能。但随着《中共中央　国务院关于营造企业家健康成长环境　弘扬优秀企业家精神　更好发挥企业家作用的意见》的出台,加强党对企业家队伍建设的领导,建立健全非公有制企业党建工作机制,积极探索党建工作多种方式,努力扩大非公有制企业党的组织和工作覆盖,将是一个必然的趋势。十九大报告进一步指出,“把企业、农村、机关、学校、科研院所、街道社区、社会组织等基层党组织建设成为宣传党的主张、贯彻党的决定、领导基层治理、团结动员群众、推动改革发展的坚强战斗堡垒”。因而,新时代企业会充分认识到基层党组织建设对企业健康发展的重要意义。实践证明,企业党组织和工会并不是一个意识形态组织,只要企业从主观上认识到党群组织的重要性,并且引导其进行工作上的创新,激发其活力,党群组织必然会在劳资沟通协商中发挥出重要的作用。①

三、劳资沟通协商法律制度应与其他制度互动融合

劳资沟通协商法律制度作为市场经济下协调劳动关系的重要机制,其功能的发挥需要与其他劳动关系调节机制相互配合才能发挥更大的作用。例如,传化集团将劳资沟通协商制度与职工代表大会制度有机结合,实现了日常协商和会议协商、沟通对话与民主管理的深度融合,使职工代表大会制度能够落到实处。企业在劳资沟通协商过程中能够了解职工的工资诉求,并在此后及时启动工资集

---

① 参见何轩、马骏:《执政党对私营企业的统合策略及其效应分析:基于中国私营企业调查数据的实证研究》,载《社会》2016 年第 5 期。

体协商制度,讨论增加员工的工资问题。由于广大职工能够借助职工代表大会制度和集体协商制度得到实惠,从而更有激情和动力参与劳资沟通协商活动,进而使劳资沟通协商制度的功能得以正常发挥。在“工人代表委员会”模式中,不论是泊头铸造企业,还是珠三角地区的企业,劳资沟通协商的内容除意见表达和意思疏通外,还包括工资协商,这也是广大职工积极参与劳资沟通协商的主要原因。在“劳动关系促进委员会”模式中,当地政府督促企业应当将劳资沟通协商与工资集体协商有机结合,这大大提高了职工参与劳资沟通协商的积极性。

为了使劳资沟通协商法律制度能够更好地发挥作用,就必须明确该制度与职工代表大会制度、集体协商制度以及劳动争议协商调解制度之间的互助关系。就劳资沟通协商法律制度与职工代表大会制度之关系而言,需要明确以下两点:一是要明确两种制度的功能定位。由于劳资沟通协商法律制度的主要功能在于信息披露、意见表达和意思疏通,一般不具有民主表决的功能,这种功能定位因没有涉及广大劳动者的实际需求而难以调动劳动者参与沟通协商的积极性,因此必须借助职工代表大会制度、职工董事和监事制度等民主参与制度满足劳动者参与企业管理的需求,且应将民主管理制度落到实处,使广大劳动者的合理意见能够被企业采纳。二是要明确代表劳动者参与劳资沟通协商活动以及参与职工代表大会的主体。为了实现两种制度的有效衔接,应当确保参加职工代表大会的职工代表一定是劳资沟通协商的职工代表,因为只有参与劳资日常沟通协商的职工代表才更了解企业的管理制度和经营现状。就劳资沟通协商法律制度与集体协商制度之关系而言,企业应当遵循市场规律,充分意识到市场机制的作用,当职工代表在劳资沟通协商活动中向企业提出提高工资待遇、减少工时以及改善工作环境等诉求时，企业应当理性地与职工沟通协商，若劳资双方能够达成一致，可以签订劳资协议，若双方不能在一定期限内达成协议，将及时诉诸集体协商机制予以解决，尽可能促使劳资双方签订集体协议。就劳资沟通协商法律制度与劳动纠纷协商调解制度之间的关系来讲，劳动者的权利诉求和利益诉求可以借助劳资沟通协商法律制度向企业表达，企业应该就劳动者的诉求进行回应，当不能满足劳动者的诉求时，企业应该向劳动者说明理由，如果劳资双方之间的分歧无法通过沟通协商途径予以解决，就应诉诸劳动纠纷协商调解制度，使劳动纠纷能够在企业内得以解决。也就是说，劳资沟通协商法律制度虽然不具有处理劳动纠纷的功能，但具有发现矛盾的作用，劳动矛盾最终借助劳动纠纷协商调解机制得以解决，就会使劳资双方意识到劳资沟通协商的重要性，进而提高沟通协商的积极性。

四、劳资沟通协商法律制度需要激励机制予以“配合”

劳资沟通协商法律制度能否发挥应有的功能从根本上还取决于劳资双方是否真正有意愿参与劳资沟通协商活动，这意味着劳资沟通协商活动的有效开展需要一系列激励机制予以“配合”。激励制度旨在激发劳资双方参与劳资沟通协商的积极性，既包括针对企业的激励制度，也包括针对劳动者的激励制度。前者主要包括企业先进评选、税收减免、贷款优惠等；后者主要包括有奖征求意见、先进表彰、职称职务晋升等。为了激励企业管理层积极主动地与职工沟通协商，浙江省委和政府出台了一系列激励措施，一是将劳资沟通协商活动纳入“平安浙江”建设的内容，并制定社会治安综合治理目标管理制度考核办法；二是将劳资沟通协商活动的考评与企业各类评优评先结合起来，并对先进企业在政策上给予优惠。传化集团设计了一系列激励制度来激励劳动者积极参与劳资沟通协商活动。例如，为了鼓励员工积极向企业管理层提出合理的建议，实行有奖征求合理化建议制度，明确专人收集、梳理职工的建议，并组织评选，对提出合理建议的职工给予奖励；为了能够让劳动者在劳资沟通协商中得到实实在在的好处，以此调动广大职工参与沟通协商的积极性，集团制定了工资管理制度和福利保障管理制度，并以工资集体协商制度为依托，充分发挥职工代表大会制度、民主听证制度的重要功能，使劳动者在沟通协商中的工资诉求能够通过民主的方式予以满足。除党委和政府以外，集团自身也出台了相应的人事制度，以此去激励集团内部各层级的管理层积极参与劳资沟通协商活动，并将人事制度与考评制度结合起来，对考评结果为优秀的管理者在职务晋升上优先考虑。采用"劳动关系促进委员会"模式的倍特力公司为了鼓励员工积极发言，制定了有奖发言制度，每次沟通协商会结束后，由职工代表和管理层人员评选出表现最好的职工，企业将会给其送小礼物；为了提高员工沟通协商的能力和技巧，企业还会派人对员工进行相关知识和能力的培训，以此培养员工参与沟通协商的自信心；为了激励公司经营管理骨干成员参与沟通协商的积极性，还制定了股份期权激励制度，给予工作积极的管理人员一定数量的股份。

此外，根据激励理论，约束制度也是激励机制的元素，①在劳资协商文化还不是很浓厚的当今中国，劳资沟通协商的有效开展离不

① 参见丰霏：《法律制度的激励功能研究》，法律出版社 2015 年版，第 161 页。

开强有力的约束制度。约束制度主要是针对企业而设计的,包括信息披露制度、信息交流制度、监督制度和惩罚制度等。例如,传化集团为了满足员工的知情权,督促企业管理层披露企业相关信息,制定了厂务公开制度;为了督促企业管理层认真履行劳资沟通协商义务,制定了民主评议制度,并将此制度与集团的用人导向相挂钩,即员工有权就企业管理人员进行民主评议,对于工作绩效差、态度不好、不作为的管理人员给予行政处罚和经济处罚,包括降职和免职;为了加强企业经营组织与群团组织的沟通与互动,制定了联席会议制度;为了保障职工的知情权和磋商权能够得到实现,制定了员工权益维护监督检查委员会制度。瑞德公司制定了劳动关系促进委员会制度,明确了该组织的工作职责、原则、内容和议事规则,而且将该制度纳入企业的管理制度体系中,成为企业管理的重要组成部分,对企业管理层人员进行定期考评,对未按规定从事相关沟通协商活动的管理人员视情节给予申诫、小过和大过的处罚。

本章小结

通过对我国现有的劳资沟通协商实践的梳理可以发现,我国虽然没有专门的劳资沟通协商法律规范,但随着《协商民主意见》的深入推进,劳资沟通协商作为协商民主建设的重要组成内容,已在越来越多的企业中得到了较好的发展。但由于缺少法律规范的指引,不同地区以及同一地区不同企业的劳资沟通协商模式存在一定的差异。根据劳资沟通协商组织机构之差异,可以将现有的劳资沟通协商模式分为“工会”模式、“劳动关系促进委员会”模式和“工人代表委员会”模式三种。从实践效果来看，不同模式均在一定程度上发挥了作用，也取得了一些值得其他企业借鉴的宝贵经验。“工会”模式是在职工代表大会制度的基础上进行改良而成的，工会作为劳资沟通协商的组织机构在劳资沟通协商中发挥了重要作用。该模式之所以能够在传化集团取得成功，主要原因在于集团高度重视劳资沟通协商的重要性，且充分信任工会和基层党组织，强调对劳动者素质的提升，并实现了劳资沟通协商制度与集体协商制度的有机结合。“劳动关系促进委员会”模式是企业将新的制度要素嵌入职工代表大会制度而形成的一种新的模式，能够克服职工代表大会闭会期间劳资沟通协商不畅的问题。该模式取得成功的主要原因在于政府的大力推行以及企业管理层的高度重视。“工人代表委员会”模式是通过民法与合同法的手段来运行的一种沟通模式。此模式没有劳动法依据，之所以能成功就在于能够引起政府和企业管理层对劳资沟通协商的重视，在某种程度上是在催生劳资沟通协商法律制度。

虽然不同的劳资沟通协商模式取得成功的经验不尽相同，但经仔细分析仍然可以提炼出共同的经验。第一，劳资沟通协商实践需要法律规范予以引导。虽然我国部分企业的劳资沟通协商实践取得了一定的成绩，但从全国范围来看，劳资沟通协商实践整体上却呈现“随意化”和“碎片化”的态势，且不同企业的劳资沟通协商模式存在较大差异，只有用法律规范对劳资沟通协商的主体、客体、程序以及争议解决等事项予以规范和指引，劳资沟通协商实践才能进入常态化轨道。第二，劳资沟通协商的有效开展需要国家、工会、党组织以及劳资双方的共同努力。国家需要出台劳资沟通协商法律规范，将劳资沟通协商的原则性问题予以明确，引导企业根据法律规范和自身实际对法律规范进行细化，并为劳资沟通协商创设良好的外部环境；工会和企业基层党组织应当充分发挥劳资沟通协商的桥梁作用；企业应该意识到劳资沟通协商制度的重要性，并营造劳资沟通协商文化；劳动者应该加强专业知识和职业技能的学习、提高自己的专业技术能力和沟通协商能力、增强沟通协商的意识。第三，劳资沟通协商法律制度必须与职工代表大会制度、集体协商制度以及劳动争议协商调解等劳动法律制度存在互助关系才能发挥更大的作用。只有借助职工代表大会制度和集体协商制度满足了劳动者参与企业管理、提高工资待遇和工作条件等方面的需求，才能激发劳动者参与劳资沟通协商的积极性；只有通过劳动争议协商调解制度处理了劳资沟通协商争议，才能使劳资沟通协商得以顺利进行。第四，劳资沟通协商法律制度的有效运行需要约束与激励并存的制度予以“配合”。只有分别针对劳资双方以及工会的行为模式和心理需求制定一套约束和激励制度，才能使劳资沟通协商法律规范转化为劳资双方自觉遵守的行为规范。

第三章　我国构建劳资沟通协商法律制度的缘由

从第二章的论述可知，我国部分企业的劳资沟通协商实践取得了较理想的效果，也积累了可资借鉴的经验。但是，这些经验是否具有可复制性？我国现行制度能否对劳资沟通协商实践提供规范指引？对此问题的回答关系到我国是否应当构建劳资沟通协商法律制度。虽然不同劳资沟通协商模式的成功经验并不相同，但至少可以得出一个结论：劳资沟通协商法律制度的有效运行需要劳资双方、工会以及社会力量等主体的合力。劳资双方对劳资沟通协商法律制度的功能认知、工会的桥梁作用以及社会力量的有效参与等因素均是劳资沟通协商法律制度有效运行的重要因素。这些成功要素不是一天两天就可以具备的，是一国政治、经济、文化、社会和法律等方面全面发展的结果，与一国的民族习惯也息息相关。因此，探究劳资沟通协商法律制度构建的缘由至少需要回答以下 4 个问题：第一，现行制度能否为劳资沟通协商实践提供规范化指引？第二，劳资双方对劳资沟通协商是否具有理性认知？第三，工会能否在劳资沟通协商中扮演重要的角色？第四，社会力量能否有效介入劳资沟通协商活动？

第一节　劳资沟通协商实践缺乏规范化指引

以劳资沟通协商实践所依托的制度及其创新程度为区分标准，可以将“工会”模式、“劳动关系促进委员会”模式和“工人代表委员会”模式分别定性为制度改良型劳资沟通协商模式、制度嵌入型劳资沟通协商模式和制度原创型劳资沟通协商模式。对劳资沟通协商模式进行此种分类，将不仅有助于认清不同劳资沟通协商模式的本质，还为分析现有法律制度能否对劳资沟通协商实践提供规范化指引提供思路。

一、“工会”模式缺乏规范化指引

（一）“工会”模式：一种制度改良型劳资沟通协商模式

制度改良，是指借助新的理念和程序对原有制度进行理念的更新和技术的改良，使原有制度更能解决当前的实际问题，亦可称为“体制内的创新”。[①] 虽然我国职工代表大会制度的功能主要体现为民主决策和监督，但其本身也蕴含着信息交流和协商的元素，只是这种交流和协商的针对性不强、质量不高，无法给劳资双方提供常态化的沟通协商平台。为了更好地满足劳动者的沟通协商需求，以

① 参见季丽新：《中国特色农村民主协商治理机制创新的典型案例分析》，载《中国行政管理》2016 年第 11 期。

传化集团为首的部分企业主动在职工代表大会制度的基础上建立了劳资沟通协商制度，对现有的职工代表大会制度、厂务公开制度、意见反馈制度、工资集体协商制度以及劳动争议协商调解制度进行适当的调整，从而探索出“工会”模式。该模式本质上并没有创新出一种全新的劳资沟通协商制度，而是利用多种劳资直接沟通协商平台促使现有的以间接协商为主要形式的职工代表大会制度更加完善。例如，总经理接待、员工论坛、工会接待以及党员民主生活会等沟通协商平台就是对职工代表大会制度的议事内容、程序和会议召开方式的改良，从而弥补了以往沟通协商过于形式化、议事效率低的不足，破解了职工形式上有平等协商权而实质上却无法享受这一权利的难题。由此可见，“工会”模式本质上属于一种制度改良型劳资沟通协商模式。

（二）职工代表大会制度难以充当劳资沟通协商的制度平台

由于我国并未构建专门的劳资沟通协商制度，实践中主要由职工代表大会制度来承载促进劳资沟通协商的使命。然而，国家构建该制度的初衷并不是实现劳资协商民主、解决劳动纠纷①，在相当长一段时间内，只有国有企业存在职工代表大会制度。虽然《企业民主管理规定》明确要求打破所有制界限，将职工代表大会制度推广到非公有制企业，但由于只有国务院国有资产监督管理委员会（以下简称国资委）和国家监察委员会（以下简称监察委）有立法权，且国资委只能针对国有企业制定部门规章，国家监察委

① 有学者早在2003年就指出，1978年以后中国推行职工代表大会制度，主要目的是鼓励工人阶级拥护党的各项方针、政策，从而将“国家意志”传递到国有企业内，解决企业领导权力过于集中的问题。参见冯同庆：《国有企业职工参与的价值取向与组织体制——二者非同步变化现象的案例研究》，载《工会理论与实践》2003年第5期。

也只能监督国有企业中的领导人,职工代表大会制度仍然因无法突破政治安排而不能在非公有制企业中得到全面的推广。除此之外,我国职工代表大会制度的另一重要目标就是维稳,在实践中也是强调稳定压倒一切。① 在这种理念的指引下,一旦发生群体性劳动争议,政府有关部门时常是直接介入,而职工代表大会、工会往往被视为政府的一部分,仅仅起到配合政府工作的作用,而不是启动劳资沟通协商或集体协商来化解危机,其功能经常遭到扭曲。因而,职工代表大会制度的重要价值时常被忽略,进而为公权力所替代。

二、"劳动关系促进委员会"模式缺乏规范化指引

(一)"劳动关系促进委员会"模式:一种制度嵌入型劳资沟通协商模式

制度嵌入,是指将新的制度要素嵌入旧的制度中,以此培育出新的制度形态,并借助新制度去激发旧制度的活力。与制度改良相比,制度嵌入更具创新性,且有利于原有制度的功能发挥,但与制度原创相比,制度嵌入的创新就有限了,因为其本质上并没有跳出原有的制度框架。② 制度嵌入一般情况下是在外部力量的介入下而产生的,这种外部力量既可以是自上而下的,也可以是自下而上的。自上而下的力量主要源于国家的相关政策和精神,自下而上的力量

---

① 在起草《劳动法》时,国家就曾指出,实行平等协商可以将员工自发的、无序的抗争行为引向有序的依法协调行为,从而有助于实现劳动关系的和谐稳定。参见冯同庆:《中国职工代表大会制度综论》,载[德]鲁道夫·特劳普-梅茨、岳经纶编:《中国产业民主:兼论德国、韩国与越南》,中国社会科学出版社2012年版,第163~173页。

② 参见郭雨佳、张等文:《农村协商民主制度化发展的现实形态和优化路径》,载《求实》2020年第1期。

主要来自社会组织体内广大群众的强烈呼吁。"劳动关系促进委员会"模式就主要来源于两方面的力量：一方面，该力量来源于职工的强烈需求。由劳资双方沟通不畅所带来的劳资矛盾日益增加，企业为了减少劳资矛盾被迫构建符合企业实际情况的劳资沟通协商制度；另一方面，该力量来源于当地政府。当地政府为了贯彻国家协商民主建设，要求企业必须构建劳资沟通协商制度，积极推广个别企业的劳资沟通协商经验，并将新的协商形式和程序嵌入现有的职工代表大会制度中，形成了一种新的劳资沟通协商模式——"劳动关系促进委员会"模式。

（二）工会难以承担劳动关系促进委员会的职责

我国劳动者集体除工会以外，还有职工（代表）大会。作为劳动者意志和利益的代表主体，工会和职工（代表）大会分别对应着代表型民主和代议型民主两种民主形式。① 我国坚持工会与职工（代表）大会并存的二元代表制度正是为了实现两种民主的分工和配合。②然而，在现实中，两种制度很难相互配合和相互制约，从而极易出现"一家独大"的局面。这主要有两方面原因：一是职代会受工会的控制，致使其难以独立自主地开展劳资沟通协商工作。依照我国《工会法》，职工（代表）大会是劳动者行使知情权、协商权、参与权等民主权利的组织，由于职工（代表）大会是每年定期举行，一般来讲，每年召开一次大会，工会作为职工（代表）大会在闭会期间的工作机构，只能负责职工代表大会议程的制定、职工代表的选举以及程序安排等事宜。这一方面使职工代表大会无法发挥监督工

---

①　参见王绍光：《代表型民主与代议型民主》，载《开放时代》2014 年第 2 期。

②　参见阎天：《美国集体劳动关系法的兴衰——以工业民主为中心》，载《清华法学》2016 年第 2 期。

会的功能，致使工会过度集权、行政效率低下，从而缺乏劳资沟通协商的意愿。二是使职工代表缺乏沟通协商的意愿和能力，致使其难以真正代表劳动者的意志，劳资沟通协商也因此只能流于形式。可见，工会不能充当职工代表大会闭会期间劳资沟通协商的组织机构，致使职工代表大会制度难以为"劳动关系促进委员会"提供规范化指引。

三、"工人代表委员会"模式缺乏规范化指引

（一）"工人代表委员会"模式：一种制度原创型劳资沟通协商模式

制度原创型模式，是指人们因现有制度无法解决当前的实际问题而在实践中探索出一种新的制度模式。[①] 制度原创型劳资沟通协商模式作为一种创新的劳资沟通协商模式，核心特征是新颖性，主要表现在制度依据、保障手段以及协商内容等方面。从制度依据方面来看，不论是泊头市铸造企业的"工头代表"模式，还是利得鞋业的"工人代表委员会"模式，所依据的制度都不是劳动法和工会法，后者依据的是民法和合同法，前者在形式上虽然具有明显的乡土色彩，工人与工头之间也未签订授权合同，但其依据的是乡规民约，本质上也属于民法和合同法的范畴。在沟通协商的保障手段方面，二者与传统的劳资沟通协商模式存在显著的差异，在传统的劳资沟通协商模式中，工人是不能采取集体行动的，而泊头市铸造企业工人以"集体辞职"的方式来实现沟通协商权，利得鞋业工人则运用了

① 参见郭雨佳、张等文：《农村协商民主制度化发展的现实形态和优化路径》，载《求实》2020年第1期。

“集体停工”的保护手段。在协商的内容上，传统的劳资沟通协商一般不包括工资集体协商，工资集体协商的职责交由工会，而制度原创型劳资沟通协商的内容极其广泛，不仅包括意见征询、表达意见，还包括工资协商以及纠纷解决等。由于现有的职工代表大会制度和集体协商制度无法更好地满足劳动者的沟通协商需求，因而工人只能另辟蹊径，探索出一种新的劳资沟通协商模式。此种行动模式很清楚地表明新生代农民工在法律意识和平等协商意识方面比上一代农民工要强，而且对维护自身的权益、改变自己的命运也更加自信。①

(二)“工人代表委员会”模式不能得到劳动法的调整

我国企业工会存在行政化的结构性问题，致使其难以承担集体协商的功能，再加上我国劳动立法又缺乏集体协商的具体规定，导致我国集体劳动关系尚未得到真正的确立。此外，由于法律并未要求私人企业必须建立职工代表大会制度，即使有的企业存在这一制度，但由于工会无法成为职工代表大会闭会期间劳资沟通协商的组织机构，大多数企业的职工代表大会制度往往只流于形式，无法真正发挥劳资沟通协商桥梁的作用。在集体协商制度远未发挥其理应有的功能，劳动者又缺乏企业层面的代表主体的情形下，再加上很多企业老板本身又缺乏“劳资协商共赢”精神，致使劳资双方缺乏沟通协商的渠道。“工人代表委员会”就是为了避免受到现有制度掣肘而产生的。

“工人代表委员会”模式的表现形式是“停工 + 工人代表与资方

---

① 参见冯同庆：《成长和展现中的工人主体性：一个延续 30 年的判断及检验》，载《广东社会科学》2011 年第 3 期。

谈判”,核心特征是“劳动法退场,合同法出场”。[①] 其主要表现为:第一,工人代表的权利是基于委托关系,只能产生民法或合同法的效力,不能享有劳动法,尤其是集体劳动法中的权利。[②] 申言之,工人代表只享有代表工人与企业或政府沟通协商的权利,没有动员工人集体停工或离职的权利,虽然工人有权利“用脚投票”,但也有遵守《劳动合同法》的义务,即劳动者辞职必须提前一个月告知用人单位。因此,该模式不仅缺乏法律依据,还存在侵权甚至犯罪的嫌疑。第二,该模式能否产生工人预期的效果,存在诸多不确定性。虽然该模式在一定程度上有利于逼迫企业管理层与工人代表沟通协商,但企业是否认可工人代表并与之协商,这是充满了诸多不确定性的,与政府是否介入以及介入的程度如何有密切关系,然而,政府在实践中也不是一律支持工人代表的行为,有时会支持,有时却会阻止工人代表与企业谈判。第三,该模式因缺乏组织性和稳定性而难以实现劳资沟通协商常态化。泊头市铸造企业的工人代表是工人基于信任推选出来的,工人代表也未成立专门的组织,缺乏组织保障,虽然其效果不错,但其作用发挥是与泊头市铸造行业的特殊情况密不可分的,这种经验专属性色彩很浓,其他地区和行业难以借鉴。广州利得鞋业有限公司的工人代表是通过委托关系产生的,这种委托关系往往是基于特定时间和特定事宜,而劳资沟通协商的常态性和内容多样性决定了这种模式难以胜任。第四,这种通过民事授权建立的沟通协商模式无法解决“搭便车”难题。由于工人代表

---

① 参见陈步雷:《工人代表制:“制度边缘”的革新——以我国珠三角地区的案例为考察对象》,载《探索与争鸣》2016 年第 11 期。

② 参见陈步雷:《工人代表制:“制度边缘”的革新——以我国珠三角地区的案例为考察对象》,载《探索与争鸣》2016 年第 11 期。

的行为及其结果对未与工人代表签订协议的工人没有约束力，不被代表的工人该如何与企业沟通协商。欧盟国家的雇员代表模式是在工人具有结社自由、集体劳动法健全的背景下产生的，是集体劳动法中的一项重要制度，我国实践中的“工人代表委员会”模式与德国、荷兰等欧盟国家的雇员代表模式存在本质区别，需要进行劳动法改造才能弥补自身的不足，从而才能发挥更大的作用。① 由此可知，“工人代表委员会”模式缺乏劳动法依据，也存在一定的不足，不能得到集体协商制度的调整。

第二节　有助于实现劳资沟通协商常态化

从第二章的论述可知，劳资沟通协商法律制度必须与集体协商制度、职工代表大会制度等劳动法律制度互动配合才能更好地发挥作用。劳资沟通协商法律制度不仅能够充当劳资双方沟通协商的制度平台，而且有助于三方协商制度、职工代表大会制度、集体协商制度以及企业内劳资争议协商调解制度发挥应有的功能。反过来，其他制度亦能够促进劳资沟通协商法律制度有效运行，从而有助于实现劳资沟通协商常态化。

一、有助于三方协商制度的功能发挥

三方协商制度又称为三方机制，是指国家、企业和劳动者三方

① 参见陈步雷：《工人代表制：“制度边缘”的革新——以我国珠三角地区的案例为考察对象》，载《探索与争鸣》2016 年第 11 期。

为促进彼此间的信任与理解、实现劳动关系的和谐发展，以此促进经济发展和提高劳动者的生活水平，所展开的平等协商和其他能够促进三方合作的共同行为。① 不同国家赋予三方协商制度的功能存在一定的差异。例如，三方协商制度在爱尔兰又被称为社会伙伴制度，其功能极其多元化，不仅包括讨论相关劳动立法和政策的制定，还涉及经济发展目标和社会发展规划的商讨，甚至还包括三方之间的常规交流。常规交流的形式比较多样化，既有各方发表意见和建议，又有三方共同参与相关课题的研究，还有针对劳动者和用人单位的各项培训活动。三方协商不仅有助于丰富劳资双方的专业知识储备、增强劳资双方的沟通协商能力，还可以增进三方之间的相互了解，从而有助于培育劳资双方的共同体意识和理性精神，使劳资双方能够在税收、工资、贷款以及社会保险费缴纳等方面达成协议。虽然这类协议并不具有强制效力，但实践中各方一般情况下都能自动遵守，业界普遍认为社会伙伴制度对爱尔兰经济的腾飞发挥了极其重要的作用。② 可见，爱尔兰构建三方协商制度的主要目的是为集体协商制度和劳资沟通协商制度的功能发挥营造良好的外部环境。然而，在我国，三方协商一般情况下是在劳资群体性事件发生后才启动的，三方展开沟通协商的主要目的就是尽快平息劳动纠纷。这意味着我国三方协商制度的主要功能并不是为了更好地协调集体劳动关系，而是一种

① 参见2013年国际劳工大会第102届会议报告(六):《社会协商》,载国际劳工组织网:http://www.ilo.org/wcmsp5/groups/public/—ed_norm/—relconf/documents/meetingdocument/wcms_205955.pdf。

② See William K. Roche, *Social Partnership in Ireland and the New Social Pacts*, Industrial Relations, Vol. 46, p. 395 (2007).

争议处理机制，这一功能定位致使该制度难以发挥促进社会发展和创设劳资友好协商氛围的作用。因而，重塑三方协商制度的功能定位，并在此基础上明确三方协商制度与劳资沟通协商法律制度的互助关系，对促进劳资沟通协商活动的有效开展具有重要的价值。

三方协商不仅能够为国家决策建言献策，还能够为集体协商和劳资沟通协商创设外部环境，使劳动者的话语权具有更大的社会价值。我国现有立法并未就三方协商机制的职能、运行等事项做出明确规定，致使这一机制难以发挥促进劳资社会协商的功能，集体协商制度的功能定位亦与“劳资协商共赢”理念不符。因而，为了构建“劳资协商共赢”法律规制模式，当务之急除构建劳资沟通协商制度以外，还应完善三方协商机制和集体协商制度。新时代三方协商制度的功能不只是处理劳动争议，还应具备共同讨论劳动立法和政策的制定、各方意见和建议的表达、为集体协商制度和劳资沟通协商法律制度的有效运行提供制度框架以及开展培训和研究等活动的功能。关于如何构建三方协商制度与劳资沟通协商法律制度的互助关系，笔者认为可以从以下几方面着手：首先，劳、资、政三方可以根据国家经济、社会发展的最新状况就劳资双方最为关心的诸如工资、社保、工作时间以及劳动条件等问题展开协商，并充分肯定三方协议的法律效力，以此为劳资双方展开沟通协商提供参考标准。其次，三方协商可以通过开展培训和竞赛等活动的方式，让劳资双方充分了解国家的最新发展态势、提高劳资双方的专业能力和沟通协商能力以及培育劳资双方的理性精神。再次，借助三方协议将劳资沟通协商的内容、程序以及争议解决方式等重要事项进行原则性约定，使劳资沟通协商法律制度更加具体和有效。

最后，通过立法明确学者、专家以及社会组织等社会力量介入三方协商的模式和程序，以此发挥社会力量的优势，使三方协商更加顺畅，并实现从三方协商向四方协商的转变。由此可见，三方协商制度有助于劳资沟通协商法律制度的功能发挥；反过来，劳资沟通协商法律制度亦能够促进劳资双方之间的信息共享和沟通，以此提高劳资双方参与三方协商的能力，从而有助于三方协商制度发挥应有的作用。

二、有助于职工代表大会制度的功能发挥

职工代表大会制度旨在落实劳动者参与企业内部决策的权利，是实现参与民主的重要制度设计。劳资沟通协商法律制度的主要功能并不在于帮助劳动者行使民主表决权，而在于意思沟通，实现劳动者的知情权、咨询权和磋商权。为确保两个制度相互衔接、相互协助，就必须制定劳资沟通协商法律制度，并完善现有的职工代表大会制度。其具体可以从以下几方面着手：首先，明确职工代表大会的设立条件。法律应该强制所有企业，不论是全民所有制企业、集体所有制企业，还是民营企业，只要员工数量达到一定人数就应该设立职工代表大会。其次，明确职工代表大会的运行规则。为了确保职工代表大会能够发挥其应有的功能，必须明确职工代表大会的运行规则，以此明确职工代表的选举、职工代表大会议案的收集程序、会议的召开程序、相关事项的表决程序以及权利救济程序等关键事项。最后，明确职工代表大会和劳资沟通协商组织机构的具体职责。我国劳动立法并未对职工代表大会和劳资沟通协商组织机构做出区分，劳资沟通协商组织机构的职能在理论上由职工代表大会来承担，实践中则是交由工会来完成。由于工会存在结构性

问题，其难以完成职工代表大会闭会期间的劳资沟通协商工作。因此，为了解决职工代表大会闭会期间劳资沟通协商不畅的问题，有必要成立专门的劳资沟通协商组织机构，并对该组织以及职工代表大会的职能进行分工。职工代表大会是以会议的形式召开，一般一年召开一次，会议的内容主要为职工代表听取用人单位陈述企业发展的现状和规划，并发表意见和做出表决。劳资沟通协商组织机构的职责则是承担职工代表大会闭会期间的劳资日常沟通协商工作，劳资沟通协商的内容主要为劳资双方或各自的代表就企业的日常经营事项、管理事项以及员工的诉求进行意见交换和协商，一般不涉及员工对相关事项的表决问题。由此可见，职工代表大会制度的有效运行可以使劳动者的民主参与权落到实处，从而可以调动劳动者的沟通协商积极性；反过来，劳动者借助劳资沟通协商法律制度可以充分了解企业的管理信息和经营信息，从而可以提高劳动者行使民主参与权的能力，进而有助于职工代表大会制度发挥作用。

三、有助于集体协商制度的功能发挥

劳资沟通协商法律制度与集体协商制度作为企业民主协商的重要组成部分，既彼此独立，又相互配合、相互支撑，共同发挥着促进劳资平等协商的功能。一般来讲，在构建了劳资沟通协商法律制度的国家均对二者的关系进行了明确。从世界各国的劳资沟通协商规定来看，劳资沟通协商与集体谈判的关系主要有“连结型”、“混合型”与“分离型”三种。德国、荷兰以及英国本质上属于

"分离型"[①],韩国属于"混合型"[②],日本同时存在三种类型[③]。"连结型"是指劳资沟通协商是集体谈判的预备性制度;"混合型"是指并不对劳资沟通协商和集体谈判的事项加以区分,在劳资沟通协商中也讨论集体谈判的内容;"分离型"是指将劳资沟通协商制度与集体谈判制度视为不同的劳动关系协调机制,二者协商的内容完全不同。[④] 我国传化集团的劳资沟通协商制度与集体协商制度虽然表面上具有"混合型"关系,但本质上属于"连结型"关系。因为劳资沟通协商虽然会涉及工资、劳动条件等集体协商的内容,但劳资双方只是进行初步的意见交换,一般不会达成正式约定,最终还是借助集体协商,通过集体合同予以确定下来。因此,劳资沟通协商只是预

---

① 《德国企业委员会法》规定劳资沟通协商不能涉及集体谈判的事项,并要求劳资双方在沟通协商中所签订的企业协议不能有集体合同所确定的事项,且不能与法律的底线性规定相冲突。一般来说,企业协议只能就以下三方面的事项做出约定:集体合同没有涉及的事项、集体合同授权企业协议约定的事项以及法律没有做出规定的事项。荷兰法律规定劳资沟通协商不能涉及集体合同所确定的事项,但自 1992 年以后,实践中二者的界限并没有那么严格,企业委员会与企业方在以下两种情形下可以对集体合同的事项做出约定:一是集体合同通过授权条款允许企业委员会与企业方就某些事项做出具体约定,即企业委员会与企业方之间的企业协议可以就集体合同做出补充性规定;二是由企业委员会替代工会,与企业方展开工资谈判,双方据此签订协议,但实践中这种情况非常少见。英国法律规定劳资沟通协商的事项与集体谈判的议题不能重合,但实践中却存在例外,如休息休假、人事制度和员工补贴等事项时常是劳资沟通协商的内容。参见[德]曼弗雷德·魏斯、马琳·施米特:《德国劳动法与劳资关系》,倪斐译,商务印书馆 2012 年版,第 271 页;[荷]费迪南德·B. J. 格拉佩豪斯、莱昂哈德·G. 费尔堡:《荷兰雇佣法与企业委员会制度》,蔡人俊译,商务印书馆 2011 年版,第 67 页;[英]史蒂芬·哈迪:《英国劳动法与劳资关系》,陈融译,商务印书馆 2012 年版,第 500 页。

② 参见[韩]李胜熙:《韩国工会代表与工人代表组织体系的转变》,载[德]鲁道夫·特劳普-梅茨、岳经纶编:《中国产业民主:兼论德国、韩国与越南》,中国社会科学出版社 2012 年版,第 143~151 页。

③ 参见聂鲲、赵碧倩:《典型国家企业劳资协商机制研究》,载《中国劳动》2016 年第 22 期。

④ 参见聂鲲、赵碧倩:《典型国家企业劳资协商机制研究》,载《中国劳动》2016 年第 22 期。

备性的,旨在为集体协商的启动提供前期准备。在“劳动关系促进委员会”模式和“工人代表委员会”模式中,劳资沟通协商与集体协商的关系本质上属于“混合型”。

笔者认为,“连结型”关系能够弥补“混合型”“分离型”关系的不足,更有利于我国劳资沟通协商法律制度的功能发挥。其主要理由为:“混合型”关系虽然有助于弥补我国集体协商制度的不足,从而有助于集体合同的签订,但这种关系模糊了两种劳动关系调整机制的功能,致使劳资沟通协商组织机构与工会的职能定位不清晰。再加上我国工会本身就没有生存的压力,与劳资沟通协商组织机构亦不存在竞争关系,更容易出现工会不作为的现象,致使集体协商制度更难走向健全,缺乏集体协商制度的有力支撑,从长远来讲,劳资沟通协商法律制度的功能也难以发挥出更大的作用。“分离型”关系虽然有利于明确两种制度的职能定位,从而在一定程度上可以防止工会不作为现象的出现,但两种制度缺乏有效衔接和互助关系,致使劳资双方很难形成“合意”。我国集体协商制度远未发挥出应有功能的根本原因就在于劳资“合意”的缺失。劳资双方缺乏日常沟通,导致劳动者无法知晓用人单位的经营现状,在集体协商过程中极易因信息不对称而难以达成一致意见。反过来,集体协商制度尤其是工资集体协商制度的失灵,又会挫伤劳动者参与劳资沟通协商的积极性,进而导致劳资沟通协商法律制度难以发挥作用。在“连结型”关系中,劳资沟通协商既是集体协商的前置阶段,也是集体合同草案的讨论平台,劳资沟通协商制度也因此既能够调动劳动者参与劳资沟通协商活动的积极性,又能够使集体协商更有针对性,从而更有利于集体合同的签订。传化集团的集体协商制度和劳资沟通协商制度之所以能够发挥不错的效果,主要原因就在于两种制度存在"连结型"关系。

构建"连结型"关系,首先,完善我国现有的集体协商制度,旨在使集体协商制度能够为劳资沟通协商创设基本的规则和程序。我国现有集体协商制度的功能主要是为劳动者争取更好的福利,这是一种"分配蛋糕"的制度设计,本质上属于"分配式集体协商制度",这意味着劳动者一方得到的越多,用人单位一方必将付出得越多。这种制度设计难以激发用人单位开展集体协商活动的积极性。与"分配式集体协商制度"不同,"整合式集体协商制度"的目的不是去切分蛋糕,而是借助谈判使各方均能受益,从而使蛋糕变得更大,本质上并不是去分配利益,而是促进"劳资协商共赢"。[①] "整合式集体协商制度"不仅关注劳动者的福利和工作条件,而且能为劳资沟通协商提供一个整体性框架,从而为劳资沟通协商法律制度的正常运行奠定基础。这意味着我国集体合同除约定工资、工作时间等劳动基准事项外,还应根据企业的自身特征明确劳资沟通协商组织机构的类型和劳资沟通协商的议事规则等事项,对于一些不适合在集体合同中约定的条款,可以明确授权给劳资沟通协商组织机构,由其在劳资意思自治的情形下进行设计。其次,明确劳资沟通协商组织机构的组成成员。为了能够让工会及时了解企业的经营现状和劳动者的诉求,工会应该成为劳资沟通协商组织机构的成员,以便工会能够更有针对性地与用人单位展开集体协商,从而有助于集体协商制度的功能发挥。最后,要明确劳资沟通协商的议事规则。当劳资双方在沟通协商中涉及集体协商的事项时,若劳资双方就此类

---

① See Richard E. Walton & Robert B. McKersie, *A Behavioral Theory of Labor Negotiations*, McGraw-Hill, 1965, p. 437.

事项无法达成一致意见,应当及时启动集体协商程序。此外,还应明确劳资双方如何借助劳资沟通协商制度进行集体合同草案的沟通协商。由此可见,集体协商制度有助于劳资沟通协商法律制度的功能发挥;反过来,劳资沟通协商法律制度亦能够促进集体协商有效开展,从而有助于集体协商制度发挥应有的作用。

四、有助于预防性劳动争议协商调解制度的功能发挥

由于劳资沟通协商的内容包括用人单位的管理事项和经营事项,这些事项不仅涉及用人单位的商业秘密,而且关涉第三人的合法利益,因而劳资沟通协商纠纷能否得到有效、快速的处理至关重要。我国"一裁两审"的劳动争议处理程序因仲裁和诉讼之间缺乏有效衔接而难以快速处理劳资沟通协商纠纷,且由于我国现有的劳动争议协商调解制度本质上属于一种纠纷解决机制,因而难以发挥预防劳动纠纷的功能。因此,构建预防性劳动争议协商调解制度对劳资沟通协商法律制度的有效运行具有重要意义。《和谐劳动关系意见》提出要推动企业建立预防性劳动争议协商调解制度。预防性劳动争议协商调解制度的本质是:劳动争议处理的程序不是由法律规定,而是由劳资双方事先通过自主协商的方式予以确定,或者是在争议发生后双方自愿达成的,一般情况下是借助集体合同来确立,也有通过劳资协议来确定的,该制度鼓励劳资双方自主协商确定劳动争议处理程序和自主解决问题,旨在将劳动争议遏制在萌芽状态。[①] 预防性劳动争议协商调解制度作为一种动态性的劳动争议

① See Carl Sallade, *Preventive Mediation: What it is and What it has Been*, Industrial and Labor Relations Forum, Vol. 9:4, p. 1 – 18(1973).

处理机制,体现了劳资自治的基本原则,本质上属于一种“利益整合型协商”。我国现有的企业劳动争议协商调解制度的主要目的是解决劳动争议,而非预防劳动纠纷。

预防性劳动争议协商调解制度与劳资沟通协商法律制度存在密切的联系,二者均是以劳资互动为基本理念,以促进劳资合作为宗旨,且一般情形下不会破坏劳资双方友好协商的氛围。笔者认为,在我国集体协商制度还不是很完善的情况下,为了充分调动劳资双方互动合作的积极性,当前应当由劳资双方借助劳资沟通协商法律制度来确立争议的解决程序。具体来讲,由劳资双方代表依据自愿、自主的原则起草争议处理方式的协议,再经过全体劳动者的表决后生效,或者是在劳资沟通协商争议发生后订立此协议。当劳资双方在沟通协商过程中出现争议后,若双方无法通过协商的方式处理,应当首先诉诸预防性劳动争议协商调解制度予以解决,只有借助该制度无法处理时,双方才能通过法律规定的其他途径予以解决。为了实现预防性劳动争议协商调解制度与劳资沟通协商法律制度的有效衔接和互助配合,立法应当明确要求劳资沟通协商组织机构的成员中必须有劳动争议预防调解委员会的成员,以此能够确保参与劳动争议预防调解的人员熟悉劳资沟通协商的实情。此外,还应当邀请专业能力强的调解人员介入,调解员由劳资双方共同协商确定,调解员的职责是进行非防御性的沟通和积极的倾听,给予劳资双方相关知识的辅导,帮助劳资双方本着互利共赢的原则达成共识,并签订富有弹性的协议。由此可见,预防性劳动争议协商调解制度有助于劳资沟通协商活动的正常开展;反过来,劳资沟通协商法律制度也有助于预防性劳动争议协商调解制度正常发挥作用。

第三节　劳资双方有沟通协商的动力

劳资双方是否具有沟通协商的动力,关系到劳资沟通协商能否常态化,进而关系到劳资沟通协商法律制度能否正常运行。因而,探究我国是否具有构建劳资沟通协商法律制度的可行性,就必须论证劳资双方是否有沟通协商的意识、信心和能力。

一、劳资双方有沟通协商的意识

总体来看,现阶段我国劳资双方的沟通协商意识还不是很强。然而,随着《协商民主意见》的出台,我国劳动关系治理模式必然会发生变化,国家在劳动关系治理上会更加注重劳资沟通协商的重要性,这将有助于营造劳资沟通协商文化,从而能够提高劳资双方的沟通协商意识。在企事业单位的协商中,《协商民主意见》明确了4种协商形式:一是以职工代表大会为形式的民主协商;二是职工沟通协商;三是工会与企业之间的集体协商;四是劳动行政部门、工会和企业之间的三方协商。可见,劳资沟通协商属于社会主义协商民主建设的重要组成部分。协商民主作为一种治理形式,体现为自由而平等的公民借助互相陈述观点的形式来证明决策的合法性与合理性,但这些观点必须是经得起检验的,目标是实现一种基于公民实践推理的理性立法、参与政治和公民自治的愿景。① 公民协商活

① 参见王浦劬:《中国的协商治理与人权实现》,载《北京大学学报(哲学社会科学版)》2012年第6期。

动的价值在于：通过不同形式和不同场域的沟通和对话，每位公民都拥有真正的表达权，且能够将自己的经验与公共事务联系起来、增进彼此之间的信任、鼓励人们表达看法、培育人们分析问题的能力和关心公共事务的精神，最终实现社会和谐发展，也就是说，协商民主具有教育公民、培育共同体、达致有效决策和治理的价值。① 可见，协商民主建设有助于提高劳资双方的沟通协商意识，为劳资沟通协商法律制度的有效运行提供条件。此外，随着国家供给侧结构性改革的深入推进，人力资本在企业发展中的价值越来越大，因而劳动者更加注重自身的全面发展，更渴望向企业表达自己的观点和意见，希望自己能够得到企业老板的尊重，从而使自身的能力得到提高、心智日益成熟。企业老板会越发意识到传统的企业管理模式不利于充分发挥人力资本的价值，只有实现劳资双方信息和资源共享、机制共建、利益共享，才能充分调动劳动者的工作积极性，优化企业的经营和管理水平，从而才能充分发挥劳动者的作用，并实现劳资双方的利益平衡。

协商民主作为新时代劳资双方都乐于接受的企业民主管理形式，为劳资沟通协商法律制度的有效运行提供了良好的政治氛围。协商民主是与参与式民主相对应的一个概念，二者各司其职、相互配合。参与式民主旨在实现共同决策，而协商民主的主要目的是凝聚共识，基本原则是求同存异、理性包容，且更关注有价值的参与，旨在为参与式民主提供条件，既不主张制度的全面改革，也不支持彻底性的个人变革，因而其在21世纪以来的政治生活中得到了广泛

① 参见燕继荣：《协商民主的价值和意义》，载《科学社会主义》2006年第6期。

的运用,并取得了丰硕的成果。[1] 随着协商民主建设从政治领域向企事业领域的拓展,劳资沟通协商法律制度也必然会收到不错的效果。劳资沟通协商制度作为协商民主建设的重要组成部分,与职工代表大会制度、职工董事和监事制度等参与式民主制度的最大区别在于:其并未从根本上对企业的决策权构成挑战,劳动者一般情况下只是享有知情权、意见表达权和意见获回应权,企业相关事项的决定权仍然掌握在企业手中。这一特性决定了劳资沟通协商法律制度很容易得到企业的认同。当然,与参与式民主一样,协商民主同样也存在弱点,诸如受制于参与者理性精神和能力不强、社会复杂与价值多元性、协商条件不平等以及协商效果不理想等问题而出现批判不足的问题。[2] 但协商民主作为一种比较温和的民主形式,是复杂社会实现民主目标的必要形式,是当前的中国实现更现实的民主的重要民主形式,对营造政治平等和团结的氛围以及凝聚共识具有重要的价值。[3] 作为协商民主建设的重要组成部分,劳资沟通协商当然也面临这些问题,但在经济下行的形势下,劳资沟通协商有利于预防劳资矛盾的发生,从而能够为劳资双方营造一个友好协商的氛围。因此,随着社会主义协商民主建设的深入推进,企业会逐步意识到劳资沟通协商不仅不会扰乱企业的经营、管理秩序,反而有助于预防劳动纠纷、提高生产效率。

在文化建设方面,国家大力倡导社会主义核心价值观,这种

---

① 参见陈尧:《从参与到协商:协商民主对参与式民主的批判与深化》,载《社会科学》2013 年第 12 期。

② 参见陈尧:《从参与到协商:协商民主对参与式民主的批判与深化》,载《社会科学》2013 年第 12 期。

③ 参见陈尧:《从参与到协商:协商民主对参与式民主的批判与深化》,载《社会科学》2013 年第 12 期。

"和"文化有助于提高劳资双方的沟通协商意识,从而为劳资沟通协商奠定良好的文化基础。社会主义核心价值观将"和谐"作为价值标准,既顺应了中国的传统文化,又是对社会治理的创新。中国深受儒家思想的熏陶,在人与人的交往中倡导"和"文化。例如,《孟子》中"天时不如地利,地利不如人和"等语句就是这一文化的体现。"和"强调不同利益主体之间的利益平衡,在维系社会稳定方面发挥了极其重要的作用。中国是一个熟人社会,在人与人的交往中比较讲人情、讲协商、讲情理融合,且非常重视通过沟通对话来化解矛盾。劳资沟通协商法律制度也有着深厚的历史文化传统。根据相关研究,中华人民共和国成立前就有一些革命者运用沟通协商制度去治理根据地的劳动关系。例如,谢觉哉在就职陕甘宁边区高等法院时,通过培植民间力量来实现基层社会自治,从而较好地化解了劳动矛盾。① 劳动关系当事人之间的关系不同于农民与帝制、民众与官僚的关系,工人集体行动虽然有抗争但并不具有颠覆性,也就是说,在我国,劳资双方的根本利益是一致的,且劳资双方习惯于借助沟通协商来处理矛盾。② 在新时代,"和"文化意味着国家在劳动关系治理中更加强调"劳资协商共赢",企业亦将会意识到劳资沟通协商对提高生产率和预防劳动纠纷的重要性,从而更有动力参加劳资沟通协商活动。

二、企业有沟通协商的信心

为了加强党对国有企业的领导,在国有企业内部设立基层党组

① 参见谢觉哉:《谢觉哉日记》(下卷),人民出版社 1984 年版,第 75 页。

② 参见巫仁恕:《激变良民:传统中国城市群众集体行动之分析》,北京大学出版社 2011 年版,第 201 ~ 208 页。

织已成为一种常态,国有企业中的基层党组织发挥的政治职能,通过参与公司决策、管理等方式直接作用于企业内部。然而,并非所有的民营企业都设立了基层党组织,依据2012年第十次全国抽样调查,只有30.8%的民营企业成立了基层党组织。① 在这些成立党组织的民营企业里,党组织发挥作用的方式也有别于国有企业的党组织,其并不直接管理企业的人、财、物,只是通过引导、监督、统战、企业文化建设、维权和协调等方式间接作用于企业内部,实质是实现党组织建设和企业发展的有机结合,工作重心是促进企业生产。②为此,《中共中央　国务院关于营造企业家健康成长环境　弘扬优秀企业家精神　更好发挥企业家作用的意见》明确指出要建立健全非公有制企业党建工作机制,十九大报告强调了企业基层党组织建设的重要意义。虽然民营企业中的基层党组织并不直接参与劳资沟通协商,也不直接参与企业的管理和经营,但可以利用自己的优势在劳资沟通协商中发挥极其重要的作用。这主要体现在以下几个方面。

第一,由于基层党组织与党和政府存在非常密切的联系,对国家法律、法规和政策有更深的理解,民营企业党组织能够借助这一优势,及时、准确地将企业外部的有价值的信息传递给劳资双方,③使劳资双方能够更好地知悉有关企业发展和劳动者权益保障的政策。这不仅有助于劳资双方更准确地掌握基层党组织提供的信息,

---

① 数据来源:2002年和2012年全国私营企业调查数据库。

② 参见李少斐:《经济制度变迁与党的组织资源开发》,上海三联书店2008年版,第8~11页。

③ 参见何轩、马骏:《执政党对私营企业的统合策略及其效应分析:基于中国私营企业调查数据的实证研究》,载《社会》2016年第5期。

进而利用这些信息进行有效的沟通、协商,避免因信息不对称而引发劳资隔阂,还有利于企业利用党组织提供的信息进行生产、经营和管理,提高企业的生产效率和管理水平,从而可以为劳资沟通协商的有效开展打下坚实的基础。当劳资双方在沟通协商过程中遇到困难时,还可以借助企业基层党组织的桥梁作用与上级党组织和政府直接沟通,以此可以及时反映各自的利益诉求和观点,且更容易得到上级党委和政府的回应,从而有助于消除双方的沟通障碍。在当前“亲”和“清”的新型政商关系下,企业与政府间的信息沟通会更频繁,企业基层党组织的“桥梁”作用使企业与政府间的沟通会更加顺畅。在这一背景下,民营企业家参与劳资沟通协商的意愿和信心会倍增,沟通协商能力在某种程度上也会得到提高。

第二,民营企业党组织可以通过发挥党员先进模范作用,提高劳动者及其代表的沟通协商意识和能力。党组织具有天然吸纳优秀人才的优势,这将有助于将企业的先进员工吸纳至党组织内。[①]对这些先进党员优先提拔、提高其待遇和在企业中的地位,并将专业技术过硬、沟通协商能力强、威望高的优秀党员推选为协商代表。这既可以提高职工代表的协商能力,还可以通过发挥党员先锋模范作用的方式提高其他劳动者的协商意识、增强劳动者与职工代表之间的信任,从而有助于劳资沟通协商的有效进行。例如,浙江百强民营企业家均极其重视企业党组织建设,且通过党组织实现了劳资协商共赢。传化集团始终将企业党组织作为劳资双方沟通协商的“桥梁”。浙江民营企业奥克斯集团党委书记郑坚江指出,“集团党

① 参见何轩、马骏:《执政党对私营企业的统合策略及其效应分析:基于中国私营企业调查数据的实证研究》,载《社会》2016 年第 5 期。

组织有助于发扬集团文化，为企业凝聚人心、稳定人才、劳资协商发挥重要作用，是实现奥克斯平稳、快速发展的一大秘诀”。在万向集团中，年轻优秀党员作为“青年政治辅导员”深入车间与一线员工谈人生，缓解工作压力，提高一线员工的责任意识，增强其归属感，为劳资沟通协商向纵深推进打下了坚实的基础。

由上可知，在经济发展新常态下，新型政商关系具有极其重要的意义。党和国家在民营企业中构建党组织的主要目的并不是控制、监督企业，从而一味地追求劳动关系的“稳定”，而是将党组织嵌入企业中，通过发挥企业党组织的组织资源优势和“桥梁”作用，使广大民营企业能够更健康地发展并自觉履行一定的社会功能。新时代企业基层党组织面临的重要任务是引导广大民营企业花更多的精力投入劳资沟通协商活动中，使劳资双方能够在沟通协商中消除分歧、达成共识，尽可能地将劳动矛盾消除在萌芽中，从源头上预防劳动纠纷的发生，从而实现“劳资协商共赢”，这将提高企业家的沟通协商信心。

三、劳动者的沟通协商能力日益提高

由于劳资沟通协商涉及市场风险的判断、国家相关法律和政策的理解，劳动者需要在下班后投入足够的时间去学习和了解，并要对沟通协商的思路进行整理。然而，大多数一线劳动者文化程度普遍不高，且缺乏时间和精力来学习有关沟通协商的生产知识、经营知识、法律知识、社会知识以及人际交往知识，也没有动力去深入研究企业的经营现状。这致使我国现阶段的劳动者除了存在沟通协商意愿不强的问题，还存在沟通协商能力不强的问题，这种能力包括智识、技术以及沟通表达能力。究其根源在于低价工业化的经济

发展模式致使劳动者缺乏沟通协商能力。我国城市劳动者群体中有大量的农民工,随着城市化进程的不断推进,有更多的农村人口转移到城市,成为企业劳动者。据调查,我国农民工劳动者的数量已超过1亿,在这类群体中,有超过80%的人的文化水平仅是初中或以下,与城市劳动者相比,文化素质和职业技能普遍更低。① 正因如此,农民工劳动者容易受到市场的排斥和挤压,致使其雇佣价格极其低廉,经济地位很难得到雇主或社会的认可。据考证,我国农民工劳动者的劳动报酬只有城市劳动者劳动报酬的70%。② 除工资成本低以外,企业承担的非工资成本也相对较低,因为政府为农民工提供了租赁房、社会保障以及子女入学等必要的公共服务,这能为企业节约一大笔经济成本。农民工数量大、技能低、雇佣价格低廉等特点使中国大多数企业更青睐低价工业化模式,他们更愿意雇佣价格更低的工人,并且不愿意在员工培训方面有更多的投入,致使广大农民工劳动者的沟通协商能力普遍较弱。除企业以外,国家也在充分利用我国劳动力价格低的优势。为吸引外资,以此获得经济发展需要的资金、增加外汇收入,国家在相当长一段时间里一直在大力发展外向型经济。这种经济发展模式在某种程度上解决了农村剩余劳动力的就业问题,为国内企业提供了可资借鉴的先进的管理理念,亦为我国经济的快速发展提供了动力。但这种经济发展模式也存在弊端,不仅造成了资源的浪费、环境污染的加剧,而且使劳动力价格变得更加低廉,这在一定程度上成了我国经济健康发展

---

① 参见林娣:《新生代农民工市民化问题研究》,吉林大学2012年博士学位论文,第13、32页。

② 参见李明、刘凤义:《共享发展理念下劳动力高质量发展的政治经济学研究——以农民工为分析对象》,载《中国特色社会主义研究》2020年第3期。

的阻碍。

供给侧结构性改革的宗旨就是要使经营者提供的商品和服务能够更好地满足广大消费者日益增长的个性化需求，其不仅仅是“去产能、去库存、去杠杆、降成本、补短板”，而且不忽视其他相关问题，如提高人力资本的质量就是其中的问题之一。[①] 为适应供给侧结构性改革的需要，一方面，国家会通过普及高中教育、扩大职业院校的招生规模，以提升劳动者的技能和综合素质，还会通过各项措施鼓励非全日制就业形态，畅通人才流动渠道；另一方面，企业会通过各种途径提升人力资本质量，以提高生产效率，也会更加重视人才的管理，以防优秀人才的流失。劳动者在信息时代获取信息的渠道会变得更多、获取信息的能力亦变得更强。这不仅能够提升劳动者的专业技能和综合素质，还能够提高劳动者的沟通协商能力，从而使劳动者能够就专业技术问题、企业发展问题等事项提出更科学、更合理的建议和意见，劳资双方因此能够就企业重大问题展开实质性的沟通协商，从而有利于增强劳资沟通协商的有效性。对此，劳动法学界就劳动法与社会保障法如何主动适应供给侧结构性改革提出了颇具启发的观点。例如，王全兴教授认为，劳动法和社会保障法为了主动适应供给侧结构性改革，必须完成三个任务：一是借助各项制度要求用人单位加大人力资本的投入，使劳动者能够通过培训、学历提升、技能锻炼等方式提高自身的综合素质；二是完善人力资源配置机制，畅通劳动力市场流动渠道，以此提升劳动力配置的效率；三是妥善安置去过剩产能的劳动者，提高劳动力市场

---

① 参见刘凤义：《中国特色社会主义政治经济学原则与供给侧结构性改革指向》，载《政治经济学评论》2016 年第 3 期。

的安定性。[①]

四、劳动者有沟通协商的信心

劳资沟通协商能否深入进行不仅与劳动者的沟通协商意愿和能力有关,与劳动者的可行能力亦是密切关联的。可行能力是指一个人具有的自由、支配和享受权利的能力,可行能力与权利是手段与目的的关系,一个人要想能够享有法律赋予的权利,就必须具有行使权利的能力,可行能力是衡量权利质量的一个重要指标,可行能力的大小与一个人的天赋、资源和能力息息相关,与其政治、经济、社会地位亦密不可分。[②] 在我国,劳动权利在规范和实践层面的样态存在鲜明的反差,呈现分离态势。这种分离态势主要表现为:劳动权利体系已基本形成,劳动权利的"形"有了,但劳动者因缺乏可行能力很难去自由支配、处分和享受劳动权利,致使劳动者很难有勇气拿起法律武器去维护自身的权利。例如,现实生活中由于劳动者缺乏可行能力,当企业拒绝公布经营信息和管理信息、拒绝听取和回应劳动者的意见,从而侵犯劳动者知情权、意见表达权和意见获回应权时,劳动者难以有勇气捍卫自己的权利,致使劳资沟通协商呈现出"随意化"的态势。

然而,自20世纪末以来,以互联网、人工智能和生物技术为代表的全新技术革命预示着人类第四次工业革命的来临,业界又称其为

---

① 参见王全兴:《供给侧结构性改革中〈劳动合同法〉修改问题的思考——兼对财政部部长楼继伟"三批"〈劳动合同法〉的回应》,载《工会理论研究(上海工会管理职业学院学报)》2016年第4期。

② 参见[印度]阿马蒂亚·森:《以自由看待发展》,任赜、于真译,中国人民大学出版社2013年版,第31～32页。

"工业4.0时代"或信息时代,在这个时代里,产业结构将发生变化,高新技术产业、知识密集型企业和网络平台企业等创新型企业将日益出现。[①] 非全日制用工、远程劳动和网络平台劳动等灵活就业也越发普遍,且人力资本的重要性越来越大,并同时出现物资资本雇佣人力资本和人力资本雇佣物资资本的现象,劳动者与用人单位所签订的契约呈现出合作契约与劳动契约混合的态势,劳动者的身份也日益多元化,以从属性为基石的传统劳动领域正日益缩小。在这一时代背景下,劳动关系的从属性色彩也相应地变得越来越弱,且这种从属性更多体现为"经济从属性",而不是"人格从属性",劳动者在人格上日趋独立,而且与用人单位之间的经济依赖关系也变得更弱。

在信息时代,灵活用工形态使劳动者能够实现跨组织就业和多重就业,这类就业形态同阿蒂尔(Arthur)和卢梭主张的"无边界职业生涯"非常类似,不仅有助于丰富劳动者的就业选择,还能够打破单个雇主的界限,使劳动组织方式更加自由、协作和创新,[②]且劳动者具有了"用脚投票"的能力,劳动者因不担心向企业老板提意见而受到报复,进而会增强劳动者敢于向企业提意见和建议的勇气。此外,随着国家协商民主建设的深入推进,劳动者可以借助不同领域的沟通协商实践提高自身的理性精神。理性精神是协商民主建设的一个重要基础性条件,只有参与沟通协商的人彼此宽容、信任,协商民主才能发挥其应有的作用,在劳资沟通协商领域主要体现为劳资双方相互理解、相互宽容的精神,并将彼此视为一个利益共同体。

① 参见[德]克劳斯·施瓦布:《第四次工业革命》,李菁译,中信出版集团2016年版,序言第1~2页。

② 参见田思路:《工业4.0时代的从属劳动论》,载《法学评论》2019年第1期。

此外,广大劳动者可以借助共建共治共享的社会治理格局参与社区治理、企业治理等不同领域的社会治理活动,与政府官员、其他治理主体共商对策,在这个协商活动中可以就企业的不法行为表达自己的观点,从而有助于增强劳动者的沟通协商信心。

第四节　工会能够在劳资沟通协商中发挥重要作用

国内劳资沟通协商实践充分表明,无论是“工会”模式,还是“劳动关系促进委员会”模式,工会在劳资沟通协商中均发挥了极其重要的作用。然而,由于存在结构性问题,我国工会远未发挥出应有的作用,不仅劳动者对其缺乏信任,而且企业也尚未意识到工会在促进企业发展方面的作用,致使工会难以在劳资沟通协商中发挥积极的作用。究其原因在于工会存在官民双重性的问题,致使其难以有效发挥其应有的功能。但随着社会治理模式的转变,工会的这一问题能够得到克服,工会能够在劳资沟通协商中发挥重要的作用。

一、工会有参与劳资沟通协商的信心

依据我国《工会法》之相关规定,工会的功能定位是:(1)充当党联系职工的纽带;(2)维护职工的合法权益。工会职能的双重性是我国一直坚持“国家主导社会组织发展”模式的必然结果。国家对工会这种特殊的社会组织既存在宏观鼓励,也存在微观控制,旨在使工会能够服从国家的整体战略。出于维护稳定的考虑,政府希望工会能够成为其分散转型压力、贯彻政策的助手,而不是合作治理

劳动关系的"伙伴"。[①] 这导致大多数企业工会组织参与企业事务的范围较小，基本上只活动在政治敏感性不强、权利和利益含量少的边缘地带，如工会联谊活动、福利发放等，很少涉及企业民主管理事宜，即使有，效率也不高。国家自上而下的构建方式虽然能够确保秩序的一时稳定，但极易造成工会对政府的依附性，从而使工会在角色定位和法治功能方面处于左右为难的境地，致使工会很难成为劳动者利益的真正代表，也难以自主、有效地开展沟通协商工作。

党的十六届四中全会提出了"党委领导、政府负责、社会协同、公众参与"的社会治理格局，党的十八届三中全会进一步明确了这一社会治理格局，并强调"鼓励和支持社会各方面参与，实现政府治理和社会自我调节、居民自治良性互动"，党的十九大报告明确提出"打造共建共治共享的社会治理格局"。这一系列新思想为新时代社会治理指明了方向。"共建共治共享"是指各级政府在各级党委的领导下充分发挥主导作用，充分发扬人民民主，鼓励和支持人民群众参与社会治理，形成政府治理与社会自我管理良性互动的局面，使广大人民群众能够共享社会治理成果，不断实现人民群众对美好生活的向往。[②] 共建共治共享的社会治理格局体现了国家对全体人民主体地位的尊重，预示着国家实现了从片面追求经济增长到更加重视人的全面发展和社会全面进步的治理理念转向，也意味着国家治理方式将从自上而下的单向管理向政府和社会力量互动治理的转变。这一新的社会治理理念强调通过多元主体的对话、协商

---

① 参见俞可平：《中国公民社会：概念、分类与制度环境》，载《中国社会科学》2006 年第 1 期。

② 参见马庆钰、单苗苗：《准确理解共建共治共享的内涵》，载《学习时报》2017 年 11 月 8 日，第 A2 版。

与合作，增进社会认同，由主要依靠行政手段、法律手段向行政手段、法律手段与社会自治有机结合。①

在共建共治共享社会治理模式下，企业党组织将成为国家贯彻落实各项政策的助手，因而国家对工会的控制较之前有所减轻，工会的角色将有所改变，其扮演的主要角色不再是党联系企业和劳动者的纽带，而是国家合作治理劳动关系的"伙伴"。这意味着工会与劳动者、企业和国家之间的复杂关系将变得更简单，工会职能的二重性矛盾将会得以解决，工会的组织问题和生存危机也因此得以克服，其将把维护劳动者的权益作为自身的主要目标。以张伯伦（Chamberlain）、邓乐普（Dunlop）为代表的结构功能主义学者认为，工会作为国家合作治理劳动关系的重要伙伴，其存在的主要目的是通过与雇主和政府的互动来维护劳动关系的整体平衡。② 工会为了实现其目的，需要通过增强劳动者和企业对其的认可度，来实现自身的生存和发展，将来自国家、劳动者和企业方的压力转化为可以整合的资源，使其能够成为劳动者和企业都依赖的劳动关系协调者。③ 工会现有的主要目标是加强自身的改革，以此增强自身的力量并赢得劳动者的认可，我国劳工政策的中心问题就是处理工会和劳动者的关系。工会职能双重性问题的解决将有助于工会职能的发挥，且能够增强工会参与劳资沟通协商的信心。

---

① 参见李友梅：《中国社会治理的新内涵与新作为》，载《社会学研究》2017 年第 6 期。

② 参见孟泉、曹学兵：《工会何以复兴？——西方工会复兴研究的主要议题、学术争论及启示》，载《中国人力资源开发》2019 年第 3 期。

③ See Hui Elaine Sio-ieng & Chris King-chi Chan, *Beyond the union-centred approach: A Critical Evaluation of Recent Trade Union Elections in China*, British Journal of Industrial Relations, Vol. 53:3, p. 601 – 627 (2015).

二、工会有参与劳资沟通协商的能力

工会本质上是劳动者的集合,其权利虽然来自法律的规定,但根本上源自劳动者的授权,因此说工会是集体的产物。一方面,工会集权确有必要。若劳动者撇开工会,单独与用人单位进行协商和博弈,这必将削弱劳动者的团结、降低工会的协调和谈判能力;若要求工会一味地顺从劳动者的意愿,不强调劳动者对工会决定的服从,就可能出现工会被迫只能维护劳动者的短期利益,无法为劳动者追求长远的福祉。总之,劳动者向工会授予权利是得到集体力量的必要对价。另一方面,工会过度集权不仅容易导致工会缺乏为劳动者谋利益的动力,致使出现工会谈判能力低下、不作为,甚至工会官员腐败的现象,部分工会干部凭借自己的资源主导工会内部事务的运行,独断专行,将工会组织当成自己牟取私利的工具,从而缺乏参与劳资沟通协商的动力和能力。由于我国工会本质上属于"政府主导型"的社群组织,工会的这一属性极易导致工会过度集权。其主要体现为:一是工会作为劳动者的集合,垄断了协商代表选举权,大多数职工代表不是由职工民主选举的,而是在工会的主导下选举产生的,导致选出的协商代表缺少对劳动者负责的意识,沟通协商也往往流于形式;二是在工会内部,具体由何人参与劳资沟通协商,包括外聘代表的聘任和更换,基本上是由工会管理层自行定夺;三是工会垄断了劳动者就劳资协商寻求劳动仲裁和诉讼的权利,致使劳动者个人无权就企业违反劳资协商义务而向仲裁机构或司法机关主张权利。我国职工代表大会制度就是因工会过度集权而难以承载促进劳资沟通协商的使命,主要表现在:一是只要企业内存在工会,其就当然地成为职工代表大会的"工作机构";二是职工代表大会的议程、协商代表、程序等事项几乎全由工会掌控，职工代表大会无法对工会进行有效的监督。① 工会过度集权致使工会会员对劳资沟通协商缺乏关注，进而严重削弱了工会的公信力和桥梁作用，难以获得广大劳动者和企业的认可和支持。

在共建共治共享社会治理模式下，广大劳动者也能够参与到劳动关系治理中来，劳资沟通协商法律制度设立的目的就是要充分调动劳动者参与劳动关系治理的积极性，且提供了一个除工会以外的职工代表机构——职工沟通协商委员会。劳资沟通协商法律制度矫正工会过度集权的根本原因在于职工沟通协商委员会的存在。职工沟通协商委员会作为劳资沟通协商的组织机构，其与工会相互独立、分工明确，职工沟通协商委员会负责代表企业全体职工与企业管理层沟通协商，工会的主要职责则是开展集体协商。也就是说，在中国，代表劳动者集体的组织除工会以外，还有职工沟通协商委员会。这意味着工会要向劳动者集体——职工沟通协商委员会放权，且需重构工会与职工沟通协商委员会的关系。依照韦伯夫妇的观点，工会建设的目标是实现"行政效率"与"大众控权"的平衡。② 然而，在我国现有的工会体制下，工会建设在短时间内很难实现这一目标。因而，不妨将"行政效率"与"大众控权"这两个目标分别交由工会和职工沟通协商委员会来完成：工会充分发挥其组织、资源优势，走专业化道路，专注于提升"行政效率"，从实质上提高代表会员利益的能力；职工沟通协商委员会则专注于"大众控权"，从

① 参见阎天：《美国集体劳动关系法的兴衰——以工业民主为中心》，载《清华法学》2016年第2期。

② See Sidney Webb & Beatrice rice Webb, *Industrial Democracy* (newed. in two vols. Bound in one), Long mans, Green & Company, 1902, p. 38.

形式上提高反映职工真实意愿的能力,并强化对工会的监督。例如,在浙江省义乌市,农民工组建的同乡会等草根维权组织的不断发展在某种程度上改变了以前工会行政化色彩过浓的现状,实现了行政化工会向社会化工会的成功转型。“代表制”创设的初衷有两个:一是实现委托人的意志;二是维护委托人的实际利益。① 这两方面的内涵正好对应着“代表型民主”和“代议型民主”两种不同的民主形式,我国职工沟通协商委员会制度与工会制度的并存,使两种民主同时并存成为可能。因而,劳资沟通协商法律制度有助于矫正工会集权,从而有助于提高工会的沟通协商能力。

三、工会有参与劳资沟通协商的动力

我国现有工会的主要职责是进行集体协商和维权,为劳动者争取更多的“福利”和维护劳动者的权益。工会职能的这一定位决定了其承担的任务很重,也很烦琐,既要与企业进行集体协商,还要监督企业的用工行为,致使其难以有效发挥职能,亦很难促进劳资双方在企业层面的交流与合作。为此,当前全国总工会也在积极探索工会维权的创新模式,其功能正在实现从“福利保障性”向“制度保障性”的转变。② 也就是说,工会将从烦琐的事务中解放出来,集中精力进行集体协商,集体协商的事项不仅包括劳动报酬、工作时间等关涉劳动者生存权的事项,还应当兼顾安全性与灵活性、公平性与市场性的动态平衡,为劳资沟通协商与合作设定基本的规则和程

① 参见[美]汉娜·费尼切尔·皮特金:《代表的概念》,唐海华译,吉林出版集团有限责任公司2014年版,第6页。

② 参见焦开河:《全国工会集体协商工作会议在银川召开》,载《工人日报》2017年10月12日,第1版。

序。监督企业合法用工的职责就交给职工代表大会和职工沟通协商委员会。实际上,1981 年国际劳工大会通过的《集体谈判公约》(第 154 号)第 2 条已对工会的职能做了明确的规定,“工会的主要目的是进行集体谈判,以此决定劳动条件和工资待遇、规范雇主组织和雇员组织以及单个雇主与单个雇员之间的关系”。日本规定工会的主要职能是集体谈判,以此确定劳动报酬和劳动条件的基准、明确雇员参与企业管理和经营的基本准则以及工会与雇主之间的谈判规则。① 由此可见,日本集体谈判的功能不仅仅是为劳动者争取更多的福利和更好的工作条件,而且体现在为劳动者行使民主管理权利创设了良好的制度环境。

工会功能的新定位有助于提高工会参与劳资沟通协商的动力的原因有以下几点:其一,相关劳动立法明确了工会和职工沟通协商委员会的职能分工,工会的职权主要在于三方协商和集体协商,职工沟通协商委员会则负责劳资沟通协商的具体事宜。这意味着新时代工会可以从劳资沟通协商的具体事务中解放出来,集中精力进行三方协商和集体协商。这能够解放工会,使其能够从琐事中脱离出来,集中精力开展集体协商,为劳动者争取更多的利益,从而能够赢得劳动者的信任,工会的功能也因此得以发挥。其二,工会功能从“福利保障性”向“制度保障性”的转变意味着工会强调从源头上维护劳动者的权益,通过三方协商和集体协商明确劳资沟通协商和职工民主参与的具体事宜,从而能够使劳资沟通协商法律制度更为具体化,且更符合企业自身的实情,劳资沟通协商法律制度也因此更容易在企业落到实处。其三,工会功能的新定位能够改变工会

① 参见田思路、贾秀芬:《日本劳动法研究》,中国社会科学出版社 2013 年版,第 249 页。

过度控制职工(代表)大会的现状,且职工(代表)大会对工会还有监督权,能够增强工会维权的意识和能力。工会功能的新定位使职工代表大会完全由职工来主导,工会只是提供专业指导,只要具有一定数量的职工代表联名申请,就应当召开职工(代表)大会,只要得到一定数量职工代表的联合署名,某一提案就应当被纳入职工(代表)大会议程,法律应当赋予职工(代表)大会监督工会主席以及工会其他组成人员的权利,如果工会主席不履行职责或出现重大失职,职工(代表)大会有权提出更换,并开会另选,工会主席以外的其他成员的更换,可以采用工会提名、职工(代表)大会通过的形式。其四,职工沟通协商委员会的成立有助于促进工会不断走向完善。由于职工沟通协商委员会和工会是相互独立的雇员代表组织,如果集体协商难以满足职工的需要,而职工沟通协商委员会又能够提高职工的工作满意度,职工加入工会的意愿将更低,且对工会的认可度也会变得更低,工会将因此面临巨大的压力。因此,工会为了提高其在劳动者心目中的威信,将不断完善自己,且会主动与职工沟通协商委员会合作,为职工沟通协商委员会提供专业指导,以此提高劳资沟通协商的效率。

第五节　社会力量能够在劳资沟通协商中发挥重要作用

劳资沟通协商法律制度的正常运行,需要国家、社会以及其他治理主体的有效参与和密切配合,并在此基础上培育出劳动关系合作治理模式。劳动关系合作治理的核心任务是通过构建社会治理体系,促进社会力量对劳动关系的高度关注,从而构建一套常态化的、稳定的社会力量参与机制。然而，我国现有劳动关系治理的基本思路是：通过倾斜性劳动立法，并辅助劳动监察和劳动司法，从而实现劳动关系的和谐稳定。从本质上讲，这是一种典型的通过“国家自上而下的方式”来构建社会，而不是通过“社会方式”来构建社会。这种“强国家—弱社会”的治理思维致使国家干预很难回应民众日益多元化、自治化和社会化的诉求，导致工会、行业协会等社会组织难以自主独立，且存在能力欠缺的问题，也从根本上导致社会组织和专家、学者、律师等社会个人难以介入劳动关系治理实践。然而，共建共治共享社会治理模式将有助于社会力量的功能发挥，且能够使律师、学者以及社会组织等社会力量有效介入到劳资沟通协商活动中来。

一、社会力量有参与劳资沟通协商的意愿

社会力量参与劳动关系治理需要“公共性”的生产。“公共性”是指个人从私人领域中走出来，就关涉公共利益的问题，与政府一道共同进行探讨和行动，使人们能够实现从私人向公众的转变，“公共性”的生产需要个人能够理性地参加公共活动，并充分地贡献自己的才智，维护社会公共利益，只有持续不断地生产“公共性”，才可能真正地实现公众参与和合作治理。① 由于“公共性”的构建和生产同时涉及国家向社会的放权和放权后的秩序维护问题，这意味着“公共性”的构建和生产绝不是一个简单的问题，如果国家不对社会进行放权，“公共性”的构建将无从谈起，但放权后国家不对社会参

① 参见李友梅、肖瑛、黄晓春：《当代中国社会建设的公共性困境及其超越》，载《中国社会科学》2012 年第 4 期。

与进行有效的引导和“把关”，又极易出现失控的风险。① 正因如此，实践中很难处理这一两难问题，基层政府在劳动关系治理过程中往往不敢轻易对社会力量放权，对社会力量的介入也时时持有“戒心”，致使国家治理与社会参与、劳资自治之间缺乏良性互动与深度融合，社会力量也因此缺乏劳资沟通协商的意愿。可以说，任何一个国家试图将政府治理和社会协调有机融合势必都会面临挑战，这一挑战将是空前的。

如何借助一套制度设计来解决“放权”与“政治风险防范”的关系，是我国劳动关系治理必将面临的难题。要解决这一难题，关键是要在政府干预机制和社会参与机制之外探索出一种新型的且富有弹性的利益整合机制，使这两种充满矛盾的社会治理机制能够相互支撑，共同实现劳动关系的和谐稳定。一方面，国家要对社会组织进行松绑，激发出社会力量的活力。国家应该进行相应的体制改革，确保社会组织能够自主发展，逐渐形成“强国家—强社会”的社会结构，构建社会组织和国家共建共治的社会治理机制，使社会组织能够实际参与国家的政治、经济、社会和文化建设，实现国家与社会组织的互动合作。另一方面，国家需要鼓励和扶持社会组织。国家通过体制改革，在人事编制、工资、经费和税收等方面给予社会组织政策优惠，从而提高社会组织参与打造共建共治共享的社会治理格局的意愿。② 随着打造“共建共治共享的社会治理格局”的深入推进，国家将会更加重视社会力量在劳动关系治理中的作用，并将视社会力量为劳动关系合作治理的伙伴。这将有助于实现劳动关系

① 参见李友梅：《中国社会治理的新内涵与新作为》，载《社会学研究》2017 年第 6 期。

② 参见马长山：《从国家构建到共建共享的法治转向——基于社会组织与法治建设之间关系的考察》，载《法学研究》2017 年第 3 期。

国家治理和社会参与的互动融合，从而能够提高社会力量参与劳资沟通协商的意愿。

二、社会力量有参与劳资沟通协商的能力

在我国现有的“强国家—弱社会”社会治理结构下，行业协会、商会以及草根性维权组织等社会力量均是在国家干预的总体思路下存在和发展的，它们不仅存在资金来源缺乏、人才稀缺等先天性问题，还面临着两种困境：一是由于其缺乏独立性，其容易受到政府的干预；二是容易出现“精英治理”现象，即社会组织的负责人凭借个人的威望主导社会组织的运行，在国家缺乏监督的情形下容易依附于大企业，从而难以发挥促进劳资友好协商的功能。[①] 更有甚者，部分社会组织的创始人独断专行，将组织当成自己牟取私利的工具，组织成员对社会组织的功能缺乏理性认识，缺乏公共精神和使命感，致使组织内的专家不愿意为公益事业投入精力，从而难以发挥其行业优势和劳资沟通协商的桥梁作用。

共建共治共享社会治理模式肯定了社会力量参与社会治理的合法性，且能够借助一系列社会参与机制使人们从个人事务中走出来，就大家共同关心的事宜进行理性的讨论，并展开行动，以此实现从自然人到社会人的转化，培育国家、公众和其他社会力量的公共精神和彼此相互理解、相互协作的理性精神，使每个治理主体都能持续地关注公共问题，并形成长效、稳定的合作机制。[②] 社会组织以及专家、学者等社会个人借助长效、稳定的合作机制既可以实现社

① 参见宋晓清：《谨防行业协会商会与行政机关脱钩过程中的三种风险》，载《中国社会组织》2015 年第 21 期。

② 参见李友梅：《中国社会治理的新内涵与新作为》，载《社会学研究》2017 年第 6 期。

会参与的常态化，又可以提高自身的社会参与能力，且不用担心社会介入的合法性问题，这将提高社会力量的安全感和承担社会责任的勇气。此外，社会力量可以借助“国家—社会”的互动合作机制，了解国家和企业的需求和想法，以此可以找到自身的努力方向，从而能够将自己的专业知识和技能有效地运用到劳动关系治理实践中来。为打造“共建共治共享的社会治理格局”，国家出台了一系列政策来促进行业协会、商会等社会组织的独立发展，[①]且构建了公共政策的民主协商机制、政府决策的咨询论证机制、公民诉求表达和维权等机制，使社会组织能够借助这些平台真正发挥作用。[②]这意味着政府将不再对社会组织和社会个人进行严格的管控，也不会再时时刻刻提防社会力量，而会逐渐赋予社会力量以自治权和参与权，社会力量也因此更有能力参与劳资沟通协商活动，并充分发挥自己的专业优势，为劳资双方提供专业服务，以及有效处理劳资沟通协商纠纷。

三、社会力量的公信力日益提高

当下中国劳动法治进程中以行业协会为代表的社会组织普遍存在行业代表性不强、活力不足、服务社会能力弱化以及缺乏行业自律的问题，致使其存在公信力不强的问题。例如，一些行业协会为了向企业收取会费和谋取赞助，不仅没有起到监督企业合法用工

---

① 2015年国家先后公布了《深化标准化工作改革方案》和《行业协会商会与行政机关脱钩总体方案》，明确学会、协会、商会、联合会和产业技术联盟等社会团体可以自主发布相应的团体标准。2016年中共中央办公厅、国务院办公厅印发了《关于改革社会组织管理制度促进社会组织健康有序发展的意见》。

② 参见马长山：《从国家构建到共建共享的法治转向——基于社会组织与法治建设之间关系的考察》，载《法学研究》2017年第3期。

的作用,反而会纵容部分企业规避法律,损害劳动者权益。此外,一些行业组织还因缺乏自律而出现腐败的现象,部分草根维权组织以及专家、学者等社会个人打着公益的旗帜谋取个人利益。这些问题降低了社会组织和社会个人的社会公信力,致使其难以为公众提供更优质的服务,从而难以获得国家、企业和劳动者的认可。社会组织以及专家、学者等社会个人的"不在场",一方面导致社会力量难以与国家进行有效的互动,从而难以得到国家的认可和支持,致使其难以发挥应有的功能;另一方面导致社会力量难以与企业和劳动者进行有效的沟通,致使其难以有效表达劳资双方的诉求和实现民主参与,劳资双方缺少在劳动法治过程中的话语权,劳动者的合法权益也缺少组织化的强有力维护,从而难以得到劳资双方的认可。正因如此,社会力量缺乏社会治理的公信力。社会力量在缺乏公信力的情况下很难有效参与到劳资沟通协商活动中来,从而难以发挥自己的专业优势,致使劳资双方因专业知识匮乏而出现沟通协商不畅的问题。

共建共治共享社会治理模式明确了社会力量具有参与社会治理的法律地位,并明确了社会力量与国家、劳资双方之间的合作关系。在共建共治共享社会治理模式下,社会组织和社会个人不再是国家实现社会控制的"助手",而是政府的"合作者"。这一社会治理模式使社会力量具有参与社会治理的资格,从而使其有能力代表其会员的诉求,一方面与国家进行沟通协商与合作,从而真正理解国家的相关政策,另一方面与利益群体进行沟通协商,从而实现利益协调。且社会力量能够出台内部规范对其成员进行约束,使社会组织和社会个人能够在不同领域发挥其专业优势,既可以对国家具有强有力的监督和制约,使立法部门、劳动行政部门和劳动司法部门充分听取社会力量的意见,又可以发挥保护弱势群体利益和预防、化解社会矛盾的作用。社会力量介入劳资沟通协商活动既有助于预防公权腐败,提高公权部门的公信力,也有利于社会力量很好发挥和谐劳动关系的自我构建功能,劳资双方的多元诉求和利益冲突也能够得到真正的回应和化解,从而有利于劳资沟通协商文化的生成。社会力量在劳资沟通协商活动中,既可以监督劳动行政部门和劳动司法部门,还可以为劳资双方提供专业帮助,减少劳资沟通协商的障碍,从而有利于劳资沟通协商活动的有效开展。这将提高社会力量在国家和劳资双方心目中的威望,从而提高社会力量的公信力,国家和劳资双方也乐于接受社会力量的专业指导。

本章小结

通过本章的分析可得知,我国至今之所以尚未构建专门的劳资沟通协商法律制度,主要原因在于以前我国不具备构建该制度的实践基础。国家片面追求劳动关系的和谐稳定致使现有的劳动关系治理呈现“泛政治化”和“管制化”的色彩,工会和职工代表大会难以发挥促进劳资沟通协商的作用;低价工业化的经济发展模式和“强国家—弱社会”的社会结构致使劳动者的沟通协商能力低下和公共精神缺失;现有的以“劳善资恶”为基本理念的劳动立法呈现“高管制”的态势,且不同劳动关系协调机制之间缺乏互助关系,致使劳资双方缺乏友好协商的空间和氛围。这些政治、经济、社会和法律制度因素导致劳资双方普遍缺乏沟通协商的能力和意愿,工会也难以在劳资沟通协商中有所作为,致使劳资沟通协商法律制度难以有效运行。

但随着国家协商民主建设、供给侧结构性改革、打造共建共治共享的社会治理格局以及建设社会主义核心价值体系的深入推进，构建劳资沟通协商法律制度所面临的困境将迎来突破的良机，新时代我国存在劳资沟通协商法律制度有效运行的实践基础。从政治基础来看，社会主义协商民主建设和非公企业党组织建设为劳资沟通协商法律制度的有效运行提供了良好的政治氛围和条件。社会主义协商民主的全面建设有助于提升劳资双方的沟通协商意识和能力，企业基层党组织能够在劳资沟通协商中发挥桥梁作用。从经济层面讲，供给侧结构性改革和灵活就业形态的日益兴起为劳资沟通协商法律制度的有效运行提供了良好的经济环境。供给侧结构性改革使企业更加注重对劳动者进行职业技能培训，从而有助于提高劳动者的沟通协商能力。灵活用工形式的不断出现使劳动关系的从属性更加弱化，且会出现“资本雇佣劳动，劳动雇佣资本”的现象，从而有利于提高劳动者与企业平等协商的勇气。在文化层面，深受儒家思想的熏陶，中国是一个倡导“和”文化的国度，人与人之间习惯用沟通协商的方式来解决争议，这为我国劳资沟通协商法律制度的作用发挥提供了文化基础。在社会治理层面，随着党的十九大“打造共建共治共享的社会治理格局”的提出，广大劳动者和企业家参与社会治理的机会更多，从而有助于培育劳资双方的公共理性精神，这对劳资沟通协商活动的顺利进行大有裨益。

第四章 劳资沟通协商法律制度构建的整体思路

劳资沟通协商法律制度需要在“协商共赢”的制度环境下才能发挥更大的功效，因此劳资沟通协商法律制度构建需要考虑以下几点：第一，首要任务是建立“协商共赢”型劳动关系协调机制。第二，依照制度运行模式之差异，可以将国外劳资沟通协商法律制度分为权利推动型和权力主导型两种，前者主要是通过赋予劳动者磋商权的方式来推动劳资沟通协商法律制度的有效运行，而后者并没有赋予劳动者磋商权，而是由政府来主导劳资沟通协商活动。我国是否应该确立劳动者磋商权？这是构建劳资沟通协商法律制度必须明确的另一关键问题。第三，劳资沟通协商法律制度的有效运行需要强有力的组织保障。从世界立法来看，劳资沟通协商的组织机构并不统一，主要有企业委员会和劳资理事会两种，前者全由员工代表组成，后者则是由员工代表和企业方代表共同组成。综观我国现有的劳资沟通协商实践，劳资沟通协商的组织机构也并不相同，主要有职工代表大会和劳动关系促进委员会两种,前者全由职工代表组成,后者由职工代表、企业方代表以及工会代表共同组成。何种劳资沟通协商组织机构更有利于劳资沟通协商的有效开展,这是构建劳资沟通协商法律制度必须面临的又一问题。第四,劳资沟通协商法律制度的有效运行需要行之有效的激励机制予以“配合”。在此方面,各国的立法也并不完全相同,我国应构建何种类型的激励机制?以上几个问题是在构建劳资沟通协商法律制度时必须考虑的基本问题,对这些问题的回答将有助于探究劳资沟通协商法律制度构建的整体思路,亦能够为分析劳资沟通协商法律制度构建的具体路径提供方向。

第一节 “协商共赢”型劳动关系协调机制之构建

一、“协商共赢”型劳动关系协调机制的本质属性

(一)“协商共赢”型劳动关系协调机制的内涵

《中国劳动保障发展报告(2016)》指出,创新中国特色劳动关系协调机制,应当以“协商共赢”为目标模式,坚持“共促发展、劳资两利”“系统构建和源头治理”的原则,重心是加强宏观、中观和微观三层协商,宏观层面的劳、资、政三方协商,中观层面的民主协商,微观层面的劳资个别协商。① 三方协商是劳、资、政三方就劳资双方共同关心的问题展开的沟通协商;民主协商主要包括集体协商和劳资沟

① 参见刘燕斌主编:《中国劳动保障发展报告(2016)》,社会科学文献出版社 2016 年版,第 18 页。

通协商,宗旨是构建常态化的协商机制,使之成为劳资双方日常对话沟通的平台;劳资个别协商是指用人单位与单个劳动者进行的协商。这意味着劳动关系治理应该实现从单纯的“国家管制”向“共建共治”的转变。也就是说,国家在治理劳动关系时,应当坚持适度干预的原则,在对一些基准事项做出底线性规定的前提下,劳资双方的具体权利义务应交由双方自主协商确定。“协商共赢”型劳动关系协调机制的宗旨是为劳资双方之间的交往互动提供激励性法律制度,使双方能够借此进行自主和理性的交往活动,通过动态调整的方式实现劳动关系安全性和灵活性的平衡。这需要劳动基准制度、劳动合同制度、集体协商制度、民主参与制度以及劳资沟通协商制度等劳动关系调整机制既自成一体又动态发展,既相互制约又相互促进。

“协商共赢”型劳动关系协调机制既反对“道德的片面评价”,又反对自由主义基础上的“劳资自治”,其强调“道德的普遍评价”。由于劳资双方力量不平等,一味强调“劳资自治”,从而实现“去国家化”,将很难实现真正的“劳资协商共赢”。因而,在强调“劳资自治”原则的基础上,强化立法对劳动者的倾斜性保护,才能使劳资双方进行平等的互动与合作,以此实现劳资双方的协商共赢。国家立法对弱者的倾斜性保护本质上就是道德对法律的介入,亦称“法律的伦理化”,是对抽象法律人格的再认识,旨在通过授予执法者、裁判者自由裁量权,填补法律漏洞、弥补合同当事人意思自治不足的问题,以此消除原则上平等而事实上不平等的现象。① 执法者和裁判者可以借助法律伦理化在具体个案中实现利益权衡,以维护弱者

① 参见董保华主编:《名案背后的劳动法思考》,法律出版社2012年版,第26页。

的利益、实现社会正义。法律的伦理化可否成为重新调配立法权与司法权的工具,关键点在于能否对道德进行普遍评价。道德的普遍评价亦称道德的客观评价,旨在根据事实上不平等的程度来权衡强者与弱者之间的利益,使法律能够从抽象走向具体,目的是维护而不是冲击现有的法律秩序。与道德的普遍评价相对应的是道德的片面评价,其是指立法机关事先确定好不同的道德标准,然后将这一标准施加给不同的主体,并作为确定立法中各主体的权利、义务以及责任的法律依据,目的是通过扶持弱者达到实现强弱力量的均衡。① 道德的片面评价强调立法机构在分配权利义务时对劳动者进行倾斜性保护,直接为劳资双方设置了权利和义务,并未给劳资意思自治留下制度空间。

(二)"协商共赢"型劳动关系协调机制的理论基础

"协商共赢"型劳动关系协调机制本质上属于动态治理的重要制度设计。动态治理是国家为了适应不确定的和多变的环境而探索出来的一种国家治理模式,这一治理模式旨在借助一系列激励机制来促进社会公众与政府之间的交往互动,使国家政策既足够灵活,又能得到公众的认可,从而能够提高治理的效率,最终有助于经济、社会的长足发展。② "协商共赢"型劳动关系协调机制蕴含着哲学中的主体间性理论。③ 作为20世纪西方哲学的一个重要范畴,主体间性又称为交互主体性,是研究个人与个人以及个人与社会之间

---

① 参见董保华主编:《名案背后的劳动法思考》,法律出版社2012年版,第21页。

② 参见[新加坡]梁文松、曾玉凤:《动态治理:新加坡政府的经验》,陈晔等译,中信出版社2010年版,第5页。

③ 参见唐烈英、陈永福:《从静态到动态:劳动关系治理思维的变革》,载《西南民族大学学报(人文社科版)》2018年第10期。

关系的重要分析工具。主体间性理论不是将自我视为孤立的个体，而是把自我看作与他人的共在。① 以主体间性理论来审视制度，制度的本质在于形成社会的激励结构，旨在为人与人之间的互动和共同体的存续提供行为规则。“协商共赢”型劳动关系协调机制蕴含着“法治程序主义”理论。② “程序主义”作为哈贝马斯提出的一个重要概念，并非“形式主义”，因为“程序”蕴含着“选择”，具有“过程性”和“交涉性”特征。依照季卫东教授的观点，“法治程序主义”理论的精髓在于通过公平的法律程序促进利益相关者进行平等对话和理性合作，以此消除彼此间的分歧，从而实现法制的理性权威和齐步权威。③ 依据程序正义心理学家的观点，公平的法律程序有利于共同体成员之间形成良好的互动关系，进而有助于共同体成员实现自我满足并自觉遵守法律规定。④

“协商共赢”型劳动关系协调机制的社会学基础是“整体主义”理论。⑤ 依据“整体主义”思想，权利是个体参与其所在的共同体各种社会关系的资格及借此得到的某种利益。⑥ 按照马克思的观点，权利在本质上体现为利益相关者的社会关系。⑦ 这意味着劳动权利

① 参见[德]胡塞尔·埃德蒙德:《笛卡儿式的沉思》,张廷国译,中国城市出版社 2002 年版,第 125 页。

② 参见唐烈英、陈永福:《从静态到动态:劳动关系治理思维的变革》,载《西南民族大学学报(人文社科版)》2018 年第 10 期。

③ 参见季卫东:《论法制的权威》,载《中国法学》2013 年第 1 期。

④ 参见[美]艾伦·林德、汤姆·泰勒:《程序正义的社会心理学》,冯健鹏译,法律出版社 2017 年版,第 69 页。

⑤ 参见唐烈英、陈永福:《从静态到动态:劳动关系治理思维的变革》,载《西南民族大学学报(人文社科版)》2018 年第 10 期。

⑥ 参见[瑞士]皮亚杰:《结构主义》,倪连生等译,中国商务出版社 1984 年版,第 143 页。

⑦ 参见《马克思恩格斯全集》(第 30 卷),人民出版社 2002 年版,第 302 页。

体现为劳动者与用人单位、工会、社会力量以及国家工作人员等劳动法治共同体成员之间的交往互动关系，且劳动者享有劳动权利的过程不是一个单向的、模式化的过程，而是一个双向的、动态的过程，既体现为国家对劳动者的权利赋予，又表现为共同体成员以实现劳动权利为宗旨所进行的交往和互动。要想实现劳动法治共同体全体成员之间的互动，就必须充分发挥不同劳动关系协调机制的作用，使成员能够在各自的领域内扮演好自己的角色，除此之外，还应当将各个机制视为一个整体，并明确不同机制之间的互助关系，使各成员能够借助此种互助关系展开交流与互动。正如博登海默所言，人性是个体性与社会性的对立统一，个人无法仅靠自己的努力去实现权利，需要他人能够意识到他的需求。①

"协商共赢"型劳资关系协调机制蕴含了经济学中的激励理论。依照经济学家的观点，治理是指国家协同利益相关者制定制度以促进行为主体之间的交流，克服因信息偏在、公共产品稀缺和外部性而出现的市场失灵。② 法律的主要功能是激励而不是惩罚，惩罚的目的是激励，惩罚机制是激励机制的重要组成部分，法律机制在某种程度上就是一套激励机制。也就是说，"法律制度的主要功能在于通过一套激励机制，激励人们采取经济效果最优的行动"③。法律激励机制能够促进劳资互动的根本原因在于其具有"互动激励"的特质。法律激励机制设计的初衷就在于促进个体之间的互动，其存

① 参见[美]E. 博登海默：《法理学：法律哲学与法律方法》，邓正来译，中国政法大学出版社 2004 年版，第 6 页。

② See Douglass C. North, *Institutional Change and Economic Performance*, Cambridge University Press, 1990, p. 3.

③ 张维迎：《信息、信任与法律》，生活 · 读书 · 新知三联书店 2003 年版，第 66 页。

在的理论依据是法律沟通理论，即法律旨在为利益共同体全体成员之间的交往互动提供行为准则，法律并非仅仅关注单个人的行动，还关注个体的“心理感受”，使共同体成员能够去“说真话”，并且非常重视人与人之间交流与互动的价值。[①] 法律沟通理论对劳资沟通协商法律制度构建的启示是：法律在对劳资沟通协商的组织机构、基本程序以及保障机制等基本事项做出底线性规定的前提下，借助一系列激励工具，激励劳资双方、工会、社会力量以及国家官员等劳资沟通协商主体自主地展开交流与互动，以此消除劳资双方间的分歧，实现“劳资协商共赢”。法律激励机制能够促进劳资互动的另一原因在于其具有“能动激励”的特质。“能动激励”一词是从“激励”理论中发展出来的，是指立法者为提高利益共同体成员的主观能动性，通过一系列激励工具诱导行为人发挥能动性，共同制定与自身切身利益有关的规则，以此达到弥补法律不足的目的。[②] 由于立法者制定出来的法律制度不可能直接作用于利益共同体成员，法律的生命力需要共同体成员对法律制度进行再生产，这意味着法律必须具备“能动激励”特质。[③] 法律激励机制之所以具有“能动激励”的特质，根本原因在于其尊重和满足了“人的需要”，并通过制度规则去培养利益共同体成员的自主发展和自我实现。[④] “能动激励”对劳资沟通协商法律制度构建的启示是：立法者只能就劳资沟通协商主体的基本权利义务作底线性规定，关于劳资沟通协商的具体内容和

---

① 参见［比利时］马克·范·胡克：《法律的沟通之维》，孙国东译，法律出版社 2008 年版，第 27 页。

② 参见丰霏：《法律激励的理想形态》，载《法制与社会发展》2011 年第 1 期。

③ 参见沈岿：《软法概念之正当性新辨——以法律沟通论为诠释依据》，载《法商研究》2014 年第 1 期。

④ 参见丰霏：《法律激励的理想形态》，载《法制与社会发展》2011 年第 1 期。

程序等关键事项，法律只能做出原则性规定，具体规则应交由劳资双方、工会等劳资沟通协商相关主体，通过沟通协商方式予以确定，从而实现“机制共建”。

二、“协商共赢”型劳动关系协调机制的价值

（一）有助于营造劳资沟通协商文化

在劳动法领域，国内学者就如何保护劳动者的利益，形成了两种针锋相对的观点，一种观点主张对劳动者实行“倾斜性保护”[①]，另一种观点主张“双保护”，借助“劳资自治”实现劳动关系的和谐。[②]持第一种观点的学者主张将自由赋予劳动者，将诚信施加给用人单位。这种观点在价值评判上是“劳善资恶”，这种评价容易制造劳资对抗情绪，本质上属于道德的片面评价。道德的片面评价不考虑法律实施的目标，完全是依据道德本身的评价结果作为劳动立法、劳动执法乃至劳动司法的依据，在舆论的大肆宣传下，这种道德评价极易使法律从具体走向抽象，也就是说，劳动执法和劳动司法部门并不是以事实本身的是非曲直作为判案的依据，而是出于保护劳动者的目的进行执法和司法。这种道德评价不仅容易制造“劳资对抗”，从而不利于劳资沟通协商氛围的培育，还极易造成道德对立法和司法的不当影响。就前者而言，将道德的片面评价引入劳动立法、劳动执法和劳动司法过程中，容易提升劳动者的权利欲望、降低劳动者的道德底线，用人单位则会千方百计地规避倾斜性劳动立法，若逃避不了法律的惩罚，往往抱有“破财消灾”

① 参见常凯：《劳权保障与劳资双赢——〈劳动合同法〉论》，中国劳动社会保障出版社2009年版，第206页。

② 参见董保华主编：《名案背后的劳动法思考》，法律出版社2012年版，第45页。

的思想。例如,实践中存在劳动者为了能够得到"双倍工资"而千方百计地故意与用人单位不签订书面劳动合同的现象,也存在用人单位为了逃避劳动法中的责任而想尽一切办法将劳动关系规避为劳务关系的行为。就后者而言,"劳善资恶"的道德评价赋予了执法机构和司法部门更多的自由裁量空间,从某种程度上讲,这有利于实现实质正义。

"劳善资恶"的道德评价容易塑造管理主义法律观,这种劳动法治观极其重视强制性规范在保护劳动者权益方面的重要性,但难以为劳资沟通协商创设制度空间,不利于劳资双方之间的交流与互动。我国《劳动法》《劳动合同法》等现有劳动立法的大多数规定属于强制性规范,虽然也存在个别的激励性规定,但要么缺乏可操作性,要么属于机械性激励规范,我国现有的劳动关系法律规制模式本质上属于"管制型法律规制模式"。强制性法律规定有助于实现雇佣条件、劳动报酬分配等方面的公平,从而有利于实现劳动关系的"稳定",但这类强制性规范降低了灵活性。21 世纪全球更需要一套能够同时实现效率、公平与话语权的法律规则。① 强制性法律规定在强调"公平"的同时却压缩了劳资沟通协商的空间,很难实现"效率"与"话语权"的平衡,从而难以促进劳资自主沟通与对话。机械性激励规则激励劳动者借助劳动监察和诉讼去维护自身的权益,虽然从某种程度上讲有助于督促用人单位合法用工,但挤压了劳资双方通过沟通协商制度处理争议的空间,从而容易破坏劳资双方友

---

① 参见[美]约翰·W. 巴德:《劳动关系:寻求平衡》,于桂兰等译,机械工业出版社 2013 年版,第 4 页。

好协商的氛围。[①] 劳动立法中的倡导性激励规则虽然在一定程度上有助于劳资沟通协商文化的生成,但因存在可操作性不强的问题而难以发挥其本应有的作用。例如,相关劳动立法虽然规定了集体协商的主体、集体合同的内容和生效准则,但没有明确规定集体协商的具体程序、协商不能的解决方式等关键事项,致使这一制度很难发挥其作用。此外,相关劳动立法只是确定了行使民主管理权利的主体,但未明确规定劳动者享有知情权、监督权和救济权,导致该制度难以发挥其促进劳资沟通协商的功效。"协商共赢"型劳动关系协调机制因强调"道德的普遍评价"而有助于培育劳资协商共赢文化,从而有利于劳资沟通协商法律制度的有效运行,这意味着劳资沟通协商法律制度构建的首要任务是确立一种新的劳动法律观。

(二)有助于创设劳资沟通协商的制度空间

我国劳动关系法律规制的主要思路是:由国家事先确定一套权利义务体系,然后分别将权利义务分配给劳动者和用人单位,并借助劳动执法和劳动司法确保权利义务规范的有效运行。这种规制模式强调国家在劳动关系治理中的重要性,却忽视了国家与劳资双方、工会以及社会力量之间的互动对劳动权利义务规范有效运行的价值。依照管理学理论,这是一种"静态"的规制模式。这种模式主要体现在立法的价值取向、调整对象、制度设计以及权利救济几个方面。首先,从价值取向看,劳动立法的主要宗旨是倾斜性保护劳

---

① 例如,依据《劳动合同法》第 79 条和《劳动保障监察条例》第 9 条之规定,任何人均有权向劳动监察部门举报用人单位的违法用工行为,国家将对举报属实的举报人进行相应的奖励。以上两条规定虽然有助于督促用人单位自觉履行法定义务,但这种机械性激励规则极易诱发"职业打假"行为,从而破坏劳资友好协商的氛围。参见陈永福:《劳资协商共赢的法律激励机制构建》,载《经济法论坛》2019 年第 1 辑。

动者的权利，而不是实现“劳资协商共赢”，从立法者对《劳动合同法》的释义可见一斑。[①] 按照立法者的解释，《劳动合同法》的主要使命之一就是扩大劳动者的权利、提高用人单位的劳动力成本。从本质上讲，这是一种“支付欠账”的思维，这种思维时常弥漫在劳动立法、劳动执法和劳动司法中，极易形成“劳善资恶”的思维定式。[②] 在舆论的片面报道下，这种道德评价容易激发劳资对抗的情绪，不利于促进劳资双方之间的沟通协商。其次，从规制对象来看，现有劳动立法体系的调整对象主要是个别劳动关系，虽然部分立法的个别条文对集体劳动关系做了原则性的规定，但宗旨并不是要建立像西方国家一样的集体谈判制度，而是为调整个别劳动关系服务的。作为集体劳动关系的核心制度，集体谈判制度本质上是劳资博弈的重要平台，是平衡劳资力量的一种制度设计，而我国集体协商制度是国家出于更好地调整个别劳动关系而设计的一种制度，其不是劳资斗争的结果，并没有为劳资双方创设自主协商的空间，致使劳动者与用人单位、工会之间缺乏必要的互动。再次，从制度设计来看，《劳动法》主要是就劳动时间、劳动条件、工资报酬等劳动基准事项做了硬性规定，《劳动合同法》作为劳资意思自治的一部重要法律，本应为劳资沟通协商创设更多的制度空间，可是该部仅有 98 个条文的法律却使用了很多诸如“应当”“不得”等词语，“应当”一词共出现了 74 次，“不得”一词出现了 28 次。这些强制性条款直接为劳资

---

① 立法者认为，中国的人力成本所占 GDP 的比例比世界的平均值还低得多，现在是改变这一现状的时候了。参见信春鹰主编：《中华人民共和国劳动合同法释义》，法律出版社 2007 年版，第 3～4 页。

② “劳善资恶”思维主张劳动合同法的目的就是扶持弱者，以此达到劳资双方利益的平衡。参见常凯：《劳权保障与劳资双赢——〈劳动合同法〉论》，中国劳动社会保障出版社 2009 年版，第 206 页。

双方设定了行为准则,很少为双方之间的沟通协商留下制度性空间。最后,从权利救济模式看,由于我国并未建立企业内劳动纠纷预防性调解制度,劳资双方在协商不成时只能诉诸仲裁和诉讼,虽然仲裁机构和法院也鼓励劳资双方以和解的方式解决争议,但倾斜性劳动立法提高了劳动者的权利预期,进而压缩了双方协商解决争议的空间,致使大多数案件都是以裁决或判决的形式结案。现有的劳动纠纷解决机制强调公权力部门的重要性,而忽视了建立在劳资意思自治基础上的劳动争议预防性调解制度在预防劳动纠纷、促进劳资双方沟通协商方面的重要意义,这是一种典型的"静态"规制模式。

"静态"的劳动关系法律规制模式在实践中面临着诸多困境。首先,该模式容易造成劳动关系外部性与内部性的失衡。劳动关系本质上属于劳资双方之间的契约关系,若将劳动法律中的强制性规范视为契约关系的外部性内容,那么劳资自治就属于契约关系的内部性内容。只有实现劳动契约外部性与内部性的平衡,劳动关系才能和谐稳定,这意味着国家的外部干预应当有合理的边界,若外部干预力量过大,势必会压缩劳资协商的内部空间,抑制劳资沟通协商制度的功能发挥,致使劳资双方只能诉诸外部机制维权。其次,该模式还容易导致"弱执法"和"弱司法"现象的出现。我国劳动法律在未区分用人单位类型的情形下,给用人单位施加了较高标准的义务,致使一些用人单位绞尽脑汁地去规避法律,劳动执法和司法部门在执法和司法的过程中为了维护社会的稳定时常做出"选择性执法"和"弱司法"的举动。这一与法治相悖的现象既会破坏劳动者与相关职能部门之间的信任关系,也会在劳资双方之间制造紧张的气氛,不利于劳资协商共赢文化的生成。最后,此模式很难在劳资双方之间形成“合意”。由于该模式难以促进劳动者与用人单位、工会、社会力量以及国家职能部门之间的交流与互动，由劳资利益相关者组成的劳动法治共同体很难形成，劳资双方在缺失劳动法治共同体的前提下难以进行自主的交流和沟通，“劳资合意”便无从谈起。①

“协商共赢”型劳动关系协调机制有助于创设劳资沟通协商空间的内在原因在于其强调“道德的普遍评价”和劳动关系的动态调整。申言之，“协商共赢”型劳动关系协调机制强调劳动立法只是就涉及劳动者基本利益的事项做出底线性规定，劳资双方的具体权利义务更多是交由劳资双方协商确定。劳资协商并不仅仅是劳资个别协商，而是包括了三方协商、集体协商、沟通协商以及个别协商等多种协商形式。劳动关系动态调整强调不同协商机制之间的互动配合。三方协商是指劳动者、用人单位和政府根据国家的发展现状协商确定工资、工作时间以及社会保障费缴纳等事项的基本标准，并明确集体协商的基本框架。集体协商是由工会和用人单位根据三方协议以及用人单位的实际情况确定工资、工时等关系劳资双方切身利益事项的基本标准，并明确劳资沟通协商的程序和内容等事项。劳资沟通协商是由职工代表与用人单位根据法律和集体协议就企业管理和经营事项进行沟通协商。劳资个别协商是指由劳动者个人与用人单位就相关事项进行协商。“协商共赢”型劳动关系协调机制能够为劳资沟通协商创设制度空间，劳资双方能够利用该制度空间就相关事项进行沟通协商。

---

① 参见唐烈英、陈永福：《从静态到动态：劳动关系治理思维的变革》，载《西南民族大学学报》2018 年第 10 期。

（三）有助于提高劳资双方的沟通协商意识和能力

权利可分为实体性权利和程序性权利。[①] 相应地，劳动权利可以分为实体性劳动权利和程序性劳动权利。前者主要是指与劳动者生存、生命、健康等切身利益相关的权利，包括休息休假权、获得劳动报酬权和社会保障权等；后者是指旨在保障实体性劳动权利得以实现的内嵌于市场经济结构的一些程序性劳动权利，主要包括协商权、磋商权、表决权、提起仲裁和诉讼权等。[②] 法律责任是指法律关系主体因违反第一性义务而应承担的第二性义务，旨在通过处罚和补救的手段恢复被破坏的法律秩序。依据法律责任理论，法律责任可以分为“争端解决性责任”和“促成合作性责任”。“争端解决性责任”亦称为“第一性责任”，一般来讲是指因侵犯实体性权利而产生的责任，而“促成合作性责任”又可称为“第二性责任”，往往是因程序性权利受到侵犯而产生的。[③] 在劳动法责任体系里，“争端解决性责任”主要是指用人单位因侵犯劳动者实体性权利而产生的责任，“促成合作性责任”则是指因程序性劳动权利受到侵害而产生的责任，与“争端解决性责任”相比，其外延更为宽泛，大多数情况是针对用人单位来设计的，在特定情形下也包括劳动行政部门、工会、社会力量以及行业协会等劳动法治共同体成员因未履行促成劳资合作义务而产生的责任。

---

① 参见张文显主编：《法理学》，高等教育出版社、北京大学出版社 2011 年版，第 91 页。

② 参见陈步雷：《论劳动权利体系及其分析工具——兼论劳动权利的一种新的研究范式》，载《工会理论与实践》2004 年第 3 期。

③ 参见刘水林：《从个人权利到社会责任——对我国〈食品安全法〉的整体主义解释》，载《现代法学》2010 年第 3 期。

我国现有劳动立法过于强调实体性劳动权利[①]和“争端解决性责任”[②]的价值，而对程序性劳动权利和“促成合作性责任”的重要性却认识不够充分。这种“重实体，轻程序”的立法模式本质上是劳动关系“静态”治理模式的产物，强调公权力对实现实体性劳动权利的重要性，忽视劳资双方以及其他利益相关者之间的互动对劳动权利实现的价值，致使实体性劳动权利在实践中难以实现。其主要原因在于：第一，提起仲裁和诉讼权虽然能够很直接、有效地保障实体性劳动权利的实现，然而，由于我国“一裁二审”的劳动权利救济机制还存在很多值得完善的地方，程序复杂、耗时较长，争议双方不到万不得已不愿选择这种救济机制维权。第二，“一裁二审”的权利救济机制的功能发挥依赖于广大劳动者对权利救济机构的信任，也就是说，要存在积极的“法民关系”[③]。然而，在我国，这种关系是缺失的，时常有劳动者因不信任权利救济机关而选择“沉默”或“体制外维权”。第三，由于知情权、协商权、磋商权和表决权等程序性劳动权利的缺失，劳资双方、工会以及其他社会力量缺乏有效的交流与互动，各方之间缺少信任与合作，劳资利益共同体难以形成，各方为

---

① 例如，《劳动法》对上述实体性劳动权均有规定，而对程序劳动权利却规定得较少，只明确规定了劳动者有提起仲裁和诉讼的权利。虽然个别条文规定了工会有权代表劳动者与用人单位进行集体协商，也明确规定用人单位在制定规章制度时应与工会协商，但这类规定大多数属于倡导性的规定，缺乏相应的保障和救济机制。

② 在我国劳动法责任体系中，大多数责任形态是针对用人单位来设计的，劳动行政机关、工会、行业协会以及社会力量等劳动法治共同体成员一般不存在承担责任的问题，且这些责任形态大多数是经济性责任，旨在保障劳动者的实体性权利，信用减等、资格减免以及市场约谈等非经济性形态寥寥无几，属于典型的“争端解决性责任”。我国劳动立法虽然就集体协商制度、民主管理制度等程序性制度做了原则性规定，但未就集体协商、民主管理的具体程序作具体规定，尤其是对用人单位、工会等主体的“促成合作性责任”缺乏规定。

③ 法民关系是指法律职业人与普通民众因执法和司法所形成的主体间关系。参见凌斌：《当代中国法治实践中的“法民关系”》，载《中国社会科学》2013 年第 1 期。

了追求自己的眼前利益,往往会选择牺牲其他各方的利益。这既会出现用人单位“规避法律”、劳动者“碰瓷式维权”、工会不作为以及社会力量不尽责等与法治格格不入的现象,从而导致实体性劳动权利难以实现,又会破坏劳资沟通协商的良好氛围。

“协商共赢”型劳动关系协调机制强调借助劳资双方、工会、国家以及社会力量的互动合作,并通过这种互动来实现劳资双赢。正因如此,“协商共赢”型劳动关系协调机制非常重视程序性劳动权利和“促成合作性责任”。劳动者借助程序性劳动权利可以知晓企业的相关信息,并可以就这些信息与企业展开沟通协商,这将有助于提高劳动者的沟通协商意识和能力。“促成合作性责任”有助于明确企业、工会以及政府的角色,当企业违反劳资沟通协商法律规定时,政府、工会能够与企业沟通协商,通过说服、劝导的方式督促企业自觉履行相关义务,或者是说服劳资双方通过协商的方式来处理争议。① 这既有助于提高劳资双方的沟通协商意识,又有助于提高劳动者支配、控制和处分程序性劳动权利的能力,使劳动者敢于在劳资沟通协商中表达自己的观点,从而提高劳动者的沟通协商能力。此外,企业在政府、工会以及社会力量的劝说下,更有机会与劳动者达成一致,从而也有助于提高企业的沟通协商能力。

三、“协商共赢”型劳动关系协调机制的构建思路

(一)矫正国家“过度管制”,实现管制与自治的平衡

国家管制与劳资自治作为劳动关系治理的两种手段,相互配

① 参见陈永福:《以可行能力看待劳权——劳动法治的现实进路》,载《中国劳动》2016 年第 9 期。

合、相互制约。适度的国家管制有助于劳资自治的实现，而劳资自治亦有利于减轻国家的负担，从而使国家可以将更多的精力放在其他事务上。然而，二者也存在相互制约和排斥的关系，过度的国家管制会抑制劳资自治，一味地强调劳资自治，也易造成劳资秩序的不稳定。我国劳动关系治理中呈现"强干预、弱自治"的态势，这种态势不仅表现为倾斜性劳动立法，而且体现为政府对劳动关系的"强介入"，尤其是在处理劳资群体性事件上，只要有利于维稳，政府各部门以及工会时常会共同出面干预，而不是启动集体协商、劳资协商以及劳动纠纷解决等制度来化解危机，并且对专家、学者和律师等社会力量的介入也持有戒心。政府"强介入"的劳动关系治理模式在短期内能取得立竿见影的效果，但这一模式从长远来看却不利于实现劳资关系的和谐稳定。

矫正"过度管制"的关键在于国家向社会以及劳资双方放权。首先，在"共建共治"劳动关系治理模式下，政府应当在坚持适度干预的原则下，将以公益为目的的社会组织以及专家、学者、律师等社会力量吸纳至劳动关系治理主体中来，构建"国家—社会—个人"三元劳动关系治理结构。在这个结构中，国家仍然处于中心的位置，主要任务是加强相关立法，以此明确劳动组织以及社会力量在劳动关系治理中的合法地位、权利和义务，使劳资双方能够借助基准立法和社会力量展开自主协商，从而为劳资沟通协商创设制度空间。其次，国家应向劳资双方让权。国家应在坚持适度干预的前提下仅仅对关涉劳动者基本利益的事项做出底线性规定，对于其他事项，只做原则性规定，具体则交由劳资双方借助沟通协商制度予以确定，在保护劳动者利益的同时也应充分考虑用人单位的基本权益。国家在制定劳动立法时，应当正视劳动者协商能力不足的问题，为了弥补这一问题，劳动立法应当就劳资沟通协商的程序做出强制性规定，并构建集体协商制度、劳资沟通协商制度、民主参与制度以及职工代表大会制度等劳动法律制度之间的互助机制，通过发挥这些制度的功能互补作用，提高劳动者支配、控制和处分权利的能力，从而为劳资沟通协商法律制度的功能发挥创设条件。此外，国家在维护劳动关系稳定方面也应有所克制，尤其在处理群体性劳动纠纷方面，国家应制定突发事件处置程序，明确国家介入的情形与方式。当劳资群体性争议发生时，国家首先应该调查争议发生的原因和社会危害性，在没有严重危及公共利益时，应该选择“间接介入”和“弱介入”。也就是说，国家应该退居幕后，积极协助工会、社会力量以及劳资双方等非国家主体开展集体协商、沟通协商以及劳资争议协商调解，为不同劳动法律制度的有效运行创造条件，只有在争议无法借助这些制度予以解决时，国家才能选择“直接介入”。即便是“直接介入”，国家相关职能部门也应该先采用调解等“柔和”的干预方式，充分尊重争议双方的意见，只有在这类方式无法解决问题时才能“强制干预”。

为了实现管制与自治的平衡，我国相关劳动立法应该从以下两方面加以完善：一是修改劳动立法中过于强调“稳定”的条款。我国现有的劳动立法强调通过“稳定”去实现“和谐”，强制续约制度、无固定期限合同以及限制解除劳动合同等制度均是此类规范的典型代表。《和谐劳动关系意见》不再一味将“稳定”视为“和谐”的重要手段，尤其不再将“和谐”寄望于国家强制。例如，该意见中“和谐”一词共出现了37次，而“稳定”却只出现了5次。这意味着这类过于强调“稳定”的条款应该被取消或修改。此外，《和谐劳动关系意见》还蕴含着“简政放权”的理念，并更加强调“推动协商”和“事后监管”。例如，该意见中“劳务派遣”一词只出现了2次，且只是强调对劳动派遣这种灵活用工形式进行事后监督，这和2012年《劳动合同法》对劳务派遣的严格管制形成了鲜明的对比。因此，适时修改劳动立法中诸如劳务派遣制度类似的过于强调借助“国家强制干预”来实现“稳定”的条款。二是修改劳动立法中的“惩罚性”的条款。例如，不签订书面劳动合同的“双倍工资”罚则自从诞生以来就受到了学界和业界的质疑。

（二）完善程序性劳动权利体系

程序性劳动权利的缺失不仅导致劳动者的实体性权利难以有效实现，还会出现因劳资沟通协商不畅而产生劳资矛盾。虽然个别企业所制定的劳资沟通协商制度发挥了较好的效果，但若仔细分析，这些缺乏权利、义务色彩的企业管理制度也存在难以实现劳资沟通协商常态化的问题。这些问题主要表现为：第一，企业完全掌握了劳资沟通协商的主导权，劳动者能否参与以及参与的程度如何，均取决于企业管理层的喜好，即劳动者参与沟通协商的资格缺乏保障，劳资沟通协商实践能否成为一种常态还是一个未知数。第二，劳动者参与沟通协商往往是被动的，且劳资沟通协商的议题也主要由企业管理层事先确定，劳动者难以自由地表达自己的观点。第三，企业是否采纳劳动者提出的合理意见，也完全取决于企业管理层的偏好。第四，当企业拒绝同劳动者沟通协商，劳动者也很难追究企业的责任。劳资沟通协商之所以容易呈现这种“随意化”的态势，根本原因在于劳动者缺乏权利保障，尤其是程序性劳动权利尚未得到立法者的高度重视。劳动者参与沟通协商的资格不确定，主要是因为劳动者的意见表达权尚未得到法律的认可；劳动者难以提出行之有效的意见，主要是由于劳动者的知情权尚未得到法律的确认;劳动者的意见得不到用人单位的回应,主要是因为劳动者缺乏意见获回应权;劳动者提出的合理意见得不到采纳,主要是因为法律未明确规定劳动者享有合理意见获采纳权;用人单位拒绝与劳动者沟通协商,主要原因在于劳动者没有相应的救济权。因此,为了实现劳资沟通协商常态化,仅仅依靠用人单位制定管理制度是远远不够的,从法律层面全面构建程序性劳动权利将势在必行。

意见表达权、知情权、意见获回应权、合理意见获采纳权以及救济权等程序性劳动权利不仅有助于实现劳资沟通协商常态化,而且有利于促进劳动者全面发展。程序性劳动权利的主要价值在于实现劳动者的自主发展和自我实现,是对"劳动者需要"的满足。对此,马克思强调,个人与他人之间的交往是人类本性的体现,只有交往才能了解他人,知道并弥补自己的不足,从而才能实现自己的全面发展,得到更多的幸福和自由。① 可见,程序性劳动权利有助于促进劳动者全面发展、提高劳动者的幸福感。除此之外,程序性劳动权利还是实现实体性劳动权利的前提和保障。依据法律赋能理论,法律赋能是指通过法律制定一套科学、合理的社会参与制度,为弱者参与政治、经济、社会以及组织活动创造机会,通过利益相关者之间的互动增强弱者的参与意识和能力,以此提高弱者支配、控制权利的能力,从而提高权利的质量。② 正如泰勒所言,程序正义对实现

① 参见《马克思恩格斯全集》(第42卷),人民出版社1979年版,第121页。

② 法律赋能理论是20世纪末法学界将社会学、政治学和心理学中的"赋能"概念引入法学后提出来的一种新理论,该理论强调借助法律手段向穷人赋能,并重视非正式法律制度和替代性纠纷解决机制的价值。See The Commission on Legal Empowerment of the Poor and United Nations Development Programme, *Making the Law Word for Everyone*: *Vol.* 1 – *Report of the Commission on Legal Empowerment of the Poor*, The Commission on Legal Empowerment of the Poor and United Nations Development Programme, 2008.

分配正义具有重要的价值。① 我国劳动法治最大的“瓶颈”并不在于实体性劳动权利的缺失,而在于劳动者缺乏支配和处分实体性劳动权利的能力。程序性劳动权利正好能够提升劳动者的这一能力,从而使劳动者能够自由地去享受劳动法规定的各项实体性权利。

实际上,程序性劳动权利不仅能给劳动者带来利益,而且有利于满足用人单位以及社会公众的利益。正如拉兹所言,对一项权利的证成,既要分析其能否为权利人带来利益,同时还要论证其是否能够实现“共同善”。以“共同善权利观”来审视程序性劳动权利,意味着必须同时分析劳动者、用人单位以及社会的整体利益。依照法律沟通理论,程序性法律有利于促进利益相关者之间的交流与互动,从而消除彼此间的隔阂,最终有助于利益共同体的构建。② 可见,程序性劳动权利对促进生产、提高生产率、避免劳动异化以及改善劳动关系均有非常重要的价值,对劳动者、用人单位以及社会都是有意义的。构建程序性劳动权利体系的主要任务是确立意见表达权、知情权、集体协商权、参与权、意见获回应权、合理意见获采纳权等核心权利形态,并通过构建一系列制度对这些权利予以落实。这些制度主要包括信息披露制度和信息交流制度等。构建信息披露制度的核心任务是明确所应披露的信息的种类和信息披露的主体,构建信息交流制度的关键是确立信息交流的内容和方式。

(三)构建“促成合作性责任”体系

与“促成合作性责任”相比,惩罚性责任形态更容易诱发规制者

① 参见[美]艾伦·林德、汤姆·泰勒:《程序正义的社会心理学》,冯健鹏译,法律出版社2017年版,第199页。

② 参见[比利时]马克·范·胡克:《法律的沟通之维》,孙国东译,法律出版社2008年版,第27页。

与被规制者之间的不信任甚至对抗,且易浪费人力资源和经济资源,甚至会出现“高标准,弱执法”的现象。劳资沟通协商的有效开展离不开劳资合作,因而“促成合作性责任”更有利于劳资沟通协商法律制度的功能发挥。但由于“促成合作性责任”本质上是一种具有协商色彩的责任形态,与惩罚性责任相比,强制色彩更弱,因而为了使“促成合作性责任”能够发挥促进利益相关者相互协商、相互合作的功能,构建惩罚性责任也是必要的,但其适用的次序应该后于“促成合作性责任”。按照回应性规制模式中的“执法金字塔”理论,执法部门对执法工具的使用,应按照“金字塔”自下而上的顺序,先使用“金字塔”底部惩罚性色彩最弱、协商色彩最浓的劝导机制,只有当该机制失灵时,才依次向上选择威慑力较大的执法工具。[①] 与惩戒机制相比,劝导机制的优势在于执法成本更低、节省行政资源以及容易在规制者与被规制者之间制造信任。劝导机制之所以能发挥其优势,根本原因在于其是一套动态的、程序性的交往互动机制,体现为监管方与被监管方之间具有连续性、协商性以及反思性的互动关系。[②] 劝导机制受到了回应性规制理论的青睐。回应性规制是规制者在反思监管性规制模式之不足的情形下创设出来的,强调借助规制者与被规制者之间的互动以及激励性责任机制来实现

---

① 按照“执法金字塔”的立体模式设计,这些威慑效力逐步上升的监管工具依次为:劝服(persuasion)—警示(warning letter)—民事惩罚(civil penalty)—刑事惩罚(criminal penalty)—暂停许可(license suspension)—吊销许可(license revocation)。关于“执法金字塔”的详细介绍参见 Ian Ayres & John Braithwaite, *Responsive Regulation*: *Transcending the Deregulation Debate*, Oxford University Press, 1992, p. 35 - 38。

② See Bridget M. Hutter, *Compliance*: *Regulation and Environment*, Clarendon Press, 1997, p. 233 - 234.

规制的目的。[①] 我国劳动关系规制模式本质上属于监管性规制模式，强调对惩罚性责任的推崇，容易在规制者与被规制者之间制造对抗，也不利于为劳资沟通协商创设良好的制度性空间。回应性规制模式中具有"软法"色彩的劝导机制有利于在劳资双方之间制造"合意"，能够为劳资沟通协商创造条件，将其纳入劳动法责任体系，与惩罚性责任一道共同实现促进劳资沟通协商的目的。回应性规制模式中的劝导机制主要是借助市场约谈、声誉罚等激励性责任形态来发挥作用。

（四）构建"合意型劳动争议处理机制"

依据纠纷处理方式之不同，可以将纠纷处理机制分为决定型纠纷处理机制与合意型纠纷处理机制。前者是指当争议出现时，争议处理机构直接借助法定的争议处理程序和实体性法律规范进行争议的处理；后者强调处理纠纷的方式和依据应该由争议双方借助协商的方式予以确定，而并非由国家通过制定法律规范的形式事先确定。[②] 合意型纠纷处理机制的典型代表是美国企业内劳资纠纷预防调解制度。美国构建这一制度的宗旨是借助劳资自治去预防劳资争议，劳资争议处理的程序和依据在大多数情形下是通过集体谈判来确定，只有少部分情形才交由劳资双方共同设计，或在调解员的调解下通过劳资友好协商予以确定。[③] 合意型劳动争议处理机制之所以能够促进"劳资协商共赢"，主要原因在于其能够将劳资双方从

① 参见卢超：《社会性规制中约谈工具的双重角色》，载《法制与社会发展》2019 年第 1 期。

② See Carl Sallade, *Preventive Mediation: What It Is and What It Has Been*, Industrial and Labor Relations Forum, Vol. 9:4, p. 1 – 18 (1973).

③ ［美］迈克尔 · C. 哈珀等：《美国劳动法：案例、材料和问题》（下），李坤刚等译，商务印书馆 2015 年版，第 217 页。

复杂、刚性的纠纷解决机制中解放出来,从而可以激励劳资双方通过友好协商的方式共同去确定一套富有弹性并符合双方各自利益诉求的争议处理程序和依据。

我国处理劳动争议的方式有和解、调解、仲裁和诉讼。其中,仲裁和诉讼不仅在程序上要依据法律,而且处理争议的依据也必须符合法律的规定,属于典型的决定型纠纷解决机制;和解与调解的程序虽然较为灵活,但由于处理纠纷的依据大多数仍然是法律规定,因此说这两种纠纷解决机制本质上仍然属于决定型纠纷解决机制。为提高用人单位自主预防和处理劳动争议的能力,实现"劳资协商共赢",我国人力资源和社会保障部同全国工商联联合出台了《关于加强非公有制企业劳动争议预防调解工作的意见》。该意见虽然强调了劳动争议调解员在预防和解决劳动争议中的重要作用,但由于处理争议的依据仍然是法律规定、集体合同和劳动合同,很少是由劳资双方在调解员的介入下根据用人单位的现状共同协商确定的,实际上这种劳动争议预防处理机制并不是真正意义上的合意型劳动争议处理机制。合意型劳动争议处理机制对于劳资沟通协商法律制度的功能发挥具有极其重要的价值,主要体现在以下两个方面:一是有助于培育劳资双方的沟通协商意识和能力。劳资双方通过协商的方式确定解决争议的程序和依据,能够激励双方本着互利共赢的精神展开沟通与协商,为了达成一致,双方有让步、有妥协。这一过程可以增进彼此的信任,增强双方的沟通协商意识和能力,从而能够为劳资沟通协商奠定基础。二是为劳资沟通协商活动的顺利开展提供保障。当劳资双方在劳资沟通协商过程中遇到分歧时,可以借助合意型劳动争议处理机制予以处理,从而能够使分歧得到快速消除,进而有利于劳资沟通协商活动的正常开展。

第二节　劳动者磋商权的规范构造

以劳资沟通协商法律制度的运行方式为标准,可将劳资沟通协商法律制度分为"权力统筹型"劳资沟通协商法律制度和"权利推动型"劳资沟通协商法律制度。[①] 前者是指由国家主导劳资沟通协商的运行过程,并以公权力作为劳资沟通协商法律制度有效运行的保障,而后者是通过构建一套贯穿劳资沟通协商各环节的权利体系,并借助权利实现机制,保障劳资沟通协商法律制度的有效运行。从世界立法体例来看,劳资沟通协商法律制度的运行模式并不统一。德国、荷兰等欧盟国家以及英国的企业委员会制度明确承认了企业委员会享有知情权、咨询权和磋商权,且明确了雇主的法律责任以及权利救济途径,当劳资沟通协商争议发生时,企业委员会可以借助调解、仲裁和诉讼维权,因而属于典型的"权利推动型"劳资沟通协商法律制度。《韩国职员参与与合作促进法》就劳资沟通协商事项做出了明确规定,也明确规定劳资理事会享有处理报告事项、协商事项和共决事项的职权,韩国政府在劳资理事会的设立、运行方面扮演了极其重要的角色,当劳资沟通协商争议发生时,主要由仲裁委员会进行仲裁,属于典型的"权力统筹型"劳资沟通协商法律制度。日本并没有劳资沟通协商制度的相关立法,劳资协商会没有德国、荷兰以及英国等国家企业委员会所享有的权利,主要是由生产

① 在私法中,保护利益的手段有行为规制和权利化两种。行为规制主要是借助"权力"来实现,权利化则是借助权利实现机制来实现。参见叶金强:《〈民法总则〉"民事权利章"的得与失》,载《中外法学》2017 年第 3 期。

性本部来负责推动劳资沟通协商。生产性本部是一个由内阁会议决定成立的由劳动者、经营者以及专家代表组成的非政府营利机构,其推动劳资沟通协商制度构建的目的是扩大就业、互动消息、促进劳资合作、增进情感以及促进劳动成果的公平分配等,虽然生产性本部没有法律层面的权利,但内阁会议赋予其咨询、调查以及建议等职权。[①] 因此,虽然日本政府在劳资沟通协商中扮演的角色没有韩国广泛,但其劳资沟通协商制度本质上仍然属于"权力统筹型"劳资沟通协商制度。劳动者磋商权已得到国外劳动法的认可,而我国劳动法却并未肯定这一权利形态,因而对于我国来讲,劳动者磋商权属于一种新型权利形态。既然它是一种新型权利,就应当首先论证该项权利的内涵与权能;其次是探究该权利的价值,以此论证我国具有构建此项权利的必要性;再次是论证我国具有构建该项权利的可行性;最后是结合国情论证劳动者磋商权的构建路径。

一、劳动者磋商权的内涵和权能

(一)劳动者磋商权的内涵

劳动者磋商权作为集体劳动关系法中的一个重要范畴,是集体劳动权利体系中的一项重要权利形态,亦是一项重要的程序性劳动权利,其目的并不是保障劳动者能够与用人单位共同分享企业经营、管理决定权,而旨在保障劳动者表达意见和建议的权利,企业经营事项和管理事项的最终决定权仍然掌握在企业手中。《欧盟员工信息与磋商指令》将磋商权的英文表述为"the rights to consult"。国

① 参见聂鲲、赵碧倩:《典型国家企业劳资协商机制研究》,载《中国劳动》2016 年第 22 期。

内有的学者将该英文翻译为协商权,有的却将其翻译为磋商权。[①]笔者认为,如果把劳动者磋商权称为劳动者协商权,将很难区分劳动者协商权与集体协商权、企业民主参与权三种权利形态,且很容易将劳动者协商权视为上位概念,并将集体协商权、民主参与权视为劳动者协商权的重要组成部分。因此,为了能够准确表达该项权利的内涵,避免引起误解,笔者将该项权利称为劳动者磋商权。

劳动者磋商权是发展权和民主协商权在劳动法中的具体体现。联合国《发展权利宣言》对“发展”一词进行了界定,“借助政治、经济、社会和文化的全面发展,使全体人民能够自由地参与发展,并公平地享受发展所带来的成果”。发展权起初只是国际法中的一个重要范畴,享受该权利的主体为国家或民族,后来逐渐扩展到一国的全体人民。[②] 可见,发展权是一个内涵极其丰富的权利形态,既涉及生存权、安全权和公平分配权等实体性权利,又包含知情权、参与权、协商权和监督权等程序性权利。发展权保护涉及的一个重要原则就是参与原则,即每个人都有参与发展的权利。[③] 劳动者通过参与劳资沟通协商活动,能够了解用人单位的各项信息,并且可以就这些信息自由地表达自己的意见和建议,还可以得到用人单位的有效回应。借助劳资沟通协商,劳动者既能够参与到用人单位的发展过程中来,还可以发现自身的不足、提高自身的协商能力和意识、培育理性精神,从而能够促进自身的全面发展。可见,劳动者磋商权

---

① 西南政法大学刘俊教授等人将劳动者的此项权利称为磋商权。参见刘俊、李满奎:《加拿大集体谈判法律制度研究》,载《西南政法大学学报》2012 年第 6 期。

② 参见汪习根:《法治社会的基本人权——发展权法律制度研究》,中国人民公安大学出版社 2002 年版,第 88 ~ 89 页。

③ 参见马原、常健:《生存权与发展权之间良性循环研究》,载《人权》2021 年第 3 期。

是发展权的应有之义。《和谐劳动关系意见》明确提出了要加强政党协商、人民团体协商和基层协商。劳资沟通协商作为基层协商的重要形式，是协商民主在劳动关系领域中的重要体现。可见，从政治角度看，劳资沟通协商是国家协商民主建设的重要组成部分，劳动者磋商权自然就是民主协商权在劳动法中的具体体现。劳动者磋商权有利于实现"劳动者的社会化"，使劳动者更加关注并积极参与政党协商、人民团体协商等协商活动，从而有助于推进社会主义协商民主建设。

（二）劳动者磋商权的权能

依据性质和作用的不同，权利所蕴含的权能可以分为基本权能和加强权能。基本权能亦称为本体性权能，是权利主体得以享受权利的最基本的权利能力；加强权能又称为特别权能，是指为保障权利主体能够在实践中有效行使权利而特别赋予权利主体的权能。[①]从此种意义上讲，劳动者磋商权是一个蕴含着丰富权能内容的权利形态，既包括本体性权能，又包括加强权能。本体性权能是劳动者享受磋商权的最基本的权利能力，而加强权能是劳资沟通协商活动得以顺利进行的保障，旨在使磋商权能够真正成为劳动者的一项实在权利。依据权能所呈现的权利形态，学界将本体性权能称为本体性权利，将加强权能称为保障性权利。相应地，劳动者磋商权可以分为本体性劳动者磋商权和保障性劳动者磋商权。

本体性劳动者磋商权主要包括意见表达权、意见获回应权和合理意见获采纳权。意见表达权是劳动者为维护自己的权益或就劳

---

① 参见邓佑文:《行政参与的权利化:内涵、困境及其突破》,载《政治与法律》2014 年第 11 期。

资双方共同关心的话题发表意见和建议的权利，是本体性劳动者磋商权的核心权利形态；意见获回应权旨在使意见表达权更有意义，是指劳动者有权要求企业就自己提出的意见和建议做出回应的权利；合理意见获采纳权旨在保障劳动者的意见表达权能够落到实处，指若企业在一定期限内未就劳动者提出的意见做出有效回应，或者是做出的回应明显不合法或不合理，而劳动者的意见又具有高度的可行性，那么企业就应当采纳劳动者的建议。

保障性劳动者磋商权表面上看与劳资沟通协商没有多大关联，但其之所以被视为劳动者磋商权的重要权能，主要原因在于其是本体性劳动者磋商权得以有效实现的保障。保障性劳动者磋商权主要有知情权、委托代表权、获得资助权和救济权等权利形态。知情权是劳资沟通协商的前提，也是劳动者能够有效享受磋商权的保障，因为劳动者只有借助信息公开制度知悉国家和企业的相关信息后，才有机会表达自己的意见和建议，也才能提高劳资沟通协商的效果。在劳动者人数较多的企业，每位劳动者不可能分别与企业方代表进行直接的沟通协商，只能委托代表代其参与劳资沟通协商活动，因而从法律层面上赋予劳动者委托代表权是劳资沟通协商活动有效进行的前提。由于职工代表在履行代表职责的过程中需要物质保障和经费支持，因而只有借助法律赋予劳动者获得资助权，以此明确劳资沟通协商活动的物质保障和经费来源，才能确保劳资沟通协商活动得以正常进行。劳资沟通协商活动能否顺利进行主要取决于企业是否配合，因而法律必须明确企业在劳资沟通协商活动中所应履行的义务和承担的责任，且应构建一套高效的权利救济机制。

二、劳动者磋商权的价值

(一)有助于提升劳动权利质量

从权利的本质来看,权利是主体某种利益的反映和表达。① 关于权利与利益之关系的观点,范伯格曾言,“必须将人某些相对持久的欲求挑选出来,并赋予其优先地位,当这类持久且具有优先地位的利益被法律确认并予以保障时,它们就成为权利”②。在新时代,国家在政治、经济和社会治理方面的全面发展必然为人们带来某种新的利益,且人们渴望国家借助一项新的权利来保护这种利益。磋商权就是一项典型的由国家新矛盾的提出以及协商民主建设的日益推进所带来的新型权利,其不仅能够提升劳动权利的质量,而且有助于促进劳动者的全面发展,从而实现劳动者美好生活的向往。

党的十九大新矛盾的提出决定了新时代劳动法治的中心任务就是实现劳动者美好生活向往,这意味着新时代劳动法治不仅应关注劳动权利的数量,而且应重点关注劳动权利的质量。依据经济学、质量管理学等有关质量概念的分析,公民权利质量是指“权利对于公民生活需求的保障程度和公民追求自尊和自我实现的满足程度”③。康德主张,“人的尊严源于自由,自由源于理性”④。黑格尔也有类似的

---

① 参见陈彦晶:《发现还是创造:新型权利的表达逻辑》,载《苏州大学学报(哲学社会科学版)》2017 年第 5 期。

② [美]J. 范伯格:《自由、权利和社会正义:现代社会哲学》,王守昌、戴栩译,贵州人民出版社 1998 年版,第 31 页。

③ 任瑞兴:《法治中国建设中的公民权利质量》,载《中国社会科学报》2018 年 4 月 24 日,第 3 版。

④ 贺念:《对“人的尊严”的追问与保障:从康德到德国宪法精神》,载[德]瓦尔特·施瓦德勒:《论人的尊严——人格的本源与生命的文化》,贺念译,人民出版社 2017 年版,译者导言第 22 ~ 23 页。

观点，“现代世界应坚持主观性的自由原则”①。也就是说，权利对于公民的价值不仅仅是表达和保障功利主义学派所主张的“利益”，而且是对公民的自由与尊严的制度化表达。更进一步讲，权利不仅是满足公民利益的一种工具，而且对于公民实现自己的主体价值具有重要意义。随着党的十九大新矛盾的提出，权利对公民的主体价值已经成为新时代中国法治建设的重要内容，这预示着劳动法治建设必须结束“形”与“神”的分离状态②，实现二者的有机融合。为了实现二者的互助融合，首先，必须转变劳动权利功利化的观念，树立“权利先于功利”的思想，在我国劳动法治中真正确立权利主体性理念，促进劳动权利价值意识的形成，提高劳动权利之于劳动者生活的满意度。其次，实现劳动权利本位论从规范向实践的转化，即实现从权利范畴理论③向权利筹划理论④的转向，重在关注文本中的权利在实践层面所呈现的样态，旨在借助提高劳动者的可行能力和权利筹划能力，使劳动者的权利主体性得以加强，以此提升劳动权利的质量，由此彰显劳动者在劳动法治中的主体地位。“权利推动型”劳资沟通协商法律制度对于实现劳动权利之“形”与劳动权利之“神”的统一的贡献在于：一是能够唤起劳动者的权利意识、提升劳动者的主观程序正义感，由此提高劳动者的幸福感和参与企业治理

---

① ［德］黑格尔：《法哲学原理》，范扬、张企泰译，商务印书馆1961年版，第291页。

② 权利所指的“形”是指权利的法律规定，权利所指的“神”即价值意义认同。参见任瑞兴：《公民权利质量的意义之维》，载《河南大学学报（社会科学版）》2019年第2期。

③ 权利范畴反映和规范权利的现实，是对权利和法律现象的抽象认知和理论把握。参见张文显：《权利与人权》（卷3），法律出版社2011年版，第2、7页。

④ 权利筹划实际上是公民在对权利认知和范畴化理解的基础上把零散无序的权利感知予以规整和有序化的过程，是一种对权利之思维意义世界的统合性建构。参见任瑞兴：《公民权利质量的意义之维》，载《河南大学学报（社会科学版）》2019年第2期。

的意识,从而有助于劳动权利从规范变为现实;二是能够提高劳动者的知识储备和沟通技能,从而有利于提高劳动者的权利筹划能力,使劳动者能够自由支配和处分劳动权利,以此提高劳动者的可行能力,最终使劳动者能够真正地去享受民主参与权和民主监督权等实体性劳动权利。

(二)有助于实现"劳动者的社会化"

社会学将"人的社会化"界定为"社会将一个生物人转化成能够适应社会的社会人的过程"①。通过这一过程,人的能力得以提高,心智也会变得更加成熟。人在社会化过程中并不是一个"完全被动的受化者",而是"社会的参与者",人的社会化过程是一个从被动到主动,再到互动的过程。② 也就是说,在社会化的初级阶段,人在社会化过程中主要表现为一个被动的参与者,在社会化的中级阶段,人逐渐成为社会发展的主导者,在社会化的高级阶段,人与人之间的互动变得越来越多,随着政治民主化、价值观念多元化以及社会分工精细化的日益发展,人在社会化过程中的能动性越来越强,社会合作日益成为一种常态。人的社会化需要借助规则才能实现,③"权利推动型"劳资沟通协商法律制度既是实现"劳动者的社会化"的制度保障和载体,也是"劳动者的社会化"的必然结果。

"权利推动型"劳资沟通协商法律制度的最大价值就在于能够使劳动者从被动到主动再到互动。从能力角度讲,劳资互动不仅有助于劳动者及时获取国家和用人单位的有关信息,从而能够更好地去行使民主决策权和监督权等权利,还可以帮助劳动者找到自己努

① 郑杭生主编:《社会学概论新修》,中国人民大学出版社 1994 年版,第 107 页。

② 参见毕雁英:《法律社会化视角下的软法责任》,载《行政法学研究》2018 年第 4 期。

③ 参见毕雁英:《法律社会化视角下的软法责任》,载《行政法学研究》2018 年第 4 期。

力的方向,提高自身的沟通能力和可行能力,从而不仅能够真正地去享受法律文本中的权利,还可以有效参与国家政治、经济、社会和文化建设。正如马克思所言,人与人之间的交往是人类独有的需要,只有与他人和社会共同生活,才能了解他人的信息、调整自己的行为,以弥补自身的不足,正是在交往活动中,人才能得到真正的自由和幸福。[①] 哈贝马斯的交往行动理论也蕴含着"没有交往就没有权利"的哲理。[②] 我国费孝通先生也曾说过,劳资协商、合作的思想是和工业同时产生的,这是为了避免工人在工业化过程中受到伤害。[③] 从精神层面讲,"权利推动型"劳资沟通协商法律制度存在的最主要的内在理由在于其是对"人的需要"的尊重和满足,这种满足有利于提高劳动者的主观能动性和幸福感、实现劳动者的自由与解放、培育劳动者的公共意识和理性精神,从而促进劳动者的自主发展和自我实现,[④]符合康德哲学中的自主性原则,即"人在本质上是目的,不是手段,道德上的自主是一个人享有尊严的根本前提"[⑤]。依照主观程序正义心理学理论,"权利推动型"劳资沟通协商法律制度还能够增强劳动者主观程序正义感的能力,从而有利于劳动者心智的成熟。[⑥] 阿格妮丝·赫勒(Agnes Heller)认为,将劳动置于日常

① 参见《马克思恩格斯全集》(第 42 卷),人民出版社 1979 年,第 121 页。

② 参见高鸿钧:《权利源于主体间商谈——哈贝马斯的权利理论解析》,载《清华法学》2008 年第 2 期。

③ 参见费孝通:《江村农民生活及其变迁》,敦煌文艺出版社 1997 年版,第 112 页。

④ See Abraham H. Maslow, *A Theory of Human Motivation Psychological Review*, Psychological Review, Vol. 50:4, p. 370(1943).

⑤ [德]康德:《实践理性批判》,韩水法译,商务印书馆 1999 年版,第 2 页。

⑥ 法律中的正义可以分为客观正义和主观正义,主观正义是指人们对于控制社会过程的那些规则和标准的反映。参见[美]艾伦·林德、汤姆·泰勒:《程序正义的社会心理学》,冯健鹏译,法律出版社 2017 年版,第 56~85 页。

交往范畴既可以揭示劳动异化及其造成的严重后果,又能为消除劳动异化提供一种方案。①

可见,基于权利质量和个人全面发展的基本理念,可以推导出劳资沟通协商蕴含着权利,这也是其他国家赋予劳动者磋商权的重要理论依据。在权利本位理念的新时代,赋予劳动者磋商权,在价值论上是一种权利宣示,在实践中也更能提高劳动权利质量,实现劳动者美好生活向往。

(三)有助于提升劳资沟通协商的效率

1. 有助于明确劳资双方的行为预期

随着人工智能和大数据时代的到来,劳资双方之间的信息不对称会更加悬殊,劳资沟通协商的难度会变得更大,劳资沟通协商不畅问题会更加凸显。劳资双方进行沟通协商本身就难,若劳动者没有磋商权,劳动者将会处于更加弱势的地位。虽然未升格为权利的利益也会受到法律的保护,但与利益保护模式相比,权利保护模式更有利于对弱势一方的倾斜性保护,并可纠正双方力量失衡的问题。② 因为只将沟通协商作为劳动者的一种利益进行保护,存在模糊性的流弊,且会影响劳资双方的行为预期。在实践中,虽然很多企业为了完成政府下达的任务建立了劳资沟通协商制度,但企业管理层没有真正意识到这一制度的重要性,再加上相关职能部门一般也不会惩罚不与劳动者沟通协商的企业,致使劳资沟通协商往往只能流于形式。实践中企业管理层是否就有关事项展开劳资沟通协商,完全取决于自己的偏好,虽然有的企业披露了相关信息,但劳动

① 参见[匈]阿格妮丝·赫勒:《日常生活》,衣俊卿译,重庆出版社2010年版,第182页。

② 参见吕炳斌:《个人信息权作为民事权利之证成:以知识产权为参照》,载《中国法学》2019年第4期。

者很难有发表意见的机会,即便有,企业也只是象征性地征询劳动者的意见,根本不与劳动者交换意见。由于缺乏权利规范的指引,劳动者也对劳资沟通协商缺乏理性的认识,大多数劳动者认为企业管理层不与自己沟通协商,自己也无能为力。因此,只有借助法律确立劳动者磋商权,并明确企业所应履行的义务,才能为劳资双方提供明确的价值评判标准和行为指引,以此可以明确各方的行为预期。

2. 有利于减少劳资沟通协商法律制度的运行成本

虽然利益和权利均可获得保护,但劳资沟通协商权利化更有利于节约劳资沟通协商法律制度的运行成本。首先,其能为劳动者维权提供明确的法律依据,减轻劳动者的论证负担。由于“权利推动型”劳资沟通协商法律制度对用人单位的违法行为和不当行为进行了明确规定,因此当劳动者的权利被侵犯时,劳动者可以据此判定用人单位是否侵犯了自己的权利,从而可以减轻劳动者的维权成本。由于权利具有积极主张和行使的功能,在用人单位的违法行为和不当行为侵犯劳动者的磋商权时,劳动者可以请求用人单位停止侵权行为,也可以诉诸权利救济部门进行维权。其次,其可以减轻政府的负担,节约行政资源。“权力主导型”劳资沟通协商法律制度的有效运行主要依靠权力,本质上是一种由党委和政府各职能部门联合行动的劳动关系治理体系,有利于提高劳动关系治理效率,但其是以牺牲大量人力、物力为代价的。而且权力本身也存在本源性不足的问题,如政府为了追求短期政治目标,容易出现运动式治理、选择性执法的问题,而且权力在得不到制约的情况下也极易出现权力寻租、滥用职权和不作为的现象。基于有限理性政府的基本理论,政府应当实现从行政本位向市场本位的转向,从烦琐的事务中解放出来,充分尊重市场机制。最后,其有利于节约司法资源。由于“权利推动型”劳资沟通协商法律制度明确了劳动者在沟通协商中所应享有的具体权利,且对用人单位的侵权行为的构成要件进行了规定,因而法官可据此进行裁判,从而有利于减轻法官的说理负担,法官不用通过援引其他权利规范来保护劳动者在沟通协商中的权益,即可以降低司法成本、提高司法效率。

作为一项新型权利,劳动者磋商权的生成不仅仅依赖于法律的确认,还取决于政治、经济、社会条件和民众的观念。劳动者磋商权是一个富有意见表达权、意见获回应权以及合理意见被采纳权等多项权能的权利形态,这些权能实质上是蕴含在发展权上的一种利益,这类利益在我国以前的政治、经济、社会体制下并未体现出对广大劳动者的重要性,且整个社会对其普遍缺乏认识,因而这类利益往往并未上升为一项独立的劳动权利,而仅仅是被涵盖在民主参与权之中。据前文所述,新时代随着国家协商民主建设、共建共治共享社会治理格局以及供给侧结构性改革的深入推进,民众的社会观念必然会发生变化,劳动者对磋商权的价值认知和渴求必然会加深,且劳动者对该项权利的支配能力也会不断加强。因而,鉴于劳资沟通协商利益具有特殊的意义,再加上民主参与权难以保护此类利益,将此类利益上升为一项独立的劳动权利不仅具有必要性,还有可行性。我国也存在很多利益权利化的成功范例,如隐私权和知情权等。

三、劳动者磋商权构建的可行性

我国劳资沟通协商是否应当权利化?对此问题,我们必须慎重对待，避免给我国现有的劳动权利体系和劳动司法带来混乱。由于“权利推动型”劳资沟通协商法律制度是通过赋予劳动者磋商权，并借助权利实现机制来运行的，因而对这一制度的可行性证成必须回答以下几个问题：劳动者磋商权能否在我国现有劳动权利体系中找到恰当的位置？劳动者对该权利有无支配能力？企业、工会和国家对这一权利形态的重要性有无认知？对这几个问题的回答不仅关系到这一权利形态能否在现有劳动权利体系中立足，而且可以反证“权利推动型”劳资沟通协商法律制度在我国是否有生存的土壤。笔者认为，磋商权可以成为劳动者的一项法定权利，且这一新型权利可以很好地融入我国现有的劳动权利体系中。

（一）劳动者磋商权能够在现有劳动权利体系中找到恰当的定位

劳动者磋商权到底是一种什么性质的劳动权利？该权利与其他劳动权利是否存在重合或冲突？对这两个问题的回答直接关系到劳动者磋商权能否在我国现有的劳动权利体系中找到恰当的定位。我国劳动权利从大的分类可以分为个别劳动权利和集体劳动权利两种。前者主要包括劳动权、休息权、获取工资报酬权等可以由劳动者个体享有的权利；后者主要包括团结权、集体协商权、磋商权以及民主参与权等由劳动者集体享有的权利。民主参与权是为保障劳动者参与企业民主管理而设定的一种权利形态，是实现产业民主的重要保障。集体协商权是由工会代表其成员与用人单位就工资报酬、休息休假等事项进行协商的权利，旨在保障集体协商的有效开展。磋商权主要是由工会、企业委员会以及劳资理事会等劳资沟通协商组织机构代表企业全体劳动者行使的一项权利，属于集体劳动权利体系的重要组成部分，旨在保障劳资沟通协商的正常进行。从政治角度讲，磋商权既是公民协商权在劳动关系领域的具体化，亦是公民发展权的应有之义。从学界对发展权的定义“个人或集体参与政治、经济、社会和文化等方面的全面发展并平等享受发展成果的权利”①可知，发展权的内涵极其丰富，既涉及生存权、安全权、社会保障权等基础性权利，又包含知情权、参与权、协商权、磋商权以及监督权等改善性权利。② 磋商权旨在保护劳动者的意见表达权和意见获回应权，一般情形下并不保护劳动者的共同决定权，这是与民主参与权和集体协商权的最大区别。然而，三种权利形态又存在密切的联系。磋商权有利于消除劳资双方的分歧和凝结共识，并有助于培育劳动者的理性精神，从而能够帮助劳动者更好地去行使民主参与权和集体协商权；反过来，民主参与权和集体协商权的有效实现又能够调动劳动者参加劳资沟通协商活动的积极性，从而有助于磋商权的实现。

（二）劳动者具有支配磋商权的能力

根据阿玛蒂亚·森的可行能力理论，一个人若缺乏支配权利的能力，其将无法真正享受权利。这意味着磋商权是否可以成为劳动者的一项实在权利，从根本上讲取决于劳动者是否具有支配这一权利的能力。新时代国家一系列改革举措有助于提高劳动者支配磋商权的能力。

在社会治理方面，党的十九大提出了“打造共建共治共享的社会治理格局”。共建共治共享的社会治理模式鼓励和支持人民群众

---

① 张守文：《经济发展权的经济法思考》，载《现代法学》2012 年第 2 期。

② 参见汪习根：《发展权全球法治机制研究》，中国社会科学出版社 2008 年版，第 123 页。

参与社会治理,旨在形成政府治理与社会自我管理良性互动的局面。① 在共建共治共享的社会治理格局下,广大劳动者有机会参与社区治理、企业治理等不同领域的社会治理活动,与政府官员、其他治理主体共商决策,这不仅有助于丰富劳动者的知识储备、提高劳动者的沟通协商能力,而且可以培育劳动者的公共精神和理性精神。企业基层党组织也能够在企业治理中发挥重要作用②,不仅能够将相关法律和政策及时地传递给劳动者,从而有助于劳动者更有效地参与劳资沟通协商活动,而且当劳资双方在沟通协商过程中产生分歧时,基层党组织也可以充当纠纷的调停者。打造共建共治共享的社会治理格局意味着国家治理方式将从自上而下的单向管理向政府和社会力量互动治理的转变,这一社会治理模式使专家、学者等社会力量介入劳资沟通协商活动将成为常态,从而有助于克服劳动者专业知识匮乏和经验不足的问题。

在经济领域,国家正在持续深化供给侧结构性改革。供给侧结构性改革不仅仅是“去产能、去库存、去杠杆、降成本和补短板”,还注重提高人力资本的质量。③ 这意味着我国开始改变以往的低价工业化经济发展模式,劳动力成本势必会上升,人口红利在将来的一段时间内不再存在。为了弥补人口红利消失给经济发展带来的损

① 参见马庆钰、单苗苗:《准确理解共建共治共享的内涵》,载《学习时报》2017 年 11 月 8 日,第 A2 版。

② 中共中央、国务院发布的《关于营造企业家健康成长环境弘扬优秀企业家精神更好发挥企业家作用的意见》明确指出要建立健全非公有制企业党建工作机制。十九大报告指出,把企业基层党组织建设成为宣传党的主张、贯彻党的决定、领导基层治理、团结动员群众、推动改革发展的坚强战斗堡垒。

③ 参见刘凤义:《中国特色社会主义政治经济学原则与供给侧结构性改革指向》,载《政治经济学评论》2016 年第 3 期。

失,就必须提高劳动生产率。提高劳动者的技能和素质,以此提升人力资本质量,是提高生产效率的重要手段之一。由于人力资本在用人单位发展中的价值越来越大,因而用人单位会更加注重对劳动者技能和素质的提升,劳动者也会更加注重自身的全面发展,且更渴望与用人单位进行平等的交流和对话,以此表达自己的观点和意见,从而使自己能够在劳资沟通协商中了解更多的知识,并找到自己努力的方向,以便能够使自身的专业素质得到提高、心智日益成熟。

(三)劳动者磋商权能够得到利益相关者的认可

博登海默指出,人性集中表现为个体性和社会性两个对立统一的层面,个人无法单凭自身的努力去实现其所珍视的价值,需要利益相关者能够意识到并满足他的欲求。[①] 由此可知,磋商权得以成为劳动者的一项实在权利除取决于劳动者的个人努力外,还需要用人单位、工会以及国家等利益相关者的认可。

首先,劳动者磋商权能够得到用人单位的认可。协商民主作为一种比较温和的民主形式,主要目的是凝聚共识,基本原则是求同存异、理性包容,更关注有价值的参与,是复杂社会实现民主目标的必要形式。劳动者磋商权作为协商民主的重要制度设计,是一种温和的劳动权利形态,旨在消除劳资双方之间的分歧,本质上并未对用人单位的决策权构成挑战。因此,随着国家协商民主建设的深入推进,用人单位会逐渐意识到劳动者磋商权不仅不会扰乱经营和管理秩序,而且有助于在劳资双方之间建立起信任,促进自身的管理

---

① 参见[美]E.博登海默:《法理学:法律哲学与法律方法》,邓正来译,中国政法大学出版社2004年版,第6页。

更规范、决策更科学，从而能够改善劳动关系、预防劳动纠纷和提高生产效率。① 依照拉兹的“共同善权利观”，劳动者磋商权是一项有利于形成“共同善文化”，且能够使劳资双方都能从这种“善”文化中获益的劳动权利。②

其次，劳动者磋商权能够得到工会的认可。欧盟国家的企业工会起初反对构建劳动者磋商权的根本原因在于立法者提供了一个除工会以外的雇员代表机构——企业委员会。企业委员会与工会相互独立、分工明确，企业委员会负责代表企业全体雇员与企业进行沟通协商，工会的主要职责则是开展集体谈判。在20世纪末，由于集体谈判难以满足雇员的需要，工会会员日益减少，若企业委员会能够提高雇员的工作满意度，雇员加入工会的意愿将更低，工会也因此面临着巨大的生存压力。因此，工会为了吸纳更多的会员，就必须与企业委员会展开一定程度的竞争。然而，在我国，虽然劳动者对工会的依赖性不强，致使工会在劳动者心目中的威信不高，但工会作为党联系用人单位和劳动者的群体性组织，并没有生存的压力，只要用人单位成立了工会，用人单位全体劳动者就当然是工会会员，这与欧洲国家自愿入会原则存在差异。这决定了工会与劳资沟通协商组织机构不存在竞争。相反，这更有利于解放工会，使其能够从琐事中脱离出来，集中精力开展集体协商，为劳动者争取更多的利益，从而赢得劳动者的信任。

---

① See Thomas A. Kochan & William T. Kimball, *Unions, Worker Voice, and Management Practices: Implications for a High-Productivity, High-Wage Economy*, The Russell Sage Foundation Journal of the Social Sciences, Vol. 5:5, p. 90(2019).

② 参见陈祖为：《拉兹论自由权与共同善》，朱振译，载《法哲学与法社会学论丛》2015年第1期。

最后,劳动者磋商权能够得到国家的认可。新时代国家在企业中设立党组织的主要目的是发挥企业党组织的组织资源优势和“桥梁”作用,使企业能够更健康地发展。[①] 尤其是在当前“亲”和“清”的新型政商关系下,企业基层党组织的“桥梁”作用使企业与政府间的信息沟通会更频繁、更顺畅,从而能够增强企业参与劳资沟通协商的意愿和信心,并自觉履行劳资沟通协商义务。在基层党组织的引导和社会力量的帮扶下,劳动者的沟通协商能力会变强,劳动者也会变得更加团结和理性,既能够积极地参与沟通协商,又不会因为权利意识膨胀而扰乱企业的经营管理秩序。地方政府通过出台一系列旨在促进劳资沟通协商的约束和激励机制,不仅能够调动劳资双方进行沟通协商的积极性,而且有利于预防劳资沟通协商纠纷。由此可见,在共建共治共享的社会治理模式下,构建劳动者磋商权既不会扰乱用人单位的经营管理秩序,又不会对现有的劳动纠纷处理机制造成冲击,因而这一权利能够得到国家的认可。

四、劳动者磋商权的构建路径

(一)本体性劳动者磋商权的规范构造

劳动者磋商权规范构造的首要任务是借助法律规范确立意见表达权、意见获回应权以及合理意见获采纳权等本体性劳动者磋商权。构建意见表达权的关键在于明确企业在做相关决策前必须与劳动者沟通协商的具体事项,这类事项主要包括企业日常经营事项

---

① 参见何轩、马骏:《执政党对私营企业的统合策略及其效应分析:基于中国私营企业调查数据的实证研究》,载《社会》2016年第5期。

之外非同寻常的决定和有关雇佣条件的重大决定。为了便于劳动者表达意见,法律应当规定企业在做决定前必须提前以书面形式向劳动者征求意见,并应当同时附上企业将做出的决议及其原因、对劳动者可能造成的影响以及为消除影响可能采取的措施等内容。劳动者在收到征求意见后应当在合理时间内与企业管理者协商,协商后应及时做出书面决定,并将决定及理由通知管理层,若劳动者在合理时间内未提意见,其提意见的权利将因此而丧失。构建意见获回应权与合理意见获采纳权的核心任务是明确劳动者有权要求企业管理层必须做出回应的具体事项以及回应的深度。这类事项主要是与劳动者切身利益密切相关的管理制度。劳动者在其意见未获采纳或者只有部分被采纳的情形下有权要求企业管理层在合理期限内以书面形式向其解释原因,若企业管理层对其拟做出的决定所阐述的理由明显不充分,或者对劳动者提供的替代方案未进行适当的讨论,或者未对劳动者的意见进行合理的解释,劳动者将有权要求企业全部或部分撤销决定,并消除该决定带来的后续影响,若劳动者的意见具有明显的合理性,还有权请求企业予以采纳。必须明确的是,劳动者行使合理意见被采纳权决不能侵犯企业的自主经营权,只有在企业做出的解释明显不合理,而劳动者的意见又高度可行的情况下,劳动者才能行使合理意见被采纳权。

（二）保障性劳动者磋商权的规范构造

劳动者磋商权规范构造的另一任务是从法律层面确立知情权、委托代表权、工作保障权、获得经费资助权以及救济权等保障性劳动者磋商权。确立知情权的关键是明确企业必须向劳动者披露的具体事项。由于信息披露涉及企业的商业秘密,因此实践中很难确定劳动者有权知悉的具体内容。但也存在一个最基本的判断标准，大多数国家的劳动立法主要明确了两类事项：一是企业的基本信息，二是企业的经营管理制度和国家相关政策法规。确立委托代表权的首要任务是明确有权接受劳动者的委托，并代表劳动者参与劳资沟通协商活动的主体。为了确保代表主体能够代表劳动者的利益，法律应当明确规定有权代表劳动者参与劳资沟通协商的主体只能是职工代表，律师、专家或其他社会主体只能是通过接受劳资沟通协商组织机构的委托，才能介入劳资沟通协商活动。构建工作保障权的关键是通过法律明确规定现在或曾经是职工代表的劳动者不能受到歧视和没有升迁机会等方面的不利影响，企业也不得以劳动者担任职工代表为由解除劳动合同。此外，还应要求企业必须为职工代表履行职责创设时间条件，并建立职工代表的工资核算办法，确保职工代表不会因履行代表职责而蒙受工资损失。就获得经费资助权来讲，由于劳资沟通协商的最终受益者是企业，因此职工代表因履行代表职责所产生的必要且合理的费用应该由企业负担，费用的支付方式及金额可以由企业和职工代表协商确定，原则上超过固定经费的部分只有经企业同意才由企业承担。职工代表认为有必要邀请专家参加会议的，必须事先通知企业且须说明理由，若企业同意的，相关费用由企业承担，若企业反对，则交由相关争议解决部门处理。构建救济权的关键在于明确提起申诉、仲裁和诉讼的主体。由于劳动者磋商权是由职工代表来实际享有的，这意味着救济权也应该由职工代表来行使，因此必须构建一套完备的工人代表诉讼机制。此外，还应明确劳资沟通协商纠纷的解决部门。为了确保劳资沟通协商纠纷的快速、有效解决，应该建立一套能够使调解、仲裁和诉讼相互衔接、相互配合的争议解决机制。

第三节　劳资沟通协商组织机构的确立

劳资沟通协商活动需要强有力的组织保障才能正常开展。在“工会”模式中，工会负责组织劳资双方或双方之代表进行沟通协商；在采用“企业委员会”模式的国家，由雇员代表组成的企业委员会作为劳资沟通协商的组织机构；在“劳资理事会”（“劳资协商会”）模式中，由劳资双方各自的代表组成的劳资理事会（劳资协商会）负责劳资沟通协商活动的开展。在我国，部分企业的劳资沟通协商组织机构是由劳资双方代表和工会代表共同组成的劳动关系促进委员会，还有部分企业的劳资沟通协商组织机构是由职工代表组成的工人代表委员会，甚至有企业将工会作为劳资沟通协商的组织机构。我国能否在法律层面统一劳资沟通协商的组织机构？如果答案是肯定的，我国劳资沟通协商的组织机构应该由哪一组织来担任？对这两个问题的回答，必须深入分析国外相关制度的历史背景和作用发挥的原理，再结合我国的国情，进行理性的论证。虽然国外不同的劳资沟通协商组织机构在劳资沟通协商中均发挥了重要作用，但笔者认为，我国现阶段不宜将工会、企业委员会和劳资理事会（劳资协商会）作为劳资沟通协商的组织机构，我国劳资沟通协商的组织机构应为职工沟通协商委员会。

一、工会不宜作组织机构

只有少数国家的劳资沟通协商采用“工会”模式，最典型的国家是越南。在 2007 年以前，劳资沟通协商仅仅存在于国有企业，代表劳动者与用人单位沟通协商的组织机构是工人代表大会,工人代表大会实际上是企业工会的常设工作机构。因此,越南的劳资沟通协商组织机构是企业工会,这与我国国有企业的职工代表大会极其类似。越南法律要求所有国有企业均应设立工会,由工会代表劳动者与国有企业管理方进行沟通协商。参加工人代表大会的人员是由工会推选出来的,与会人员全是工会成员,非工会成员的普通劳动者很难出席。然而,在实践中,国有企业的管理人员往往有权参会。自2007年以来,越南政府出台了第87号令,要求非公有制企业也应成立工人代表大会,自此劳资沟通协商制度才得以在非公企业中确立下来。由于劳资双方只能在工人代表大会上讨论企业的重要事项,因此为了实现劳资沟通协商的常态化,越南法律明确规定由工会来承担劳资双方日常沟通协商工作。①

劳资沟通协商活动的有效开展是建立在劳资双方彼此信任的基础之上的。在当前的中国,工会自身存在结构性问题,在劳资双方对工会的信任度都普遍不高的情形下,工会难以有效代表劳动者参与劳资沟通协商。此外,新时代工会职能的新定位决定其亦不适宜成为劳资沟通协商的组织机构。新时代劳动法治应以"劳资协商共赢"为理念,这意味着工会的职能不能仅仅是为劳动者争取更高的劳动报酬和更好的劳动条件,更多的是为"劳资协商共赢"创设条件,工资待遇、工作时间以及工作条件等劳动基准事项则主要是交由劳资双方协商确定,工会主要借助集体协商和劳资社会协商等制度为劳资沟通协商营造良好的氛围和制度条件。全国总工会也指

① [越]杜琼枝:《越南的工作场所咨询机制》,载《中国产业民主:兼论德国、韩国与越南》,中国社会科学出版社2012年版,第174~175页。

出，要统筹推进集体协商工作，通过加强源头参与，将职工利益诉求转化为相关的法律政策制度，使各项法律制度惠及每一位职工，实现普惠性维权。[①] 由此可见，新时代工会要从琐碎的事务中解放出来，在职能上要实现从“福利保障”向“制度保障”的转变。工会职能的新定位以及劳资沟通协商的复杂性、琐碎性决定了工会很难集中精力组织劳动者参与劳资沟通协商。虽然以传化集团为代表的“工会”模式取得了较理想的效果，但从本书第二章的论述可知，传化集团的成功经验是有深刻历史背景的，劳资双方对工会的认可度也非常高，其他企业在短期内难以创造“工会”模式有效运行的条件。因而，为了使劳资沟通协商法律制度与集体协商制度能够彼此独立、相互配合，从而能够很好地发挥各自的功能，我国现阶段不宜将工会作为劳资沟通协商的组织机构。

二、企业委员会不宜作组织机构

采用企业委员会模式的国家较多，随着2002年《欧盟员工信息与磋商指令》的施行，德国、荷兰等欧盟国家以及英国的劳动立法均建立了企业委员会制度，由企业委员会作为劳资沟通协商的组织机构。在德国和荷兰，由员工代表组成的企业委员会代表全体职工行使知情权、磋商权和共决权等民主权利，企业委员会与工会是相互独立的机构，工会在企业层面并不行使严格意义上的民主参与权，其主要任务在于代表劳动者与用人单位进行集体谈判，维护和改善职工的工作条件和经济待遇，但在民主参与方面也扮演

① 参见焦开河：《全国工会集体协商工作会议在银川召开》，载《工人日报》2017年10月12日，第1版。

了重要的角色。[①] 英国劳资沟通协商的组织机构是由职员组成的劳资磋商委员会。劳资磋商委员会的组成有三种形式：一是全由非工会会员组成；二是由工会会员和非工会会员共同组成；三是全由工会会员组成。英国在《欧盟员工信息与磋商指令》的推动下，于2004年年初立法，目前施行的法律是2008年修订的《英国雇员信息与磋商条例》。英国劳资磋商委员会的职权主要有获取信息权、磋商权和参与权。当某种变化给劳动力带来重大影响时，劳资磋商委员会有权在“恰当的时间”内行使权利。[②]

按劳资沟通协商的主导者之不同，劳资沟通协商可以分为雇员主导的劳资沟通协商和企业主导的劳资沟通协商。德国、荷兰等欧洲国家的“企业委员会”模式属于雇员主导的劳资沟通协商，企业委员会作为雇员的代表机构，全由选举出来的雇员组成。由于立法明确规定雇员享有代表权、知情权、咨询权、磋商权以及一定程度的参与权，因而雇主有义务向企业委员会披露信息，并在作决定前主动征求企业委员会的意见，若企业委员会的意见未被采纳，还需向企业委员会说明未被采纳的原因，且用人单位必须采纳企业委员会的合理意见。可见，企业委员会不论在成立方面，还是在行使职权方面，均处于主导地位。企业委员会制度能够在欧洲国家得到有效运行的主要原因在于这些国家奉行产业民主理念，培育了较浓厚的劳资协商文化，劳动者具有沟通协商能力和理性精神，劳方团体内部

① 参见［德］曼弗雷德·魏斯、马琳·施米特：《德国劳动法与劳资关系》，倪斐译，商务印书馆2012年版，第250~270页；［荷］费迪南德·B. J. 格拉佩豪斯、莱昂哈德·G. 费尔堡：《荷兰雇佣法与企业委员会制度》，蔡人俊译，商务印书馆2011年版，第56~67页。

② 参见［英］史蒂芬·哈迪：《英国劳动法与劳资关系》，陈融译，商务印书馆2012年版，第310~311页。

成员彼此信任。我国若将企业委员会作为劳资沟通协商的组织机构,职工代表一方面会因个人能力的欠缺难以完成劳资沟通协商任务,另一方面会因奉献精神和团体自律的缺失而难以真正代表劳动者的意志,甚至存在侵害劳动者权益的可能性。因此,企业委员会不宜作劳资沟通协商组织机构。

三、劳资理事会不宜作组织机构

"劳资理事会"模式和"劳资协商会"模式分别存在于韩国和日本,劳资理事会和劳资协商会的共同之处在于它们都由同等人数的雇员代表和雇主代表构成。1980 年,韩国政府出于反工会的目的强行要求企业设立劳资理事会,实际上这时的劳资理事会并不是真正意义上的劳资沟通协商组织。直到 20 世纪 80 年代末 90 年代初,随着工会运动的发展,劳资理事会才成为真正意义上的雇员利益表达机构,劳资理事会不再是工会的附属品,且广泛存在于有工会或无工会的企业。与欧洲国家的企业委员会不同的是,劳资理事会是由同等数量的员工代表和企业方代表共同组成的,虽然劳资理事会与工会保持了独立,但工会在劳资沟通协商中扮演了较重要的角色。①日本企业的劳资协商会是由相同人数的职工代表与雇主代表共同组成的,双方代表的资格条件因不同的企业有所不同,职工方代表一般情况下由工会干部兼任,企业方代表由企业选出或总经理任命。②

---

① 参见[韩]裴圭植:《韩国通过无工会公司里的劳资理事会实现产业民主》,载《中国产业民主:兼论德国、韩国与越南》,中国社会科学出版社 2012 年版,第 185 页。

② 参见聂鲲、赵碧倩:《典型国家企业劳资协商机制研究》,载《中国劳动》2016 年第 22 期。

由资方主导的劳资沟通协商主要存在于日本、韩国等亚洲国家,劳资理事会(劳资协商会)作为劳资沟通协商的组织机构,由劳方代表和用人单位代表共同组成。雇主在劳资理事会(劳资协商会)的组建、运行以及保障方面均占有绝对的主导权,运行效果也取决于雇主的表现。“劳资理事会”(“劳资协商会”)模式之所以能够在韩国、日本等国家得到有效运行,主要原因在于这些国家的雇主能够充分意识到劳资沟通协商对提高生产效率、预防劳资纠纷的价值,且企业社会责任运动以及社会责任认证成为了促进劳资友好协商的驱动力量,雇主非常看重劳资双方的共同发展,大多数雇主具有人文关怀的品格,且雇主的经营理念有清晰的愿景,不崇尚短期逐利行为,劳动者有强烈的集体荣誉感,也有牺牲精神和奉献精神,劳资双方能够将企业视为一个利益共同体。反观我国,大部分企业管理层尚未意识到劳资沟通协商的重要性,因而缺乏参与沟通协商的动力,劳动者缺乏劳资利益共同体的意识,致使劳资协商文化缺失,在缺乏政府和工会的支持和介入下,劳资理事会(劳资协商会)很难发挥出应有的作用。因此,劳资理事会不宜作劳资沟通协商组织机构。

四、职工沟通协商委员会更适宜作组织机构

虽然“工会”模式、“劳动关系促进委员会”模式和“工人代表委员会”模式均在实践中取得了一定的成效,但笔者认为,在现阶段这三种模式还不能在全国范围内进行有效推广,即工会、劳动关系促进委员会以及工人代表委员会暂时还不宜作为劳资沟通协商的组织机构。关于当前我国为何不宜采用“工会”模式,本章前文已有论及,此处不再赘述。在此重点阐释我国不宜采用“劳动关系促进委

员会”模式和“工人代表委员会”模式的理由。笔者认为,在当前的中国,应在充分借鉴“工会”模式和“企业委员会”模式之优点的基础上,对我国现有的“工人代表委员会”模式进行改良,由职工代表和工会代表共同组成劳资沟通协商组织机构,更有利于发挥劳资沟通协商法律制度的功能。笔者将这一劳资沟通协商组织机构命名为“职工沟通协商委员会”。其主要理由如下。

(一)职工沟通协商委员会更有利于培育劳动者的理性精神

我国珠三角地区出现的“工人代表委员会”模式本质上与欧洲国家的“企业委员会”模式非常相似,工人代表委员会和企业委员会一样均完全是由工人推选的工人代表组成,工人代表在劳资沟通协商中扮演了极其重要的角色,只是依据的法律和运行模式存在重大差异,“工人代表委员会”模式依据的不是劳动法,而是民法与合同法。两种模式的最大优点在于劳动者能够完全按照自己的意愿选举出自己心仪的代表,选出的工人代表也能够独立自主地开展沟通协商工作,借助民主选举产生的职工代表更能得到劳动者的信任,从而更能调动劳动者参与劳资沟通协商的积极性。“企业委员会”模式为何能够在欧洲国家得到有效运行?其主要原因在于雇员具有团体自律精神,雇员之间很团结,雇员与雇员代表之间彼此信任,企业委员会不会因为劳资分歧而采取集体行动。正因如此,企业委员会得到了国家、企业和工会的认可。而在中国,劳动者普遍缺乏团体自律精神和理性精神,因而时常以集体停工威胁企业,这一行动模式不具有合法性,也容易激化社会矛盾,因而工人代表委员会不宜作劳资沟通协商组织机构。

虽然“工人代表委员会”模式因不利于培育劳动者的理性精神而存在“不可控”的问题,但只要在借鉴“企业委员会”模式先进经验的同时,对“工人代表委员会”模式进行改良,并从立法层面对其予以肯定,将会探索出一种适合中国国情的劳资沟通协商模式。职工沟通协商委员会就是这一模式的有益探索。该模式在借鉴“企业委员会”模式之经验的同时融入了中国“元素”,从而与“企业委员会”模式存在差异。二者的区别主要体现在劳资沟通协商组织机构的成员构成上,职工沟通协商委员会的组成成员除有职工代表外,还有工会代表。我国大多数劳动者的沟通协商意愿和能力不强,且其缺乏理性精神,在这样的现实条件下,若采用“企业委员会”模式,劳资沟通协商活动将难以有效开展,劳动者也容易做出不理智的行为。由职工代表和工会代表共同组成职工沟通协商委员会,更有助于促进劳动者之间的日常沟通与交流,从而有利于增进彼此之间的了解,且工会代表可以充分发挥其专业优势和沟通桥梁作用,这将有助于提升职工代表的沟通协商能力、增强其职业精神和理性精神,也有助于增强广大劳动者对工会的认可度,刚好可以弥补企业委员会的不足,从而有利于劳资沟通协商活动的有效开展。因而,与其他劳资沟通协商模式相比,在现阶段,“职工沟通协商委员会”模式更适合中国的国情。

工会代表作为职工沟通协商委员会的成员,在劳资沟通协商活动中扮演了极其重要的作用,其专业优势和沟通桥梁作用主要体现在以下三个方面:一是为劳资沟通协商提供智力支持。工会可以借助各种培训来提高劳资双方代表尤其是职工代表的沟通协商能力和专业技术能力,亦可以借助社会力量为劳资沟通协商提供专业咨询。二是在劳资沟通协商中发挥沟通桥梁作用。工会可以借助其与基层党组织、上级工会以及政府之间的纽带关系向劳资双方传达国家的有关精神,也可以及时向相关组织转达劳资双方的诉求和疑问，以此提高劳资双方代表的沟通协商能力、培育双方的理性精神，使双方能够尽快达成共识。三是促进劳资沟通协商与集体协商、民主协商等劳资协商形式的互助融合。申言之，工会通过参与劳资沟通协商了解劳资双方的诉求，当双方无法达成共识时，可以及时启动集体协商、民主协商和劳动争议协商调解，使各自的诉求能够得到及时、有效的解决，从而为劳资沟通协商活动的有效开展奠定基础。反过来，工会职能的有效发挥将会赢得劳资双方的认同，从而更有利于职工沟通协商委员会的工作开展。虽然我国工会还存在一定的问题，但随着国家政治、经济和社会体制改革的深入推进，其一定能够在劳资沟通协商中扮演重要的角色。

（二）职工沟通协商委员会更能调动劳动者的沟通协商积极性

“劳动关系促进委员会”模式与“劳资理事会”（“劳资协商会”）模式非常类似，二者都强调企业方代表在劳资沟通协商组织中的主导作用，只是劳动关系促进委员会的组成成员除劳资双方代表外，还有工会代表。我国现阶段大多数企业家对劳资沟通协商的重要性认识还不够深刻，致使劳资沟通协商活动的开展完全取决于企业管理层的喜好，且当劳动者的知情权和磋商权等权利受到侵犯时，劳动关系促进委员会因受到企业的支配而难以向劳资沟通协商纠纷处理部门主张权利，而在我国现有的法律框架下，职工代表也很难被赋予诉讼主体资格，致使劳动者的权利难以实现。虽然劳动关系促进委员会中的工会代表在某种程度上可以起到监督企业的作用，但工会在现阶段还难以在实践中真正地去发挥这一功能，只能充当劳资双方沟通协商的桥梁。因此，在现阶段，离开了政府强有力的介入，“劳动关系促进委员会”模式将很难在大多数企业里得到有效的运行，这决定了劳动关系促进委员会还难以成为劳资沟通协商的组织机构。

在“职工沟通协商委员会”模式下，虽然工会在职工代表的选举、培训等劳资沟通协商环节中扮演了重要角色，但由于其往往只是负责选举牵头，并不进行实质性的介入，因而劳动者能够不受工会的控制，完全按自己的意愿选举出自己信任的代表，选出的职工代表也能够独立自主地开展协商工作。尤其是在我国劳动者对工会的认可度普遍不高的现实条件下，借助民主选举产生的职工代表更能得到劳动者的信任。此外，职工沟通协商委员会还有利于消解“工会集权”，促进工会不断完善，使工会能够集中精力参加集体协商和三方协商，以此为劳资沟通协商创设良好的条件，从而提高工会代表在劳动者心中的公信力。由此可见，由职工代表和工会代表共同组成的职工沟通协商委员会能够得到劳动者的支持，从而有助于提高劳动者参与劳资沟通协商活动的积极性。虽然职工代表和工会代表存在怠于履行职责的可能性，从而降低其在劳动者心中的公信力，进而降低劳动者的沟通协商意愿，但这一问题可以借助员工责任制度予以解决。

（三）职工沟通协商委员会的不足可以借助其他制度予以弥补

“职工沟通协商委员会”模式坚持“职工代表主导”原则，主要体现在：在职工沟通协商委员会的组成成员中，职工代表的人数比工会代表的人数更多，且劳资沟通协商活动主要由职工代表来主导，工会只是发挥专业优势和桥梁作用。因此，与“工会”模式相比，“职工沟通协商委员会”模式存在专业性不强的问题，且容易导致劳资沟通协商与集体协商衔接不畅的问题。但这些问题可以借助其他制度予以弥补。就第一个问题而言，职工沟通协商委员会在经验和能力上的欠缺可以借助工会和社会力量的介入予以克服。随着党和国家“共建共治共享的社会治理格局”的形成，学者、行业专家以及律师等社会力量参与劳动关系治理势必将成为一种常态，当劳资双方在劳资沟通协商过程中遇到专业技术问题时，可以申请社会力量的介入，以此得到相应的专业知识解答。此外，工会在职工代表的专业技能培训、业务指导等方面也能发挥重要作用。就第二个问题来讲，由于职工代表和工会的偏好往往存在差异，若由职工沟通协商委员会与工会分别主导劳资沟通协商和集体协商，的确容易出现两种协商形式衔接不畅的问题。但可以借助二者间的互助机制予以解决，即通过立法明确劳资沟通协商和集体协商的内容以及协商不能时如何从一种协商转化为另一种协商，以此实现两种协商形式的有效衔接。劳资沟通协商和集体协商的内容原则上存在差异，但集体协商的事项可以借助劳资沟通协商予以确定。

第四节　劳资沟通协商激励机制之构建

劳资沟通协商法律制度的功能发挥需要科学合理的激励机制予以配合，旨在借助激励机制激发用人单位、工会以及职工代表等主体自觉履行劳资沟通协商各项义务。“激励”是指通过劝说、诱导以及促进等方式满足行动者的需求，以此产生行为动力。[①] 由于行动者都是出于满足某种需要而从事有目的的活动，因而“激励机制”就是指以行为人为中心建构起来的理性化和制度化的激励。“激励”不完全等同于“鼓励”，其蕴含了“约束”和“鼓励”两层含义。依

① 参见张维迎：《信息、信任与法律》，生活·读书·新知三联书店2003年版，第66页。

据完整的激励理论,“约束”又可以称为“反向激励”,且“约束”力的大小也存在差异。“惩罚”也属于“约束”的范畴,“惩罚”主要是指国家凭借权力惩戒与立法目的相悖的行为,旨在使行动者能够按照立法者的意图进行活动。① 劳资沟通协商的有效开展离不开用人单位的遵纪守法,也需要工会提供支持和劳动者的配合,因而分别针对用人单位、工会和劳动者构建一套激励机制势在必行。

一、针对企业的激励机制

(一)针对企业的激励性奖励制度

激励性奖励制度主要为评优评先、税收减免以及政策优惠等制度。评优评先是为了激励用人单位管理者参与劳资沟通协商的积极性,奖励在劳资沟通协商过程中表现积极的用人单位管理人员。虽然“先进个人”本质上是一种精神奖励,但由于先进个人与职务晋升、工资、职称评定以及成长平台挂钩,因而其也具有较强的物质奖励色彩。评优评先这一奖励制度不仅使努力工作的管理者得到了社会的认可,还为这类管理人员提供了自我发展的机会和平台,这必然会调动管理人员参加劳资沟通协商活动的积极性。税收减免、政策优惠等制度旨在促使用人单位积极履行劳资沟通协商义务,对于劳资沟通协商效果好、劳资关系和谐的企业,给予一定程度的税收优惠和政策支持。浙江省党委和政府为了构建和谐的劳动关系,实现“平安浙江”的目标,大力倡导劳资双方协商共赢的理念,不仅为劳资沟通协商营造了良好的社会氛围,而且在法规和政策方面出

① 参见丰霏:《从立法技术到治理理念——中国语境下法律激励理论的转向》,载《法商研究》2015 年第 3 期。

台了一系列激励措施，把企业和谐作为企业各类荣誉评选的重要标准，在政策上给予劳动关系和谐的企业一定程度的优惠措施，这为营造劳资沟通协商文化起到了极大的作用。人力资源和社会保障部于2016年印发的《企业劳动保障守法诚信等级评价办法》（以下简称《企业诚信评价办法》）为构建企业诚信激励机制提供了明确的指引，要求人力资源和社会保障行政部门应当与工商、金融、住房和城乡建设以及税务等部门建立信息交换共享机制，对企业实行守信激励。构建激励性奖励制度需要明确以下几点：其一，首要任务是制定一套科学、合理的劳资沟通协商信用档案制度，明确良好信用的认定标准和等级，尽力避免因信用评价不真实所带来的负面影响；其二，明确良好信用评价在评优评先中所占的比例，以及评优评先与税收减免、政策优惠之间的关联；其三，构建一套科学合理的信用考核机制，明确对用人单位遵守劳资沟通协商义务的考核期限、考核小组的成员组成以及考核的具体程序，使考核结果能够真实反映用人单位的守法现状。

（二）针对企业的激励性约束制度

根据约束的强弱程度，可以将激励性约束制度分为市场约谈、声誉罚、限期履行、恢复原状、赔偿损失、行政处罚以及刑事处罚等责任形态。市场约谈和声誉罚作为惩罚性色彩较弱的两种责任形态，一般情况下是同时适用的。通过“市场约谈＋声誉罚”的组合责任，规制主体能够掌握被规制主体的守法状况和真实动机，并根据规制主体先前收集的信息确定应重点被监管的主体，将监管重点集中在声誉差的市场主体上，从而使执法活动更有针对性。规制主体与被规制主体能够借助市场约谈进行交往与互动，规制主体在互动中向被规制主体传递合法性识别信号，以此督促被规制主体自觉履行义务。① “市场约谈＋声誉罚”在我国食品药品安全、环境保护以及安全生产等社会性规制领域得到了运用，如食品药品安全信用档案制度实现了市场约谈与“黑名单”责任制度的联结。关于市场约谈制度为何能够发挥作用，有学者认为，市场约谈机制作为一种单方化的磋商机制，属于“执法金字塔”最底端的制裁措施，对法律规则的细化、实现监管主体与被监管主体之间的互动以及规制合规目标的确定均具有重要的价值，与“执法金字塔”上层的责任形态相比，监管方往往更能够借助劝导教育实现食品安全治理的目标。②还有学者认为，市场约谈机制对中小企业的规制效果尤其明显，规制主体借助约谈可以准确地将规制目标传递给被规制主体，以此能够解决规制主体与被规制主体之间的信息偏在问题，从而达到督促被规制企业自觉履行环境保护义务的目的。③ 而从事安全生产监管研究的学者也持类似的观点，“安全生产监管机构借助约谈机制中的教育劝导机制，向市场主体明确规制标准和行业规则，从而可以发挥督促企业依法依规生产的作用”④。

我国劳动立法并未构建市场约谈和声誉罚制度，但个别职能部门和地方政府出台了相应的激励措施。例如，为督促企业自觉遵守劳动法律规定，人力资源和社会保障部出台了《企业诚信评价办

① 参见卢超：《社会性规制中约谈工具的双重角色》，载《法制与社会发展》2019 年第 1 期。

② See Robyn Fairman & Charlotte Yapp, *Enforced Self-regulation, Prescription and Conception of Compliance Within Small Business: The Impact of Enforcement*, Law & Policy, Vol. 27:4, p. 510 – 513 (2005).

③ See Neil Gunningham & Peter Graboskyet al., *Designing Environmental Policy*, Oxford University Press, 1998, p. 60 – 62.

④ Ibid., p. 116 – 120.

法》,对企业实行分类监管,并根据企业诚实守信等级评价,对相关企业施加一定的约束措施。人力资源和社会保障行政部门根据企业的守法情况进行评价,评价等级分为 A、B、C 三级,并将评价结果纳入企业守法诚信档案,被评为 C 级的企业将被列入监察重点对象,企业的主要负责人、直接责任人将被人力资源和社会保障行政部门约谈,且企业会受到工商、金融、住房城乡建设以及税务等部门联合惩戒。《企业诚信评价办法》为构建企业诚信约束机制提供了方向,这种约束机制属于"声誉罚"的表现形式,对于鞭策企业自觉履行劳动法规定的相关义务起到了重要作用。

当然,"市场约谈 + 声誉罚"责任组合的广泛运用并不代表强制性色彩更浓的惩罚性责任不再重要。因为市场约谈是以存在充足的执法资源为前提的,且需要规制方与被规制方进行频繁的交流与互动,使规制方能够获得足够多的监管信息。① 规制方与被监管方之间的交流越少,规制方获取被监管方信息的能力就越弱,"市场约谈 + 声誉罚"责任组合的效率将降低。② 声誉机制也暗藏着危机:一旦对市场主体的声誉评价有误,势必引起公众对商品的评价失真,由于"集体黏性"的存在,市场主体很难改变社会大众的既有评价,从而出现处罚过度的现象。③ 因而,在中国当前执法资源不充足且社会信用评价体系不健全的情况下,必须制定一套强制性更强、惩罚性色彩更浓的责任体系,与诸如"市场约谈 + 声誉罚"责任组合类

---

① 参见卢超:《社会性规制中约谈工具的双重角色》,载《法制与社会发展》2019 年第 1 期。

② See Neil Gunningham, *Compliance, Enforcement and Regulatory Excellence*, in Cary Coglianese ed., Achieving Regulatory Excellence, Brookings Institution Press, 2017, p. 192 – 193.

③ 参见吴元元:《食品安全治理中的声誉异化及其法律规制》,载《法律科学(西北政法大学学报)》2016 年第 2 期。

似地促成合作性责任形态共同构筑“执法金字塔”责任体系，当处在金字塔底层的责任形态无法奏效时，可以诉诸上一层威慑力更强的责任形态。

我国劳动法律责任体系中主要有经济补偿、惩罚性赔偿以及行政罚款等责任形态，这些具有惩罚性色彩的责任形态往往适用于不同的情形，并且在适用时不会根据惩罚性色彩的强弱而存在先后顺序。譬如，若用人单位不与劳动者签订书面劳动合同，劳动者可以直接主张“双倍工资”，而不事先适用责令改正、行政罚款等惩罚性相对较弱的责任形态。为了在劳动法领域构建“执法金字塔”式的法律责任体系，并且能够使强弱程度不同的责任形态逐级向上奏效，我国劳动法不仅要构建市场约谈、声誉罚等强制性色彩较弱的法律责任形态，而且要构建限期履行、恢复岗位、行为无效、行政处罚以及刑事处罚等惩罚性色彩较浓的法律责任形态，并依据惩罚性程度的轻重明确不同责任形态的适用顺序。

二、针对劳动者和企业管理层人员的激励机制

心理学中的激励理论强调对个人主观能动性的激发，并将激发行为人行动的动力分为内部动力和外部动力。内部动力是指因行为人的内部需要而产生的动力，如荣誉感、个人成长、受尊重等；外部动力是指由于受外部刺激而引起的动力，如上涨工资、颁发奖金、职务职称晋升、工作环境和工作条件改善等。[①] 由于行为人的偏好存在差异，且每个人的偏好也不是一成不变的，因此在针对劳动者和企业管理层的激励机制设计上应当同时考虑内部动力和外部动

---

① 参见丰霏：《法律激励的理想形态》，载《法制与社会发展》2011年第1期。

力两方面的因素，并应实现不同激励措施的有效配合。

（一）精神奖励与物质奖励相结合的激励机制

从内部动力看，广大普通劳动者参与劳资沟通协商活动的最主要目的在于能够从中获得成就感和受尊重感，且能够获得相关知识，提高自己的沟通协商能力，对个人的全面发展有所助益；对于职工代表来讲，其参与劳资沟通协商活动的内部动力在于能够在劳动者和企业管理层之间起到沟通桥梁的作用，从而在广大普通劳动者之间树立起威望，以此增强获得感；企业管理层人员作为企业方代表参与劳资沟通协商的内部动力在于能够得到劳动者和企业老板的认同。因此，可以分别根据普通劳动者、职工代表以及企业管理层人员的内在需求构建一套评优评先制度。详言之，对在劳资沟通协商活动中表现积极，且提出的意见被用人单位采纳的普通劳动者，可以为其颁发先进个人奖；对职工代表可以设置优秀职工代表奖；对劳资沟通协商效果较好的企业内部组成部门及其主要负责人分别颁发先进集体奖和先进负责人奖；针对企业管理层人员设计“职工满意总经理”等荣誉称号。例如，北京经济技术开发区总工会为了调动劳资双方参加劳资沟通协商活动的积极性，出台了《关于在外商投资企业开展“双爱双评”活动的意见》。① “双爱双评”是指争做爱企业的好职工和爱职工的好经理，评选爱企业的好职工和爱职工的好经理。为了发挥先进个人和先进集体的示范效应，还应当建立通报表扬制度，对获奖人的先进事迹进行宣扬，在企业内部营造人人争先的良好氛围。从外部动力看，广大劳动者参与劳资沟通

---

① 参见北京经济技术开发区：《关于开展2019年度“双爱双评”活动的通知》，载北京经济技术开发区总工会网2019年2月28日，http://www.bdagh.com/news/1522.html。

协商活动的外在动力主要来源于职务提升、劳动条件改善以及个人劳动能力提升等物质奖励方面。为了能够使精神奖励和物质奖励有效配合,应将“先进个人”等精神奖励与职务晋升、上涨工资、职称评定以及成长平台挂钩,对在劳资沟通协商过程中表现突出,并取得“先进个人”荣誉称号的普通劳动者、职工代表和企业管理者在工资、职务晋升以及职称评定方面给予一定程度的照顾。此外,还应当为先进个人提供良好的成长平台,如提供获得专业技术培训的资格、对外考察的机会以及良好的工作条件等。

(二)信息披露和信息交流制度

信息披露和信息交流制度能够为劳动者参与劳资沟通协商活动创设良好的外部环境,从而有助于为劳资沟通协商提供外部动力。依据现代人力资源激励理论,管理者不能直接要求被管理者如何做,而是应当营造能够调动被管理者积极性的环境。① 对于劳动者来讲,精神奖励和物质奖励仅仅只是从表面层次来激励劳动者参与劳资沟通协商,这一层面的激励虽然能够影响到劳动者的表面行动,但很难触及劳动者的内心世界。因为劳动者参与劳资沟通协商活动的积极性的实质提高,依赖于人力资源管理制度,甚至是政治、经济和社会制度的完善以及观念的转变。在片面追求 GDP 的思维指引下,传统的社会管理模式和人力资源管理制度均呈现强制性色彩较浓的态势,且缺乏一套有效的信息披露和交流制度,劳动者很难知晓国家和企业的重要信息,即使法律赋予劳动者享有一定程度的民主表决权,劳动者也很难有效行使这一权利,致使劳资双方因

① See Ferris, K. R., *A Test of the Expectancy Theory as Motivation in an Accounting Environment*, The Accounting Revi, Vol. 52:3, p. 605 – 614(1977).

信息不对称而出现沟通不畅的问题,也从根本上挫伤了劳动者参与企业民主管理和沟通协商的积极性。因而,转变传统的强制性社会治理和人力资源管理模式,通过激励机制来促进劳资双方之间的互动,对于激励劳动者参与劳资沟通协商的积极性有着根本性的作用。由于激励机制发挥作用的前提条件之一是信息对称,因而为了使劳资沟通协商激励机制能够发挥作用,就必须强化信息规制,消除信息不对称。信息规制的作用原理是:依靠信息披露和信息交流制度激发相关主体积极披露相关信息,并围绕该信息展开交流和沟通,从而为利益相关者之间达成"合意"创设条件。[①] 信息规制的主要工具是信息披露和信息交流制度,前者是信息规制功能发挥的前提,后者是信息规制的保障。依据信息披露方式之不同,可以将信息披露分为直接信息披露和间接信息披露。直接信息披露是指国家要求在信息占有方面具有优势的主体向处于弱势地位的主体披露有关商品、经营和管理等相关信息;间接信息披露是指由国家相关部门向社会公开披露最低工资标准、平均工资以及劳动力成本等公共信息。[②] 信息交流是利益相关者在信息交流部门的组织下依照科学、公开和客观的原则,就相关信息进行传递、解释和磋商的活动。[③] 与强制性规制相比,信息规制的激励性色彩更强、强制性较弱,由此决定其既能够减少劳资沟通协商的成本,又能够减轻国家的负担,理应成为劳资沟通协商法律规制的重要工具。我国应该从

---

① 参见[英]安东尼·奥格斯:《规制:法律形式与经济学理论》,骆梅英译,中国人民大学出版社 2008 年版,第 5 页。

② 参见方桂荣:《信息偏在条件下环境金融的法律激励机制构建》,载《法商研究》2015 年第 4 期。

③ 参见[美]约瑟夫·斯蒂格利茨:《信息经济学:应用》,陈佳、刘海燕译,中国金融出版社 2009 年版,第 270 页。

以下几个方面来构建信息披露和信息交流制度：首先，在国家人力资源和社会保障部门成立专司信息披露和交流的机构，组建一支专业的负责披露和解释信息的公务员队伍。为了与政府信息披露和信息交流机构的工作进行有效对接，企业内部也应成立信息披露和交流部门，面向劳动者就相关重要信息进行宣传和解释。其次，构建信息披露和信息交流制度体系，明确不同层次的信息披露机构所应公开的信息类型和信息披露的形式、程序等重要事项，在此基础上，明确各信息披露和信息交流机构的职责和纠纷解决途径。

三、针对工会及其成员的激励机制

依据激励理论，在组织中建立激励机制的中心任务就是明确激励对象的需要，促使激励对象产生行为的内在动力，并借助激励对象的行为来满足其需要，从而达到组织预期的目标。[①] 构建针对工会的激励机制，就必须同时以工会组织的目标和工会成员的需求为出发点。从工会的需求角度来看，工会参与劳资沟通协商的内在动力主要是能够在劳资沟通协商活动中发挥实质性的作用，充当劳资沟通协商的桥梁。为了满足工会的这一需要，劳资双方应当充分认识到工会在劳资沟通协商中的重要作用，企业应当将工会纳入企业治理体系，而不应将工会视为企业治理的一个边缘主体。只有工会干部认识到工会的重要性，才能发挥其主观能动性。为此，企业应当赋予工会参与企业民主管理的职权，而且应让工会主席列席企业管理层会议，以此实现参与企业各项规定的制定、提升工会与企业

---

① 参见李德勇、陈谦明：《基于期望理论的组织人力资源激励机制的多维构建》，载《西南民族大学学报（人文社会科学版）》2013年第4期。

行政工作的交融。企业应当为工会发挥职能创造良好的氛围,充分发挥工会在职工代表的选举、职工代表的技能培训、职工意见的收集与整理以及争议的解决等方面的作用。劳动者应该充分理解和信任工会,要充分理解工会的作用不仅仅是维护劳动者的权益,其还发挥了劳资沟通协商的桥梁作用以及促进劳资利益共同体形成的作用。

(一)针对工会的激励机制

为确保企业能够将工会纳入企业治理体系,从而使工会能够发挥应有的作用,企业基层党组织应当加强对工会的领导。首先,把工会建设纳入党建工作中,并实行党组织和工会主要干部交叉任职制,企业基层党组织副书记兼职工会主席,工会副主席兼职党组织副书记,且实行党组织与工会之间的联席会议制度,真正实现党组织与工会的相互沟通、相互配合,共同研究、解决工会建设发展存在的困难。其次,企业基层党组织应当加强对工会工作的舆论宣传,要帮助工会宣传工会的性质、功能以及先进事迹,使工会能够得到劳动者和用人单位的理解和支持。此方面有成功的案例,例如,中共四川省委办公厅于 2013 年 7 月 23 日印发了《关于进一步加强和改进新时期工会、共青团、妇联工作的意见》,提出要加强和改善工会、共青团、妇联工作的系列支持政策。最后,地方政府和基层党组织应当通过各种途径使工会在办公经费、办公场所以及人员编制等方面拥有足够的保障,且应为工会提供工作资源,以此确保工会能够独立自主地开展工作。

(二)针对工会成员的激励机制

从工会成员的内在需求角度看,工会成员的需求因成员的实际现状不同而存在差异,主要有精神需求和物质需求两大类。精神需求包括企业的人文环境、工会的团队氛围以及职工之间的信任程度等。物质需求相对来讲更加多样化，不仅包括物质回报、不妨碍本职工作，还包括个人成长等。企业的人文环境和工会的团队氛围对于提升工会成员参与劳资沟通协商活动的积极性极其重要，因此企业应当营造劳资友好协商的环境，并形成一种企业尊重劳动者和工会成员的文化，对在劳资沟通协商活动中表现突出的劳动者和工会成员应当进行宣传和荣誉奖励，杜绝工会成员在紧张或有所顾虑的气氛中完成自己的工作。工会内部应当营造一个团结、向上，且人人愿意为工会付出的工作氛围，工会对于工作认真负责的成员应当给予精神奖励，并且在个人成长方面予以优先考虑，杜绝工会成员无所作为现象的发生。对此，要让敢于担当、勇于作为的人担任工会主席，并为工会配备工作认真负责、有威望的劳动者作为工会的干部和成员。在工会成员的物质需求满足上，由于工会成员绝大多数是兼职人员，从事工会兼职工作一般情况下是没有固定收入的，收入主要来源于本职工作，因而给予兼职工会成员一定的津贴和补贴有利于调动工会成员参与劳资沟通协商活动的积极性。为此，企业不仅应为工会成员参加劳资沟通协商活动提供时间和精力的保障，还应确保工会成员因履行工会职责而不会影响到本职工作的开展，从而确保工会成员的收入不会因从事工会兼职工作而减少。由于物质激励的作用是有限的，而且并不是所有劳动者均看重物质奖励，有很多年轻有为、敢于担当的中青年劳动者对物质看得不是很重，其更为看重个人在企业的成长空间，因此为了吸引更多有能力且积极上进的劳动者参与工会活动，除物质回报等传统的物质奖励外，还应当在促进成员个人成长方面制定激励机制。将工会成员在劳资沟通协商活动中的表现评价与其个人成长激励措施相关联，对在劳资沟通协商活动中表现优异的工会成员在职称评定、评优评先、职务晋升以及职业培训机会等方面给予一定程度的倾斜。

为了确保工会能够发挥应有的功能,并确保工会成员能够尽职尽责地履行职责,除构建一系列针对工会及其成员的奖励性制度外,还应当针对工会及其成员制定一套约束机制,以此确立工会及其成员的职责体系。为了落实工会主席和工会成员的职责,还应当制定一套针对工会主席及工会成员的考核评价标准,将工会参与劳资沟通协商活动的效果、劳资双方的满意度作为最基本的考评标准,并将考评结果作为工会资源配备和工会成员奖惩的重要因素之一。

本章小结

我国构建劳资沟通协商法律制度的整体思路是:第一,构建"协商共赢"型劳动关系协调机制。我国现有的劳资关系协调机制本质上属于"管制"型劳动关系协调机制,这种机制难以为劳资双方沟通协商提供制度空间,致使劳资沟通协商法律制度无法有效运行。"协商共赢"型劳动关系协调机制有助于培育劳资协商共赢文化,并能够提高劳资双方的沟通协商意识和能力。矫正国家过度管制,实现管制与自治的平衡、完善程序性劳动权利体系,并构建"促成合作性责任"和"合意型纠纷解决机制",这是构建"协商共赢"型劳动关系协调机制的基本思路。第二,构建劳动者磋商权。劳动者磋商权是劳动者在劳资沟通协商中理应享有的最重要的权利,因而构建劳资沟通协商法律制度的逻辑起点就是构建劳动者磋商权。新时代国家一系列改革举措使劳动者对该权利有强烈的需求和理性的认知,并对其有足够的支配能力,能够得到企业、工会和国家等利益相关者的认同。劳动者磋商权蕴含着知情、意见表达、意见获回应、合理意见获采纳以及获得救济等权能。从法律规范层面全面确立这些权能是构建这一权利的思路。第三,明确劳资沟通协商的组织机构。工会自身存在的结构性问题及其功能定位致使我国现阶段还不宜采用"工会"模式;现阶段因劳动者普遍缺乏团体自律精神而不宜采用"企业委员会"模式和"工人代表委员会"模式;因企业管理层缺乏劳资沟通协商的动力而不宜采用"劳资理事会"("劳资协商会")模式和"劳动关系促进委员会"模式。在当前的中国,在充分借鉴欧洲国家"企业委员会"模式之优点的基础上,融入中国"元素",将由职工代表和工会代表共同组成的职工沟通协商委员会作为劳资沟通协商的组织机构,更有利于劳资协商文化的生成,更能调动劳动者参与劳资沟通协商活动的积极性,且有助于促进工会不断走向完善。第四,分别针对企业、劳动者、企业管理者以及工会构建劳资沟通协商激励机制。针对企业,既要构建诸如评优评先、税收减免以及政策优惠等激励性奖励制度,又要构建市场约谈、声誉罚、限期履行、恢复原状、赔偿损失、行政处罚以及刑事处罚等约束性激励制度;针对劳动者和企业管理者,既要构建精神奖励与物质奖励相结合的激励机制,又要建立一套科学合理的信息披露和交流制度,为劳动者与企业管理者之间的沟通协商提供良好的外部环境;针对工会,既要为工会发挥职能创造良好的氛围和条件,又要对工会成员进行精神奖励和物质奖励。

第五章　劳资沟通协商法律制度构建的具体路径

从本书第四章的论述可知，我国应构建“权利推动型”劳资沟通协商法律制度。依据法的实施理论，劳资沟通协商法律制度的构建实质上就是劳资沟通协商权利义务规范的有效实施，由于义务规范是为权利规范所设计的，因而劳资沟通协商法律制度的构建实质上就是劳资沟通协商权利规范的实施，更进一步讲，就是劳动者磋商权的实施。依照权利实施理论，权利实施的逻辑路径是将该权利所对应的义务落实到劳资沟通协商行为主体，这个过程即劳资沟通协商法律关系的构造过程。根据法律关系理论，劳资沟通协商法律关系构建的主要任务是通过立法明确劳资沟通协商的组织机构、内容和程序。为了保障劳动者磋商权得以有效实现，还需要明确劳资沟通协商利益相关者所应承担的责任形态和权利救济途径，且应当对企业的不当劳动行为进行规制，这个过程就是劳资沟通协商保障机制的构建过程，也是劳资沟通协商法律制度构建的逻辑保障。因此，本章以“主体—行为—责任—救济—保障”为逻辑主线，探究劳资沟通协商法律关系和保障机制的构建路径。

第一节 主体制度构建

劳资沟通协商活动需要强有力的组织保障才能得以正常开展。只有从法律层面明确职工沟通协商委员会的设立标准和设立程序、职权以及权利和义务，并明确职工沟通协商委员会成员的法律地位，才能为劳资沟通协商提供强有力的组织保障。

一、职工沟通协商委员会的设立

职工沟通协商委员会的设立主要涉及该组织机构的成立条件以及成员的选任两方面的问题。从世界立法来看，大多数国家的法律要求雇员人数达到某一数量的企业应当或必须设立劳资沟通协商组织机构。① 笔者认为，在当前，我国法律应该要求职工人数在100人以上的企业应当设立职工沟通协商委员会。如果某一集团企业拥有两家以上的企业，各企业的劳动者均在100人以上，设立联合

① 德国要求雇佣5个18岁以上的雇员且有3个雇员的雇佣期限在6个月以上的企业应当设立企业委员会；荷兰明确规定雇员人数在50人以上的企业应当设立企业委员会；英国要求员工在50人以上的企业应当成立磋商委员会；韩国要求雇员人数在30人以上的企业必须设立劳资理事会。参见[德]曼弗雷德·魏斯、马琳·施米特：《德国劳动法与劳资关系》，倪斐译，商务印书馆2012年版，第250页；[荷]费迪南德·B.J.格拉佩豪斯、莱昂哈德·G.费尔堡：《荷兰雇佣法与企业委员会制度》，蔡人俊译，商务印书馆2011年版，第46页；[英]史蒂芬·哈迪：《英国劳动法与劳资关系》，陈融译，商务印书馆2012年版，第311页；[韩]裴圭植：《韩国通过无工会公司里的劳资理事会实现产业民主》，载《中国产业民主：兼论德国、韩国与越南》，中国社会科学出版社2012年版，第187页。

职工沟通协商委员会更有利于推动劳资沟通协商,那么集团企业应当成立联合职工沟通协商委员会,将其作为集团最高层级的职工沟通协商委员会,负责指导、协调集团内部各企业职工沟通协商委员会的工作开展。100 人以下的企业可以不设立职工沟通协商委员会,但应当根据人数的多少确定 1 ~ 3 名职工代表,由其代表劳动者参与劳资沟通协商活动。为了确保职工沟通协商委员会能够发挥其应有的作用,法律应对职工沟通协商委员会组成成员的资格进行限定,不论是职工代表,还是工会代表,均要求年满 18 周岁,且在本单位具有 1 年以上的工龄。此外,为确保职工代表能够代表广大劳动者的意志,职工代表不能由高级职员担任,高级职员既不能担任职工代表,亦没有资格选举职工代表。至于何谓高级职员,从理论上讲是指从事的工作对企业的发展具有重要意义,且具有较强的专业性,需要具备较多的专门经验和知识,在完成任务或做出实质性决定时无须听从或者无须完全听从企业的命令的人员。① 一般来讲,企业管理层组成人员、各部门负责人等人员应属于高级职员的范畴。工会代表一般是由工会的工作人员担任。

此外,为了确保职工沟通协商委员会成员能够履行职责,还应当构建一套公平公正的成员选任程序。职工沟通协商委员会由职工代表和工会代表共同组成,职工代表由职工民主推荐产生,工会代表由企业工会推荐。职工沟通协商委员会设委员会主任 1 人,由职工代表担任;设执行委员 1 人,由职工代表担任,作为劳资沟通协商的联络人,负责开展职工沟通协商委员会的日常工作;设委员若

---

① 参见[德]曼弗雷德 · 魏斯、马琳 · 施米特:《德国劳动法与劳资关系》,倪斐译,商务印书馆 2012 年版,第 254 页。

干人,具体人数取决于企业的职工人数,一般情况下,100~200人的企业至少应有5名委员,其中,工会只能推荐1名代表作为委员;200~300人的企业至少应有7名委员,其中,工会只能推荐2名代表作为委员;在此基础上,职工每增加100人,委员增加2名,其中,职工代表和工会代表各1名,但职工沟通协商委员会成员的总数必须为单数。职工沟通协商委员会成员每届任期为3年,可以连任,且无连任届数的限制。为了使职工沟通协商委员会成员能够正常履行职责,可以借鉴德国的做法,要求职工人数在200人以上500名以下的企业,至少有2名职工沟通协商委员会成员完全脱产,职工代表和工会代表各1名;500名以上800名以下的企业,脱产成员应至少有4名;在此基础上,企业人数每增加300名,脱产成员应增加2名。当然,法律只是规定脱产成员的最低标准,实践中劳资双方可以协商增加脱产成员的人数。从理论上讲,存在全部成员均为脱产的可能性。

二、职工沟通协商委员会的法律地位

(一)职工沟通协商委员会的职责

职工沟通协商委员会作为劳资沟通协商的组织机构,具体职责如下:第一,接受基层政府劳动管理办公室的工作指导和监督,并借助工作联系制度及时向劳动管理办公室报送劳资沟通协商计划和劳资沟通协商活动的主要内容,劳资双方若在沟通协商中产生了争议,应及时报送劳资争议的焦点以及争议的走势;第二,负责制订在本企业内定期及不定期组织开展劳资沟通协商活动的计划,并按计划组织企业内不同层级的劳资沟通协商活动,既包括企业总经理与员工之间的沟通,也包括企业中层领导与部门员工之间的沟通以及车间主任与一线员工之间的沟通;第三,与企业管理层沟通协商,了解企业的经营信息和管理信息,并将这些信息准确传达给劳动者并做相应的解释工作;第四,与劳动者沟通协商,收集劳动者的意见和建议,并将这些意见传达给企业管理层;第五,组织劳动者对关涉其切身利益的企业决策、管理制度等事项进行讨论,收集劳动者的意见和建议,并就相关情况做出解释;第六,跟踪、落实劳资双方达成的关系企业和员工共同利益的协议;第七,及时、妥善地调解劳资沟通协商纠纷。

(二)职工沟通协商委员会的权利和义务

劳资沟通协商活动的有效开展除要设立一个强有力的组织机构以外,还必须明确该组织机构在劳资沟通协商中的权利和义务。

从权利角度讲,职工沟通协商委员会作为劳资沟通协商的组织机构,应当享有知情权、磋商权、争议调停权、聘请专家权以及申诉权等权利。申言之,职工沟通协商委员会有权知晓企业的基本信息、经营信息、管理信息以及国家的政策法规等信息。企业管理层在做经营决策前应当事先告知职工沟通协商委员会;在制定职称评定标准、职务晋升标准和评优评先等技术标准前应该事先听取职工沟通协商委员会的意见;在制定规章制度、休息休假制度、劳资报酬支付方式、劳动保护以及劳动条件等与劳动者切身利益紧密相关的事项时,除应当广泛听取职工沟通协商委员会的意见外,在意见未得到企业采纳的情形下,管理层还有义务向职工沟通协商委员会说明意见未被采纳的原因。当劳动争议发生后,职工沟通协商委员会有权介入,并通过调解等方式促成双方借助友好协商的方式解决争议。当企业在制定专业性较强的人事制度和管理制度时,职工沟通协商委员会若无法就这些制度提出专业的意见,将有权通过民主表决的形式邀请专业人士介入,相关费用应由企业承担。若企业管理层不当干预职工沟通协商委员会,从而侵犯职工沟通协商委员会的权利,职工沟通协商委员会有权向劳资沟通协商争议处理机构申诉,若对申诉处理结果不服,还有权借助仲裁和诉讼的方式维权。为了确保职工沟通协商委员会能够正常履行职责,企业应当为职工沟通协商委员会设立固定的办公场所、配备办公设备,并安排专人作为职工沟通协商委员会的专职秘书,负责处理劳资沟通协商的日常工作,还应提供职工沟通协商委员会开展工作所必需的办公经费。

从义务角度看,职工沟通协商委员会应遵守以下义务:首先,由于职工沟通协商委员会在新时代的主要角色是促进劳资双方友好协商,消除双方的误解,因而其不能进行诸如罢工等不利于培育劳资友好协商氛围的行为,也不能从事违反法律、政策以及误导劳动者的行为。职工沟通协商委员会要始终本着以法律为依据、以事实为准绳的基本理念,既不偏袒劳动者,又不能被企业利用,当劳资双方不能借助友好协商解决争议时,应及时向当地政府劳动管理办公室汇报,避免劳资矛盾的恶化。其次,其不能违反集体合同的约定。职工沟通协商委员会虽然有权组织劳资双方就集体协商的事项展开沟通协商,但不得违反集体合同的底线性约定,若劳资双方在一定期限内无法就集体协商的事项达成一致意见,职工沟通协商委员会有义务转交工会,由工会借助集体协商制度予以处理。最后,其不能以沟通协商为由侵犯企业的经营管理自主权。由于现阶段职工沟通协商委员会还不能享有“共同决定权”,因而其不能干预企业管理层的经营决策行为,且在履行职责时有义务保守企业的商业秘密,若不当泄露或利用商业秘密,将承担相应的责任。

三、职工沟通协商委员会成员的法律地位

(一)职工代表的权利和义务

为了使职工沟通协商委员会制度能够落到实处,除了应当明确职工沟通协商委员会的权利和义务,还必须明确职工沟通协商委员会成员在履行职责时所应享有的权利和履行的义务。职工代表作为职工沟通协商委员会的成员,理应享有权利和履行义务。总体来看,职工代表既不能享有特权,也不应遭受不利后果。享有的权利主要有职业保障权和解雇保障权。职业保障权主要体现为以下三个方面:第一,企业应当为职工代表履行职责提供时间保障,职工代表因履行职责所实际产生的合理费用由职工沟通协商委员会支付,但最终由企业负担。第二,企业应当确保职工代表不因履行职责而在职务晋升、评优评先和劳动报酬等方面受到不公平的待遇,任职前后的工资待遇应当大致相当,不会因为履行代表职责而享受额外的工资待遇,也不会因为履行职责而减少工资待遇。第三,为了提高职工代表的沟通协商能力,企业还应当为职工代表提供专项培训。这种培训不仅包括职工代表作为普通劳动者所应享受的与普通职工同样的职业技能培训,还包括因履行代表职责所需要的职业技能培训,这类培训既包括相关法律培训、沟通技能培训,又包括经济、管理等方面的知识培训。解雇保障权主要体现为企业不能因为职工代表履行职责而解除其劳动关系。职工代表在任期内不得被解职,只有在存在严重失职或违纪的情形下通过法定程序才能被解职,一般情况下,职工代表必须经过一定比例的职工表决通过才能被解职。职工代表的义务主要体现在以下几个方面:第一,职工代表与工会代表应当诚实合作,且必须遵守相关保密协议,不能泄露

企业的商业秘密；第二，必须认真履行职责，将劳资沟通协商中的信息及时传达给劳资双方；第三，必须遵守维护和平的义务，不得领导职工怠工和停工。

（二）工会代表的权利和义务

虽然职工沟通协商委员会和工会是两个独立的组织，但工会代表作为职工沟通协商委员会的成员，理应在劳资沟通协商法律制度的有效运行中扮演非常重要的角色，其权利和义务主要体现在以下几个方面：第一，由于法律并未强制要求劳动者总人数不到100人的企业设立职工沟通协商委员会，但工会代表有权提议召开企业大会，全体劳动者可以在企业大会上自主讨论决定是否需要成立职工沟通协商委员会，若企业拒绝举行企业大会，工会代表有权要求企业强制举行。第二，工会代表负责组织企业全体劳动者民主选举职工代表，若企业对选举进行不当干预或违反选举程序，工会代表有权要求争议解决部门认定选举无效。第三，对职工沟通协商委员会成员和企业进行监督。若职工沟通协商委员会成员违反了相关法律规定，工会代表有权要求争议解决部门将其移出职工沟通协商委员会之外，甚至是解散职工沟通协商委员会；若企业对职工沟通协商委员会进行不当控制，从而侵犯劳动者的权益，工会代表有权要求争议解决部门对其进行处罚。第四，职务保障权，即职工沟通协商委员会的委员资格不得被无故撤销，工会中的职务也不得被无故解除。第五，由于职工沟通协商委员会成员履行职责需要具备一定的专业知识和技能，因而需要工会代表安排各项培训，费用由企业承担。第六，工会代表借助集体协商制度进一步细化劳资沟通协商法律制度尚未具体明确的事项，为劳资沟通协商提供制度框架。第七，工会代表必须遵守维护和平的义务，不得干预职工沟通协商委员会的成立和运行，不得动员职工怠工和停工。

第二节　行为制度构建

劳资沟通协商的内容与劳动者在劳资沟通协商中所应享有的权利是息息相关的。由前文所述可知，在我国劳方团体自律缺失和经济民主还不是很健全的现实条件下，劳资沟通协商还应当坚持"雇主主导"的基本原则，劳资沟通协商法律制度的功能定位应是信息共享、意思疏通、意见表达以及纠纷预防，暂时难以承载"共同决策"的使命。因而，劳动者在劳资沟通协商中享有的权利主要有知情权和磋商权等程序性权利，劳资沟通协商的内容就应当围绕如何实现劳动者的这些权利来设计。劳资沟通协商的内容主要包括信息披露与交流、企业特别事项的沟通协商、日常沟通协商以及纠纷协商解决等。

一、信息披露与交流

（一）信息披露与交流的内容

为了落实劳动者的知情权，职工沟通协商委员会有权获悉为履行职责所需要的合理且必要的信息，也就是说，企业应当主动或应职工沟通协商委员会的申请披露和解释企业相关信息，劳资双方可以围绕信息展开沟通协商。这些信息主要包括企业的基本信息、管理信息、经营信息和国家政策等关系劳动者切身利益的信息。当然，若相关信息涉及企业的商业秘密，企业可以与职工沟通协商委员会签订保密协议或者拒绝披露。虽然德国、荷兰等国家的相关劳动立法规定企业财务信息也属于披露的对象,但笔者认为,当前在中国,强制要求企业披露财务信息,既不现实,也无必要。其理由如下:首先,由于财务信息涉及股东、交易相对人以及劳动者等利益相关者的利益,关系到税收缴纳、股东分红以及企业之间的竞争等复杂的社会关系,在中国税收征纳体系、中小股东利益保护机制以及社会信用体系还不是很健全的情况下,大多数企业披露财务信息是有顾虑的。再加上我国现有的劳资沟通协商是坚持"用人单位主导"的原则,在这样的立法理念下,让企业主动披露财务信息将不切实际。其次,企业财务信息涉及劳动报酬的动态确定问题,然而,我国尚未构建工资动态调整机制,况且工资动态调整是工资集体协商制度和劳动合同制度所应承担的任务。因而,在当前的中国,暂无必要强制企业披露财务信息。

企业的基本信息主要包括以下几种:(1)企业的组织形式及章程;(2)作为企业所有人的自然人的姓名或法人的名称、住所;(3)法人企业的董事会、监事会成员的姓名和职责;(4)与企业保持长期关系,可能对企业的经营、发展产生重大影响的其他企业的名称和住所;(5)集团企业内部控制权的分配以及对集团内某一企业施加控制的企业的名称与住所。管理信息涉及员工切身利益,主要包括以下几种:(1)规章制度的制定与修改情况;(2)工作时间、工作待遇和休息休假制度;(3)员工录用、解雇、职称评定和升职制度;(4)职工出勤、监控以及表现评价制度;(5)有关社会保险缴纳、利润分配计划和公积金积累的议案;(6)人力投资计划和职业培训制度;(7)职工信息登记、使用与保护制度;(8)与职业安全、职业健康以及职业福利等有关的劳动保护和劳动条件制度;(9)申诉、监督制度。企业经营信息主要包括以下几种:(1)用人单位的总体业绩、中长期发展规划;(2)重大经营决策和技术改造方案;(3)企业转让或部分转让、设立或兼并另一企业以及放弃对另一企业的控制权;(4)与其他企业建立、变更或终止长期合作关系;(5)企业经营活动或主要经营活动的实质性变更或终止;(6)集体招聘或解雇一批职工;(7)企业组织结构或内部责任承担主体的实质性变更;(8)企业重大投资、对外贷款、借款或为其他企业和个人担保;(9)引进和更新重大技术设备;(10)为企业提供专家意见的外部专家的姓名。国家政策由国家相关部门负责披露,但对于关系劳动者切身利益的政策应当由企业负责转披露。这主要包括以下几种:(1)国家劳动法律、法规以及政策;(2)各地为贯彻落实国家法律法规所制定的指导意见;(3)国家有关职称评定、专业技术认定以及评优评先的标准;(4)国家公布的最低工资标准;(5)国家公布的社会保险缴纳标准;(6)国家有关职业技能培训的规定;(7)国家公布的人力资源成本、工资标准、物价标准和消费指数等数据。

(二)信息披露与交流的程序

职工沟通协商委员会作为劳资沟通协商的组织机构,主要职责之一就是信息披露和交流。具体负责这一任务的主体应为职工沟通协商委员会内设的办公室,由办公室的全职委员负责。全职委员作为企业管理层和劳动者的联络人,负责与企业管理层日常沟通,并及时向劳动者传递和解释相关信息。其具体程序如下:(1)由职工沟通协商委员会中的全职委员与企业总经理(或其指派的人)以及政府劳动管理办公室联络,以此获取企业的基本信息、管理信息、经营信息以及国家颁布的法律、法规和政策。(2)全职委员获取相关信息后,将与职工沟通协商委员会中的职工代表委员联络,将相关信息传达给后者,并做好相应的解释工作。(3)职工沟通协商委员会中的职工代表委员收到相关信息后，将向其所在部门的全体劳动者传达相关的信息，并回答劳动者的相关咨询。

二、企业特别事项的沟通协商

（一）企业特别事项的种类

为落实劳动者磋商权，法律应当明确企业在制定相关制度和作相关决定前，应当事先告知劳动者，或者与劳动者进行沟通协商，听取劳动者的意见，或在个别事项上，若企业未采纳劳动者的意见，还需向劳动者阐明未被采纳的原因，甚至需要经劳动者同意。也就是说，根据讨论事项的决定方式之不同，可以将沟通协商的事项分为以下 4 种：(1)只需向劳动者进行情况说明报告而不需听取意见的“说明报告事项”；(2)说明报告后需听取劳动者意见的“征求意见事项”；(3)劳资双方需交换意见，但最终决定权仍掌握在企业手中的“意见交换事项”；(4)必须征得劳动者同意的“同意事项”。从第一种到第四种，劳动者在相关事项上的发言权由少到多，即劳动者在“说明报告事项”上的发言权最少，在“同意事项”上的发言权最多。

由前文所述，我国劳资沟通协商应当坚持“用人单位主导”的原则，尤其是在企业经营事项的决策上，大多数事项应交由企业管理层来决定，劳动者对这些事项往往只有听取“说明报告”的权利。具体来讲，“说明报告事项”主要包括以下几种类型：(1)企业经营方针和经营计划的拟定；(2)企业组织机构的新设和增减；(3)企业新技术、新设备的引进以及生产事务的优化等；(4)企业转让或部分转让、企业兼并等企业重组事项；(5)与其他企业建立、变更或终止长期合作关系；(6)企业经营活动或主要经营活动的实质性变更或终止；(7)企业重大投资、对外贷款、借款或为其他企业和个人担保；

(8)企业决定上市。“征求意见事项”大多数涉及用人单位的管理事项,具体包括以下几种:(1)员工录用、配置标准;(2)岗位、职位的设置与调整;(3)职称评定与晋升标准;(4)人力投资计划和职业培训制度;(5)职工评优评先标准;(6)职工福利计划;(7)规章制度的制定。“意见交换事项”主要涉及与劳动者切身利益相关的事项,具体包括以下几种:(1)经营性停歇、集体招聘和解雇一批员工;(2)工作时间、加班时间的确定;(3)工作形式的变更;(4)休息休假制度的制定;(5)基本工资、加班补贴和生活补助金的发放时间与方式;(6)职业安全卫生制度;(7)有关社会保险缴纳、利润分配计划和公积金积累的议案。根据前文所述,我国劳资沟通协商法律制度在当前还难以承载“共同决定”的使命,这意味着“同意事项”很少,一般来讲,只有《劳动法》《劳动合同法》等劳动立法明确规定需要经过劳资双方协商确定的事项。其主要包括:(1)带薪年休假的放弃;(2)无固定期限劳动合同签订的放弃等。

(二)企业特别事项的沟通协商程序

“说明报告事项”的沟通协商程序是:(1)企业管理层(一般为企业总经理或其指派的人)每年分两次向职工沟通协商委员会提交企业过去一段时间内的总体经营业绩信息和未来一段时间的经营计划和目标,以及企业预计将要采取的行动,以便职工沟通协商委员会委员能够对企业的发展现状和发展前景有一个较清晰的认识,从而对“征求意见事项”、“意见交换事项”和“同意事项”进行有效的沟通协商;(2)企业管理层在做出正式决策后及时向职工沟通协商委员会全职委员说明报告,以便全职委员知晓并传达;(3)职工沟通协商委员会全职委员收悉管理层的说明报告后应及时传达给其他职工沟通协商委员会委员;(4)职工代表委员在知晓企业管理层所做出的决策后应当及时告知其所在部门的全体劳动者。

"征求意见事项"的沟通协商程序是:(1)企业管理层在就相关事项做出决定前提前一段时间告知职工沟通协商委员会全职委员,以书面形式传达拟做出的各项决策,并说明做出该决策的具体原因;(2)职工沟通协商委员会全职委员知晓管理层拟做出的决策后及时将相关信息转达给职工委员,职工委员召集其所在部门全体劳动者或劳动者代表开会,并以书面的形式将决策文件以及制定决策的理由告知与会人员,听取与会人员的意见;(3)职工代表委员将整理好的劳动者的建议和意见以书面形式转交给职工沟通协商委员会全职委员;(4)全职委员在整理好各职工代表委员收集的建议和意见后,以书面形式转交给企业管理层。

"意见交换事项"的沟通协商程序与"征求意见事项"的沟通协商程序基本类似,只是多了一个程序,即若劳动者的意见和建议未被采纳或部分被采纳,企业管理层应当向职工沟通协商委员会说明原因。

"同意事项"的沟通协商程序和"意见交换事项"的沟通协商程序基本相同,只是劳动者对相关事项具有同意或否认的权利,即当劳动者收到企业管理层拟做出的相关决定后,要么表示同意,要么表示不同意,企业管理层在劳动者不同意的情形下不能做出正式决定,只能在了解劳动者的真实意思后继续和劳动者沟通协商,直到劳动者同意为止。

三、日常沟通协商

(一)日常沟通协商的内容

劳资双方日常沟通协商的范围很广,包括除"特别事项"专项协商以外的所有事项,既包括劳动者对企业经营策略和管理制度提出意见和建议,也包括劳动者对工资报酬、工作时间、休息休假、劳动保护、生活保障以及娱乐活动等事项的看法和诉求。其具体包括以下情形:(1)员工对企业的经营理念、生产计划、工作流程优化、克服企业困难等经营策略提出合理的建议;(2)员工对企业的工资计算方式、工作时间、休息休假、职称评定以及规章制度等经营管理事项提出意见;(3)员工对企业的员工培训计划、人力资源投资等事项提出意见和建议;(4)员工对企业员工的伙食、生活补助以及福利发放等福利制度提出意见和建议;(5)员工对企业管理人员的管理行为和失职行为提出意见和建议;(6)员工对企业的娱乐活动、联谊活动提出意见和建议;(7)劳动者讲述自己在工作上和生活上的困难以及内心的想法等。

(二)日常沟通协商的程序

劳资双方日常沟通协商的形式主要有会议沟通和常规沟通两种。会议沟通主要包括企业层面的由总经理与劳动者(或职工代表)之间的直接对话、部门层面的由部门经理(或部门负责人)与劳动者(或职工代表)之间的直接对话以及车间层面的由车间主任(负责人)与劳动者(或职工代表)之间的沟通对话。与会议沟通相比,常规沟通在沟通主体和沟通时间上更灵活,劳资双方可以随时通过各种形式展开沟通协商。

会议沟通的程序是:(1)确定参会的人员。企业方代表一般由总经理或副总经理担任,各部门负责人列席会议,职工方一般由企业全体职工或职工代表参加。为了让沟通协商能够覆盖到每位员工,使沟通协商更具代表性,职工代表的确定形式可以多样化,可以是企业随机抽取或各部门民主推荐,也可以是自愿报名,具体采用何种形式由企业自主确定，目的是让每位劳动者都能参与到劳资沟通协商中来。(2)确定参会的职工代表后，职工代表应在其所在的部门或车间收集和整理每位劳动者的建议和意见。(3)职工(或职工代表)在沟通协商会上自主发表建议和意见或者讲述劳动者的困难，企业负责人、部门负责人和车间负责人分别对劳动者的发言予以回应，对于一些能当场解决的问题就当场解决，不能马上解决的则交由相关部门进行跟进，对于一些实在无法解决的问题则当面做出解释。(4)出席沟通协商会议的职工代表将管理层的意思转达给其所在部门或车间的全体劳动者。

常规沟通的程序是：(1)企业各部门的劳动者将各项建议和意见反映给其所在部门的职工代表委员，职工代表委员收集、整理好建议和意见后召集所在部门全体劳动者或职工代表开会，充分讨论劳动者提出的建议和意见，将一些无理或无意义的建议和意见剔除掉，形成有效的建议和意见。(2)职工代表委员将劳动者的建议和意见以书面形式转达给职工沟通协商委员会全职委员。(3)职工沟通协商委员会全职委员收集并整理各职工代表委员转交的建议和意见，并交由职工沟通协商委员会讨论。职工沟通协商委员会若有权或有能力处理，直接将意见回复给职工代表委员，由职工代表委员将回复意见转达给劳动者；若无权处理，将呈交给企业管理层，由企业管理层在研究决定后将回复意见下达给职工沟通协商委员会全职委员。(4)全职委员收到企业管理层的回复意见后及时将该回复意见转达给职工代表委员，由职工代表委员将管理层的回复意见转达给其所在部门的每位劳动者。

四、纠纷协商解决

(一)协商解决纠纷的情形

劳动纠纷产生的原因主要有:(1)劳动者没有权利。劳动者因无权利而没机会表达诉求,完全听命于企业管理层,没有存在感,从而产生了消极、怠慢的情绪,不积极工作,对管理层的管理行为持抵触情绪。(2)权利受损。权利受损主要包括工资被克扣、劳动时间过长以及劳动条件差等情形,当劳动者权益受到损害时,劳动者容易产生报复的心理,从而激发劳资矛盾。(3)利益不足。利益不足主要表现为:劳动者的权利没有遭受损害,但劳动者感到自己应该得到更多的利益。例如,劳动报酬高于最低工资标准,但劳动者觉得太低。当出现利益争议时,劳动者可能会选择"用脚投票",离开企业,也可能会选择消极怠工、停工或暴力行为。当出现第一种情形时,劳动者可以向企业表达自己的想法,即"想说啥就说啥",可以是向管理层询问情况,可以是发表意见、反映问题和诉说困难,也可以是表达愿望、提出要求、诉说不满以及提出建议。当管理层认真听取劳动者的诉说后,应当表达自己的观点,可以是对员工意见的认可、承认和接纳,也可以是不认可时的解释和引导,员工的观点不论是否得到了采纳,员工会感觉自己得到了尊重,也感受到企业的真诚和肯定,从而可以将劳动纠纷消除在萌芽状态。当出现第二种情形时,劳动者可以向职工沟通协商委员会反映,职工沟通协商委员会应当发挥调解劳动矛盾的功能,及时组织劳资双方进行沟通协商,从而将劳动矛盾限制在企业内。当出现第三种情形时,劳资双方可以通过友好协商表达各自的观点,对于劳动者反映得比较客观的事实,企业应当予以考虑,对于劳动者提出的不切实际的诉求,企业可以向劳动者讲述单位的经营现状,以得到劳动者的理解,以此减少员工离职、消极怠工、停工或实施暴力行为的概率。

(二)协商解决纠纷的程序

劳动争议可以分为权利争议和利益争议①,相应地,劳动争议协商处理的程序也可分为权利争议协商处理程序和利益争议协商处理程序。

权利争议协商处理的程序是:(1)当劳资双方发生权利争议时,任何一方均有权诉诸职工沟通协商委员会,双方必须以书面形式载明主张权利的依据、争议发生的事实以及双方协商不成的原因和争议的焦点等。(2)职工沟通协商委员会组织全体委员召开会议,围绕权利争议的焦点展开讨论,并对争议的事实和证据进行核实,在此基础上,形成初步意见,并努力劝说劳资双方协商解决争议。(3)在职工沟通协商委员会协商处理权利争议失败的情形下,若争议的焦点主要在于事实的判定,可以邀请企业工会、行业协会或业界专家等外部力量介入,充分发挥外部力量在事实认定方面的优势,说服劳资双方协商解决争议;若争议的焦点涉及法律的理解和适用,则可以邀请人民调解员、仲裁员、律师以及学者等社会力量介入,充分发挥社会力量的法学专业优势,帮助劳资双方正确理解法律,以此通过协商途径解决争议。(4)若争议无法借助社会力量的介入得以解决,那么劳资双方将诉诸劳动争议调解组织、仲裁机构和法院。

利益争议协商处理的程序是:(1)权利争议协商处理的前两个程序也适用于利益争议的协商处理。(2)当职工沟通协商委员会无

① 参见[美]约翰·W.巴德:《劳动关系:寻求平衡》,于桂兰等译,机械工业出版社2013年版,第246页。

法处理利益争议时，如果利益争议涉及集体协商的内容，则交由工会通过集体协商途径处理；若不属于集体协商处理的事项，职工沟通协商委员会可以邀请业内专家、行业委员会等社会力量介入，充分发挥其专业优势，说服双方协商解决争议。(3)若借助社会力量介入仍然无法解决利益争议，将转交给由职工代表、企业代表以及政府官员组成的劳动争议处理机构处理。

第三节　责任体系构建

劳资沟通协商法律制度有效运行离不开科学、完备的责任体系。为确保劳资沟通协商法律制度得以有效运行，大多数国家的劳动立法均明确规定了企业违反劳资沟通协商义务所应承担的责任。构建劳资沟通协商责任体系的首要任务是确定该体系的构建思路；其次是明确企业所应承担的具体责任形态；最后是明确不同责任形态之间的互助关系。

一、构建思路

劳资沟通协商活动能否顺利开展主要取决于企业的偏好，因此劳资沟通协商责任形态主要是针对企业来设计的，旨在督促企业自觉履行劳资沟通协商义务。这类责任主要包括禁止解雇、行为无效、民事赔偿、罚款以及监禁等。① 笔者认为，在我国劳资协商文化

① See Craig Bosch, *The Employee's Right to Procedural Fairness in the Context of Transfers of Businesses*, Industrial Law Journal, Vol. 30:10, p. 2253(2009).

还不是很浓、用人单位对劳资沟通协商的重要性认识还不够充分的情形下,劳资沟通协商责任体系的主要功能并不是惩罚,而应当是“促成”。也就是说,通过惩罚性色彩较弱的强制性责任形态或激励性责任形态去培育用人单位的沟通协商意识,督促用人单位自觉遵守劳资沟通协商规定。且责任形态的适用应有先后顺序,一般来讲,先适用惩罚性色彩较轻的责任,只有当较轻的责任无法奏效时,才依次适用惩罚性色彩较强的责任。由于通过监禁的刑罚手段来督促企业履行劳资沟通协商义务,与我国刑法“谦抑性”理念不符,因而我国当前暂时还不宜适用刑事责任,对罚款责任形态也应谨慎适用,只有在其他惩罚性色彩较弱的责任无法奏效的情形下才能适用。基于此,我国应当构建一套激励与约束并存的劳资沟通协商责任体系,该责任体系主要应由限期履行、行为无效、恢复原状、赔偿损失、声誉罚和市场约谈等责任形态有机构成。法律责任体系是由不同责任形态有机构成的,这意味着必须明确劳资沟通协商责任的具体形态及其适用情形、归责原则以及不同责任形态之间的互助关系。

二、责任形态

(一)限期履行、行为无效

限期履行主要是针对企业拒绝履行披露义务、告知义务、征求意见义务、回应义务以及征得同意义务等劳资沟通协商的基本义务而设计的。行为无效是指企业在做决定前因未履行告知义务、征求意见义务、回应义务以及征得同意义务,而导致企业所做的决定无效。限期履行和行为无效作为一对紧密联系的责任形态,主要存在于德国、荷兰和意大利等国家。德国劳动法赋予企业委员会广泛的知情权、咨询权、磋商权和共同决定权，若雇主在招聘员工、解除劳动关系、转让企业以及制定人事制度等方面未向企业委员会依法履行告知义务、磋商义务和同意义务，该决定将暂时不发生法律效力。双方若存在争议，将交由仲裁委员会裁决，仲裁委员会若认为企业委员会的诉求无理由，将会支持雇主的决定，反之，雇主的行为将不发生法律效力。① 荷兰雇主关于解除合同的通知需要取得就业与收入服务中心的许可，在获得就业与收入服务中心的许可前，任何解雇都是完全无效的。② 意大利第604号法案所确立的第一个限制指的是对个体解雇形式的限制，即雇主必须用书面形式把解雇的情况告知被解雇的雇员，且经雇员要求应对解雇的原因做出解释。1990年第108号法案规定，这种形式的限制是雇主的强制性的义务，雇员的要求必须在解雇的15天之内做出，雇主必须在接下来的7天之内给予答复。这种形式要件意味着雇主一旦采纳了某种解雇的原因，就不得再依靠其他不同的原因对解雇进行辩护，违背此规定的解雇无效。③

就我国而言，构建限期履行责任形态的主要任务是通过法律明确企业限期履行的具体时限，限期履行的时限应该合理，确保企业能够在时限内履行相应的义务，为此，法律应当根据企业拒绝履行

---

① 《德国企业组织法》第94条第1款规定，若雇主采用笔试的形式招聘雇员，那么笔试的内容必须经企业委员会同意；第100条规定，雇主在正式聘用雇员时必须将雇佣关系的细节告知企业委员会，若企业委员会不同意聘用该雇员，那么雇主就不能聘用；第102条第1款规定，在任何解雇之前，雇主都有义务与企业委员会协商，否则，解雇无效。参见［德］曼弗雷德·魏斯、马琳·施米特：《德国劳动法与劳资关系》，倪斐译，商务印书馆2012年版，第261～264页。

② 参见［荷］费迪南德·B.J.格拉佩豪斯、莱昂哈德·G.费尔堡：《荷兰雇佣法与企业委员会制度》，蔡人俊译，商务印书馆2011年版，第41页。

③ 参见［意］T.特雷乌：《意大利劳动法与劳资关系》，刘艺工、刘吉明译，商务印书馆2012年版，第117页。

义务的具体种类分别确定限期履行的时限。由于企业履行披露义务和告知义务的程序相对简单,因而限期履行的时限相对要短,而履行征求意见义务、回应义务和同意义务相对复杂,因而限期履行的时限相对要长。由于行为无效责任形态涉及与企业有商业往来的第三方的权益问题,因而构建行为无效责任应当注意以下三点:第一,行为无效是指企业的行为在企业内部不发生效力,一般不涉及企业与第三人之间法律行为的效力,只有在第三人明知企业违反了劳资沟通协商规定的情形下,才会影响企业行为的对外效力。因为根据我国民法和公司法的基本理论,企业违反企业内部程序与善意第三人确立的民事关系一般来讲是受法律保护的,这就是所谓的"内部约定不得对抗善意第三人"。第二,并非企业违反劳资沟通协商规定的所有行为均为无效,只有严重影响到劳动者切身利益的行为才对劳动者不发生效力。也就是说,并非企业在未履行事前告知义务和事前征求意见义务的情形下所做的所有决定均在企业内不产生效力,只有涉及规章制度、工时计算、劳动报酬支付以及休息休假等与劳动者利益密切联系的劳动管理行为,以及必须征得劳动者同意的行为,才涉及行为对内无效的问题。第三,并非只要企业在做决定前履行了告知义务、征求意见义务和回应义务就不存在行为对内无效的问题,若企业没有正面回应劳动者的建议和意见,或者虽然正面回应了,但理由明显不充分,此时也存在行为对内无效的可能。

(二)恢复原状、赔偿损失

恢复原状、赔偿损失作为两种常见的民事责任,也可以适用于劳资沟通协商领域。恢复原状、赔偿损失与行为无效密切联系,当企业的行为被认定无效后,既意味着该行为对将来不产生效力,又表明该行为自做出之日起就不生效。对于后者,就存在恢复原状和赔偿损失的可能。当然,恢复原状和赔偿损失不仅存在于企业与第三人之间,还可能存在于企业与劳动者之间。由于前者主要由民法与合同法予以调整,因而笔者在此只讨论后者,更进一步讲,就是探讨劳动者向企业主张恢复原状和赔偿损失的情形。两种责任形态均主要适用于企业在制定规章制度、职称评定制度、工资支付制度以及工作岗位调换等制度时因未与劳动者沟通协商而导致行为无效的情形,若企业已经依据这些对内不具有法律效力的制度做出了相应的决定,劳动者的正当权益必将受到损害,因而需要借助恢复原状和赔偿损失两种责任来弥补劳动者的损失。赔偿责任主要存在于荷兰等国家。在荷兰,雇主向就业与收入服务中心提出申请时,应当说明解除的理由,且雇主应当提出证据予以证明这些理由。就业与收入服务中心通过评估判断解除合同的动议是否合理,评估过程中,需要考虑雇主与雇员双方的选择及其利益——更具体来说与荷兰的劳动力市场状况密切关联。一旦得到了就业与收入服务中心的许可,雇主即可发出解除合同的通知,通知应当遵守有关法律、集体合同或者单个雇佣合同中的期限规定或约定,否则,解除合同尽管有效,但雇员可以主张损害赔偿。①

(三)“声誉罚+市场约谈”

“声誉罚+市场约谈”责任组合作为一种惩罚性色彩较弱的责任形态,其发挥作用的原理是:在监管方与市场主体之间形成连续性和反思性的互动关系,通过劝导和互动的方式达到规制的目的。②

---

① 参见[荷]费迪南德·B.J.格拉佩豪斯、莱昂哈德·G.费尔堡:《荷兰雇佣法与企业委员会制度》,蔡人俊译,商务印书馆2011年版,第36~37页。

② 参见卢超:《社会性规制中约谈工具的双重角色》,载《法制与社会发展》2019年第1期。

劳资沟通协商文化的缺失致使我国大量的企业在现阶段还难以真正履行劳资沟通协商义务,若一味借助惩罚性色彩较强的责任形态来督促企业自觉履行相关义务,势必会给执法和司法带来巨大的压力。因而,“声誉罚+市场约谈”这种具有“软法”色彩的责任组合更有利于减少劳动执法和劳动司法的成本,且能够借助说服教育的方式增强企业的沟通协商意识,从根本上有利于劳资沟通协商法律制度的有效运行。构建“声誉罚+市场约谈”责任组合的首要任务是建立劳资沟通协商信用档案制度,掌握企业遵守劳资沟通协商法律规定的真实情况及其动机,将守法状况差又无特别理由的企业纳入“黑名单”,并将其作为监管部门重点监督的对象。其次是建立市场约谈机制。劳动行政执法部门作为劳动沟通协商的监管部门和市场约谈的主体,在约谈失信企业时,应当先倾听企业的诉求,了解其真实想法,然后根据企业的想法和诉求进行有针对性的劝说和引导,阐明国家构建劳资沟通协商法律制度的初衷,并借此机会向企业阐明国家的政策法规,讲述部分企业劳资沟通协商的先进经验,劝说企业自觉遵守国家有关劳资沟通协商的规定,告知企业违反法律规定应当承担何种责任。

(四)罚款

罚款作为一种行政处罚措施,对保障劳资沟通协商法律制度有效运行具有极为重要的价值。罚款主要存在于英国和爱尔兰等国家。《英国工会劳工关系巩固法案》规定,雇主若打算在90天内解雇超过20人的雇员,雇主必须和可能受到影响的雇员群体的代表协商,并必须告知就业部。如果雇主未能履行与雇员代表协商的义务,有关工会可向雇佣法庭起诉,法庭可能做出“保护裁决”,雇员在裁决期间仍可获得工资。此外,若雇主没有将相关信息上报就业部,将可能被处以罚金,最高罚金额为5000英镑,如果雇主是有限责任公司,未能上报的总裁或者经理可因其过失承担个人责任。英国健康和安全委员会发布《实践法典》,明确了安全代表和安全委员会的设立及职责,雇主有义务与雇员或雇员代表磋商雇员的安全问题,若违反这一协商义务,雇主可能会收到健康和安全行政部门发出的改进通知,或引起判处罚金的刑事诉讼,或民事救济诉讼。① 在爱尔兰,劳动者磋商权是通过罚款来保障的。② 我国制定罚款规则的重点在于明确其适用情形与具体数额。

三、不同责任形态之间的互助关系

只有实现不同责任形态之间的互助融合,劳资沟通协商责任体系才能有效发挥作用。为此,应明确以下几点。

首先,明确限期履行与行为无效、罚款之间的互助关系。对此,法律应根据企业拒绝履行义务的种类来确定企业未限期履行所应承担的责任。若企业在限期内未履行征求意见、交换意见或征得同意的义务,其行为将不发生法律效力。由于企业拒绝披露相关信息的行为属于一种消极不作为,因而其无法适用行为无效责任,只能借助罚款对其进行处罚。

其次,明确恢复原状和赔偿损失之间的互助关系。两种责任形态在适用上应当存在先后顺序,恢复原状优先于赔偿损失,除非恢复原状已无可能或已无必要。其主要理由有以下两点:第一,我国

---

① 参见[英]史蒂芬·哈迪:《英国劳动法与劳资关系》,陈融译,商务印书馆2012年版,第316~317页。

② See Dr Michael Doherty, *It's Good to Talk... Isn't It? Legislating for Information and Consultation in the Irish Workplace*, http://ssrn.com/abstract=2062198, p. 13-14.

劳动力市场呈现供大于求的态势，很多劳动者不愿意为了得到损害赔偿而放弃工作，因而恢复原状更有利于保护劳动者的利益，对企业的惩罚也不至于过重。例如，依据《劳动合同法》，虽然劳动者有权以违法解除劳动合同为由向用人单位主张损害赔偿金，①但现实中很多劳动者为了保住工作而不向用人单位主张损害赔偿。第二，在我国，借助民事赔偿督促企业自觉履行义务的难点在于难以确定赔偿数额，从而无法保护劳动者的权益。因为我国民事赔偿的基本原则是“无损害即无赔偿”，而企业违反劳资沟通协商义务往往只是侵犯了劳动者的程序性权利，一般不直接涉及实体性劳动权利，在我国程序性立法还不健全以及公民的程序意识还不强的现实背景下，借助民事赔偿的方式来实现对劳动者磋商权的救济将在司法实践中遇到极大的阻碍。例如，虽然司法解释规定用人单位在解除劳动合同前须通知工会，否则视为违法解除劳动合同，将向劳动者支付赔偿金，②实践中也存在劳动者以该规定为由向用人单位主张赔偿金的案件，但令人不解的是，同案不同判③的司法现象屡屡发生。这种司法现象的出现与法律规范不明确、法官认知能力存在差异息息相关，与法官的利益考量也不无关系。为了实现地方经济的平稳发展，避免致使用人单位陷入经济困境，法官往往会做出折中判决，

---

① 参见《劳动合同法》第48条。

② 参见最高人民法院《关于审理劳动争议案件适用法律问题的解释(一)》第47条。

③ 有的法官认为，用人单位单方解除劳动合同需要事先通知工会是以单位已成立工会为前提，若单位未建立工会，用人单位将无此义务。参见重庆市渝北区人民法院民事判决书，(2013)渝北法民初字第07968号；重庆市第一中级人民法院民事判决书，(2013)渝一中法民终字第04880号。有的法官则认为，即使用人单位未建立基层工会，也应当通过告知并听取职工代表的意见的方式或者向当地总工会征求意见的变通方式来履行告知义务，否则属于违法解除劳动合同。参见安徽省安庆市宜秀区人民法院民事判决书，(2015)宜秀民一初字第00837号；安徽省安庆市中级人民法院民事判决书，(2016)皖08民终26号。

最高人民法院也是基于此考虑才颁布了能够平衡劳资双方利益的司法解释。

最后,明确罚款与其他责任形态之间的互助关系。我国的用人单位大多数是中小企业,且绝大多数属于民营企业,这些企业的生存压力较大,为了能够在市场竞争中立于不败之地,它们非常注重节约用工成本,因而不看重企业的长远发展,更不用说履行企业社会责任了,也很难真正意识到劳资沟通协商对于企业发展的重要性。因此,很难借助恢复原状、行为无效、声誉罚和市场约谈等责任形态去督促这类企业履行劳资沟通协商义务,税收减免和评优评先等激励性手段也难以发挥作用。虽然对企业施加罚款是有必要的,但由于罚款涉及执法成本高、权力寻租等问题,再加上民营企业的发展现状整体不是很乐观,因而罚款的功能应该定位为威慑,而不是惩罚,且应当是在穷尽其他责任以后才能被运用。具体来讲,当劳动者无法借助恢复原状、赔偿损失以及行为无效等责任形态维权,“声誉罚 + 市场约谈”责任组合也无法奏效时,才能对严重违反规定且屡教不改的企业施加罚款。

第四节 权利救济制度构建

劳动者磋商权成为劳动者的一项实在权利之关键在于确立一套行之有效的争议处理机制。由于劳资沟通协商纠纷涉及用人单位的经营和管理事项,且与善意第三人的利益密切相关,因而劳资沟通协商纠纷能否得到快速、有效的处理,关系到用人单位的经营和管理活动能否正常开展以及交易秩序是否安全稳定,这与传统的劳资纠纷解决机制存在重大差异。我国现有的“一裁两审”争议解决机制很难实现劳资沟通协商纠纷的快速解决，因此必须构建一套灵活、快速且有效的劳资沟通协商纠纷解决机制。德国、荷兰等国家的劳资沟通协商纠纷处理机制的共性就是能够快速、灵活地处理争议。构建我国劳资沟通协商纠纷解决机制，需明确以下几点：其一，首要任务是明确职工沟通协商委员会的诉讼主体资格，并构建一套完备的职工沟通协商委员会代表诉讼机制；其二，确立劳资沟通协商纠纷解决的途径；其三，明确不同劳资沟通协商争议解决制度之间的互助关系，使每个争议解决制度既能自成一体，又相互衔接、相互配合，共同构筑一套动态协调的劳资沟通协商纠纷解决机制。

一、职工沟通协商委员会代表诉讼机制

为了能够将劳资沟通协商纳入法治化轨道，除需要构建劳资沟通协商主体制度、程序制度和责任制度外，还必须构建工人代表诉讼制度。工人代表诉讼制度作为工人代表制度的重要组成部分，是指当用人单位侵犯员工的集体劳动权利时，由工人代表代替劳动者进行诉讼的制度。工人代表诉讼制度既是规模化经济日益发达的结果，亦是政治民主和法治发展的结果。已经认同或加入国际人权宪章和国际劳工组织第 87 号和第 98 号公约的国家和地区，通过法律明确规定劳资双方均有结社自由和权利，允许劳动者组建多个工会，或允许劳动者在组建工会外还设立企业内部层面的雇员代表组织或推选员工代表，由其代表劳动者与用人单位进行沟通协商、参与企业的民主表决和诉讼等活动。欧盟国家如德国、荷兰的企业委员会就是一个全由雇员组成的工人代表组织，该组织不仅代表劳动

者与雇主沟通协商、共同决定企业相关事宜，而且当企业委员会与雇主发生争议时，企业委员会有权诉诸仲裁委员会和法院解决争议。在人数不多而未组建企业委员会的企业，是由员工代表来履行本应有企业委员会履行的职责，员工代表被赋予了代表劳动者参与诉讼的主体资格。

我国并没有确立真正意义上的工人代表诉讼制度，只有《工会法》一部法律明确规定了工会在以下两种情形下具有诉讼主体资格：一是工会基于劳动者利益受损而享有的诉权①；二是工会基于其自身权益受损而享有的诉权②。《工会法》之所以赋予工会诉讼主体资格，主要基于以下理由：第一，工会具有法人资格③，有权以自己的名义从事民事活动和诉讼活动；第二，工会存在诉讼利益。对于第一种情形，工会以自己的名义与企业签订集体合同，属于合同的当事人，自然具有诉讼利益并有权作为诉讼主体资格。第二种情形主要涉及工会的经费以及财产被企业侵占，由于具备法人资格的工会享有独立的财产权，因而其对法律赋予的财产享有诉讼利益，当其财产权受到侵害时自然有权以自己的名义提起诉讼。

---

① 我国《工会法》第21条第4款规定，“因履行集体合同发生争议，经协商解决不成的，工会可以向劳动争议仲裁机构提请仲裁，仲裁机构不予受理或者对仲裁裁决不服的，可以向人民法院提起诉讼”。

② 我国《工会法》第50条规定，“工会对违反本法规定侵犯其合法权益的，有权提请人民政府或者有关部门予以处理，或者向人民法院提起诉讼”；第44条规定，“企业、事业单位、社会组织无正当理由拖延或者拒不拨缴工会经费，基层工会或者上级工会可以向当地人民法院申请支付令；拒不执行支付令的，工会可以依法申请人民法院强制执行”；第55条规定，“违反本法第四十七条规定，侵占工会经费和财产拒不返还的，工会可以向人民法院提起诉讼”。

③ 《工会法》第15条规定：“中华全国总工会、地方总工会、产业工会具有社会团体法人资格。基层工会组织具备民法典规定的法人条件的，依法取得社会团体法人资格。”

(一)职工沟通协商委员会代表诉讼机制构建的必要性

劳资沟通协商作为集体劳动关系的重要组成部分,是在职工沟通协商委员会与企业方代表之间进行的,也就是说,是由职工沟通协商委员会来行使知情权和磋商权等集体劳动权利。当企业的行为致使职工沟通协商委员会的这些权利无法实现时,由职工代表和工会代表组成的职工沟通协商委员会是否和工会一样享有诉权?对此,笔者认为,职工沟通协商委员会应当享有诉权,我国有必要构建职工沟通协商委员会代表诉讼机制。这主要有以下两个理由:第一,劳资沟通协商属于集体劳动关系的范围,也就是说,劳资沟通协商只能发生在职工沟通协商委员会和企业方代表之间,企业方代表拒绝沟通协商的行为侵犯的是企业所有劳动者的知情权和磋商权等程序性权利,一般情形下不涉及对个别劳动者实体性权利的侵犯,如果不赋予职工沟通协商委员会诉讼主体资格,那只能由每个劳动者单独提起诉讼,这既不符合常理,也极不现实。第二,我国珠三角地区出现的"工人代表制"是劳动者在我国集体劳动制度不健全的情况下,自发创设的工人利益代表机制。"工人代表制"蕴含了民法的程序和机理,由工人代表参与诉讼也符合民事诉讼法中代表人诉讼制度的基本原理,也有利于促进集体劳动关系制度的不断完善。对于"工人代表制"这一具有深刻法理和现实必然性的机制,若国家公权部门无视其具有阶段性的合理性,在集体劳动关系制度不健全的当今中国,既不现实,也势必会陷入道德危机。

(二)职工沟通协商委员会代表诉讼机制构建的可行性

依据传统诉权理论,享有诉权的主体必须是与实体权利存在密切联系的当事人,按照这种理论,当工人集体权利受到侵害时,工会将很难代表劳动者进行诉讼。然而,随着时代的发展,诉权与实体权利不能分离的观点越来越不适应现代社会的需求,早在19世纪末就有学者质疑实体当事人的异议。例如,德国学者考拉试图重新对当事人的概念进行定义,为此,其提出了一个与实体当事人相对应的概念——形式当事人,并将形式当事人定义为“以其名义进行诉讼之主体”。之所以应将当事人理解为形式当事人,而不是实体当事人,其认为主要原因有三个:第一,随着新型权利的不断出现,立法不可能对权利进行一一列举,实体当事人理论势必会阻碍权利的发展;第二,实体当事人理论也不利于保障有明确法律依据的权利,因为实体权利人往往因存在各种障碍而不能或不敢提起诉讼,若不赋予第三人享有诉权,将不利于保护实体权利人的利益;第三,诉讼程序的运行本身就表明诉权并非和实体权利一一对应,因为在诉讼过程中经常会出现法院受理纠纷后又驳回起诉的现象,即当事人实体权利未得到法院的认可,但已经行使了诉权。① 虽然2017年修正的《民事诉讼法》规定代表人诉讼中的代表人必须是当事人,但我国大多数学者却认为除当事人可以作代表人以外,其他具有充分性和典型性的组织也可以作代表人。况且,我国也存在类似的司法实践,如最高人民法院《关于进一步加强金融审判工作的若干意见》就认可了证券投资者保护机构作为诉讼代表人的资格,只要与投资者订立委托协议即可。

现代诉权理论仅仅是为职工沟通协商委员会享有诉权扫除了最基本的障碍,职工沟通协商委员会能否在实践中享有诉权,还应当具有诉讼利益。因为诉权虽然与实体权利相分离,但要满足两个

① 参见[日]高桥宏志:《民事诉讼法制度与理论的深层分析》,林剑锋译,法律出版社2003年版,第208页。

条件:一是存在诉讼利益,二是具备诉讼资格。[①] 诉讼利益是指当事人能够通过诉讼得到某种好处和利益。职工沟通协商委员会的诉讼利益认定较为复杂,因为其所代表的利益具有多重性,既有其本身的利益,也有劳动者的集体利益,甚至还有个别职工代表的个人利益,因而必须根据企业的侵权行为类型来断定职工沟通协商委员会是否具有诉讼利益。首先,就企业侵犯职工沟通协商委员会自身利益的情形而言,根据本章第一节的论述,符合法人条件的职工沟通协商委员会应当被赋予法人资格,也就是说,职工沟通协商委员会具有独立的权利能力和行为能力,当企业拒绝向职工沟通协商委员会提供物资保障或者不当妨碍其从事正常活动时,职工沟通协商委员会的权利将受损,因而其是存在诉讼利益的,理应享有诉权。其次,就企业侵犯劳动者知情权和磋商权等程序性权利来讲,企业拒绝披露相关信息、拒绝与职工沟通协商委员会协商的行为虽然直接侵害了劳动者的知情权和磋商权,但这类程序性权利属于集体劳动权利,只能由职工沟通协商委员会来行使。由于职工沟通协商委员会与工会类似,是法律规定的工人代表机构,只要是由通过企业职工民主选举出来的职工代表和工会委派的代表依法组成,就享有独立代表职工进行沟通协商和诉讼的权利,不需要职工再另行委托职工沟通协商委员会代为诉讼的手续,此点与我国实践中的"工人代表制"是存在质的区别的。因此,虽然知情权、磋商权等集体劳动权利的权利主体从本质上讲是劳动者,但职工沟通协商委员会是形式上的权利主体,即职工沟通协商委员会具有诉讼利益。在此方

---

① 参见[法]洛伊克·卡迪耶:《法国民事司法法》,杨艺宁译,中国政法大学出版社 2010 年版,第 298～299 页。

面，德国、荷兰等国家的相关劳动立法明确规定享有咨询权、协商权的主体是企业委员会。

在企业侵犯职工代表利益的情形下判断职工沟通协商委员会是否具有诉讼利益是比较复杂的。因为企业的侵权行为主要表现为对职工代表的非法解雇、不予晋升和扣发工资等报复行为，而实践中很难判断企业主观上是出于报复或妨碍职工代表履行职责的目的。对此，要借助不当劳动行为制度来判断企业行为的性质。笔者认为，如果不当劳动行为纠纷处理部门确定企业行为属于报复职工代表的行为，那么职工沟通协商委员会是有权代表职工代表提起诉讼的，即职工沟通协商委员会具有诉讼利益。其理由是：职工沟通协商委员会代表劳动者的共同利益，企业对职工代表的报复行为既是对职工代表个人权利的侵犯，也是对劳动者集体权益的侵犯，因而为了维护共同体的利益，依据共同利益理论，代表人之权利来源于当事人之间的共同利益。关于职工沟通协商委员会是否具有诉讼资格的问题，我国《民事诉讼法》规定有权提起民事诉讼的主体有自然人、法人和其他组织三种。根据前文所述，职工沟通协商委员会应该是一个具有独立财产，且能够独立从事民事活动，承担民事责任的法人，对于一些人数比较少、规模比较小的职工沟通协商委员会，可以不赋予法人资格，但要确保其有独立的财产和独立从事民事活动的资格，确保其符合《民事诉讼法》中“其他组织”的构成要件，使其具有代表劳动者参与民事诉讼的权利能力和行为能力。因此，不论职工沟通协商委员会是否具备法人资格，其均有诉讼资格。

（三）职工沟通协商委员会代表诉讼机制的构建路径

职工沟通协商委员会代表诉讼机制的构建路径包括：（1）首要

任务是通过法律明确规定职工沟通协商委员会具有诉讼权利能力和诉讼行为能力。在诉讼权利能力方面,我国《民事诉讼法》只承认法人、自然人和其他组织具有诉讼权利能力。对此,法律应当赋予一些规模较大、成员较多的职工沟通协商委员会具有法人资格,对于部分规模较小、成员较少的职工沟通协商委员会,法律应当确保其具有相对独立的财产,并在相关职能部门登记,使其符合《民事诉讼法》中"其他组织"的构成要件。在诉讼行为能力方面,应明确以下两点:一是应当明确诉讼费用的来源,在职工沟通协商委员会的日常办公经费中提取出固定的费用,作为诉讼的专项基金。为了减轻职工沟通协商委员会的经费压力,当职工沟通协商委员会作为原告起诉时,法院不应要求其预交诉讼费,在案件审理结束后根据"谁败诉谁承担"的原则缴纳。此外,为了督促企业自觉履行义务,应当增加企业的诉讼成本,法律应明确规定企业在败诉的情形下除了要负担诉讼费,还应支付职工沟通协商委员会在诉讼中所支出的必要费用。二是通过法律明确规定企业有义务对职工代表进行相应的诉讼业务培训,且应为职工沟通协商委员会配备法律顾问,工会也应向职工沟通协商委员会的诉讼活动提供业务指导和法律援助。(2)通过法律明确职工沟通协商委员会有权提起诉讼的情形。笔者认为,主要情形有以下三种:一是企业侵犯职工沟通协商委员会自身的利益。此种情形主要涉及企业拒绝向职工沟通协商委员会提供办公经费、办公场所、办公设备,以及拒绝提供专业培训、拒绝聘请法律顾问和相关专家等行为。二是企业拒绝或未及时向职工沟通协商委员会披露和解释相关信息、拒绝或未及时征询职工沟通协商委员会的意见、拒绝或未及时向职工沟通协商委员会解释意见未被采纳的原因以及拒绝或未及时取得职工沟通协商委员会的同意。

三是企业打击报复职工代表,妨碍职工沟通协商委员会履行职责的行为,主要包括职工代表因履行职责而被企业解雇、扣工资、不予晋升、岗位调动以及企业拒绝为职工代表履行职责提供时间保障等。

二、纠纷处理机制

(一)斡旋

斡旋作为一种典型的非诉讼争议解决机制,对争议的有效、快速解决具有极其重要的价值,在美国、日本等国得到了广泛的应用。在劳资沟通协商争议处理方面,日本采用了多种形式的争议处理机制。在大多数情况下,劳资双方若不能通过协商的方式消除劳资沟通协商分歧,将诉诸集体谈判来解决。此外,还可以借助第三方斡旋、调停以及仲裁的方式处理劳资沟通协商争议。① 斡旋的价值主要体现在两方面:一是促成争议双方尽快达成一致意见;二是固定证据。由于斡旋人大多数是由律师、专家或权威人士担任,其专业能力容易得到争议双方的认同,且在纠纷解决中所扮演的角色与调解者、裁判者不同,其主要职责并不是表达自己的立场,而是向双方阐明政策法规和权利救济程序,通过摆事实、讲道理的方式说服双方当事人协商确定解决争议的方案,双方按照此方案确定的程序来解决争议,从而实现争议的快速处理。

斡旋制度构建的基本思路是:(1)确定参与斡旋的主体。基层政府内设的劳动管理办公室作为劳资沟通协商的对口指导部门,应当成为劳资沟通协商纠纷的斡旋主体,由其负责整合专家、学者和

① 参见聂鲲、赵碧倩:《典型国家企业劳资协商机制研究》,载《中国劳动》2016 年第 22 期。

律师等社会力量，与后者一道共同参与劳资沟通协商纠纷的斡旋。(2)明确斡旋的程序。当劳资沟通协商纠纷发生时，职工沟通协商委员会应及时向当地政府劳动管理办公室报告，劳动管理办公室接到报告后应该派工作人员到用人单位进行斡旋，必要时也可以委派专家、学者和律师等社会力量介入。劳动管理办公室工作人员以及社会力量作为斡旋人，在处理劳资沟通协商纠纷时，应当找职工沟通协商委员会和企业管理层谈话，了解争议的焦点以及争议双方各自的诉求，尤其应对争议的事实进行深入的调查与核实，并组织争议双方展开沟通协商。为实现争议的和平解决，双方可以做出一定的让步，但职工沟通协商委员会在做出让步时，必须本着对劳动者有利的原则，且应当征询劳动者的意见。双方达成一致意见后应签订协议，协议中必须载明争议发生的事实，斡旋人作为见证人应在劳资协议上签字，该协议对劳资双方产生约束力，一方若不履行，另一方有权借助申诉、仲裁和诉讼维权。若双方无法达成一致意见，致使争议无法借助斡旋来解决，斡旋人应当出具斡旋报告，报告中必须载明双方争议产生的事实、争议的焦点以及各自的诉求，作为三方协商机构认定事实的重要依据。

(二)申诉

申诉作为一种由半官方机构来解决争议的纠纷处理机制，旨在借助专业人士的行业经验来促使劳资双方达成一致意见。在英国，若磋商委员会或职员代表与企业方产生了争议，双方任何一方均有权在法律时限内向中央仲裁委员会提出申诉。[①] 荷兰虽然规定地区

---

① 参见[英]史蒂芬·哈迪:《英国劳动法与劳资关系》,陈融译,商务印书馆2012年版,第59页。

法院是处理劳资沟通协商纠纷的主要机构,但对一些因特别事项而产生的纠纷设置了特别的争议解决方式。这些特殊程序主要运用在企业委员会的成立和侵犯企业委员会协商权等方面。对有关企业委员会的设立、临时性规则、候选人的提名以及委员的选任提起诉讼的一个前提条件是受到侵害的雇员、企业委员会或企业事先已经向相关的行业委员会提出了书面调解申请,也就是说,争议双方必须事先向相关的行业委员会提出书面调解申请,若调解不成才能提起诉讼。行业委员会是由荷兰社会与经济理事会根据贸易与工业部门的具体划分,为某一门类的企业设立的半官方机构。每一个行业委员会的委员被平均分为两个部分,一半是雇主代表,另一半是雇员代表。设立行业委员会的目的是在没有法院介入的情况下,为劳资双方友好协商提供便利。如果行业委员会自收到调解之日起两个月内未能使双方达成协议,就应当向双方当事人提供书面报告,报告中应载明认定的事实、结论以及意见和建议。任何一方当事人可以在收到行业委员会报告之日起30日内向地区法院书面提出上诉,提出上诉时,应当同时提交行业协会出具的书面报告。地区法院可以裁决要求企业委员会或企业实施或禁止实施某些行为。此外,雇主还应支付企业委员会履行职能所需开支的费用,并确保企业委员会成员的工作岗位和劳动报酬不会因为履行职责而发生变化。①

就我国而言,若劳资沟通协商纠纷不能通过斡旋的途径予以解决,职工沟通协商委员会或企业均有权向企业所在地的三方协商机

① 参见[荷]费迪南德·B.J.格拉佩豪斯、莱昂哈德·G.费尔堡:《荷兰雇佣法与企业委员会制度》,蔡人俊译,商务印书馆2011年版,第70~71页。

构申诉,在未设立职工沟通协商委员会的企业,代表劳动者参与劳资沟通协商的职工代表为申诉主体。三方协商机构由劳动行政管理部门的代表、企业代表以及职工代表共同组成,在处理专业性强的纠纷时可以邀请专家、学者以及律师等社会力量介入,共同参与劳资沟通协商纠纷的调解和处理。该机构可以参照美国劳动关系委员会进行建制①,将其定位为半官方机构,内设办公室,配备办事人员和秘书。劳资沟通协商争议的申诉方应当以书面形式载明纠纷产生的事实、双方争议的焦点以及诉求,并且应附上当地政府劳动关系管理办公室的斡旋报告。三方协商机构收到申诉状后应立即启动立案程序,对事实清楚、证据充足且有法律依据的纠纷应当及时立案,并通知争议双方或双方的代理人参加三方协商会议。三方协商会议应当查明争议的事实、核实证据,并充分听取双方的意见,若双方对斡旋报告中所载明的事实和证据无争议,可以省略事实调查程序,直接进入听取意见阶段,若存在分歧,应展开事实调查和证据核实,结合斡旋报告进行认定。三方协商会议应以事实为依据,结合国家相关法律和政策,通过晓之以理、动之以情的方式组织争议双方进行调解,不论调解是否成功,均要制作争议处理报告,并送达给双方当事人,报告应载明认定的事实和争议处理结论,包括处理争议的意见和建议。为实现争议的快速解决,法律应赋予争议处理报告具有一定的强制力,这种强制力主要体现在事实认定方

---

① 申诉在很多国家是作为劳资沟通协商纠纷解决的必经程序,主要目的是在没有法院介入的情况下,为争议双方友好协商解决争议提供平台。不同国家受理申诉的机构往往存在差异,荷兰是由雇主代表和雇员代表组成的行业委员会担任,而美国则是由雇主代表、雇员代表和公共利益代表组成的劳动关系委员会担任。参见[荷]费迪南德·B. J. 格拉佩豪斯、莱昂哈德·G. 费尔堡:《荷兰雇佣法与企业委员会制度》,蔡人俊译,商务印书馆 2011 年版,第 70 页;柯振兴编著:《美国劳动法》,中国政法大学出版社 2014 年版,第 58 页。

面。也就是说,争议双方若对三方协商机构的事实认定不服,原则上无权申请仲裁,除非有新的证据或案件特别复杂,双方只能以不服处理结论为由申请仲裁。若双方在一定期限内不申请仲裁,争议处理报告将发生法律效力,一方不履行,另一方有权申请强制执行。

(三)仲裁

仲裁作为一种传统的劳动争议处理机制,在其他国家得到了普遍的运用。在韩国,劳资理事会有权成立专门处理劳资沟通协商争议的仲裁机构,仲裁机构的组成和议事规则可以由劳方代表与资方代表协商确定,但当该机构不能有效解决争议时,任何一方均可诉诸劳动委员会等中立的第三方进行仲裁。① 仲裁委员会一般不是常设的,而是根据个案临时成立的。《德国企业组织法》第76条规定,仲裁委员会是解决企业委员会和雇主之间纠纷的专门机构,且实行一裁终局。仲裁委员会可以分为常设仲裁委员会和根据个案成立的专门仲裁委员会。在实践中,从没有设置过常设仲裁委员会,因为一旦知道仲裁委员会成员,仲裁机构的行动就容易被预测到。仲裁委员会的人员组成为:雇主任命一定数量的成员、企业委员会任命同样数量的成员和中立性的第三方主体,由第三方主体担任仲裁委员会主席。在实践中,企业委员会和雇主任命的仲裁委员会成员往往是工会官员和雇主协会官员,只有在工会官员和雇主协会官员的专业知识不足时,才会任命其他外部成员。至于谁有资格担任仲裁委员会的"中立"主席,法律并没有作具体规定,只要双方能够达成一致即可。如果企业委员会和雇主就仲裁委员会的成员没有达

---

① 参见聂鲲、赵碧倩:《典型国家企业劳资协商机制研究》,载《中国劳动》2016年第22期。

成一致,双方均可以诉诸法院,由法院做出决定。《德国企业组织法》第76条第5款规定了成立仲裁委员会的专门程序,法院依照这一程序能在几天内就做出裁决。仲裁委员会的费用由雇主承担。法律并没有对仲裁委员会的运行设立程序性规则,由仲裁委员会自己制定程序规则。仲裁委员会在做裁决前必须合理考虑企业和雇员各自的利益,不允许外部人员干涉,裁决以书面形式做出,并由主席签署,送达雇主和企业委员会。①

就我国而言,争议双方若对三方协商机构的处理结论不服,任何一方均有权向企业所在地或劳动合同履行地的劳动争议仲裁委员会起诉。由于劳资沟通协商纠纷的处理非常注重效率,因而争议双方应在接到三方协商机构的纠纷处理报告后一定期限内申请仲裁。申请人在提交仲裁申请书和证据材料的同时应提交三方协商机构的争议处理报告。仲裁委员会应当充分尊重三方协商机构的处理报告,为防止争议双方损失的扩大,对于双方在事实认定上没有争议的纠纷,应当在开庭前召集仲裁员对案件进行预审,若经初步审查认为三方协商机构的争议处理报告并无明显不当,仲裁委员会为了追求效率,有权发布临时禁止令②,要求争议双方实施或禁止实施某些行为。仲裁委员会在发布临时禁止令后应及时开庭,仲裁庭原则上不对争议的事实进行核实调查,直接采纳三方协商机构所认定的事实,除非案件极其复杂或有新的证据,若发现案件事实与

① 参见[德]曼弗雷德·魏斯、马琳·施米特:《德国劳动法与劳资关系》,倪斐译,商务印书馆2012年版,第261~264页。

② 临时禁止令在荷兰、德国等欧盟国家得到了广泛运用,法院一般是应企业委员会的主动申请才会发布临时禁止令。参见[荷]费迪南德·B. J. 格拉佩豪斯、莱昂哈德·G. 费尔堡:《荷兰雇佣法与企业委员会制度》,蔡人俊译,商务印书馆2011年版,第66页;[德]曼弗雷德·魏斯、马琳·施米特:《德国劳动法与劳资关系》,倪斐译,商务印书馆2012年版,第246页。

三方协商机构所认定的事实不一致,应当立即撤销临时禁止令。仲裁庭主要围绕法律适用是否正确和三方协商机构的争议处理结论是否合理两方面展开,在充分听取争议双方辩论意见的基础上组织双方进行调解,若调解不成,应当当庭或庭后及时做出裁决。为防止争议一方拖延诉讼,法律应当明确规定以下三种情形实行一裁终局,双方不得提起诉讼:第一,对事实的认定;第二,因执行劳资沟通协商法律制度所明确规定的具体标准而产生的争议,且仲裁委员会的裁决与三方协商机构的处理结论一致;第三,法律适用较简单且金额较小的纠纷。

(四)诉讼

诉讼作为处理劳资争议的最后渠道,在很多国家得到了运用。在德国,争议双方若不服裁决,可以在接到裁决书之日起两周内向劳动法院起诉,但在实践中,因利益冲突诉至法院的情况非常少,仲裁委员会的裁决一般为最终裁决,因为法院不能宣告仲裁委员会裁决无效,只审查仲裁委员会是否超越了自由裁量权的范围。[①]《荷兰企业委员会法》对劳资沟通协商纠纷的处理程序做了较具体的规定。在大多数情况下,地区法院对违法行为具有管辖权。若企业的决定与企业委员会提供的意见不一致,企业委员会在接到企业的书面通知之日起一个月内,可以向阿姆斯特丹法院企业庭提起上诉。在这一个月内,企业应当暂时中止实施该决定。提起上诉的理由是企业未能权衡各方的利益。法院不对事实问题进行审查,在大多数情形下,法院以企业提供的信息不充分、对拟做出决定的理由阐述

① 参见[德]曼弗雷德·魏斯、马琳·施米特:《德国劳动法与劳资关系》,倪斐译,商务印书馆2012年版,第261~264页。

不充分、对企业委员会提供的替代方案未进行适当的讨论以及对未采纳企业委员会的否定性方案没有进行解释等程序性要件欠缺为由,做出有利于企业委员会的裁决,要求企业撤销或部分撤销决定,并消除该决定带来的后续影响。由于企业决定被撤销将影响到第三人的利益保护问题,因而该法对此做了相应的规定。如果与企业有商业往来的第三人是善意的,那么第三人的权益应当受到保护,不受法院裁决的影响。但是,若第三人在与企业订立合同时知晓企业做出的该项决定面临1个月的冻结期的,第三人的权益将得不到保护。此外,如果第三人在企业做出决定过程中,包括在征求企业委员会意见的过程中,施加了不适当的影响,则其权益也将受到影响。① 在英国,如果争议双方对中央仲裁委员会的决定不服,双方均可以向上诉法庭提起诉讼,上诉法庭的裁决为终审裁决。②

在我国,争议双方若不服劳动争议仲裁委员会一裁终局以外的裁决,有权向企业所在地或劳动合同履行地的基层法院提起诉讼。法院受理案件后,根据内部初步审理,对于案情较简单的案件可以发布临时禁止令,要求争议双方采取或禁止实施一些行为,法院也可以根据案件审理的发展情况随时解除禁止令。法院在审理案件的过程中应本着"先调后判"的原则,先进行调解,若调解不成,应及时做出判决。法庭所做的一审判决原则上为终审判决,只有极其复杂的案件,争议双方才能在一定期限内向上一级法院提起上诉。

---

① 参见[荷]费迪南德·B. J. 格拉佩豪斯、莱昂哈德·G. 费尔堡:《荷兰雇佣法与企业委员会制度》,蔡人俊译,商务印书馆2011年版,第62~63页。

② 参见[英]史蒂芬·哈迪:《英国劳动法与劳资关系》,陈融译,商务印书馆2012年版,第59~61页。

三、不同纠纷处理机制之间的互助关系

劳资沟通协商纠纷解决机制是由不同纠纷解决制度有机构成的。因而,为了使劳资沟通协商纠纷解决机制能够有效发挥作用,从而使争议得到快速、有效的处理,就必须明确不同纠纷解决制度之间的互助关系,并建立一套能够使斡旋、申诉、仲裁和诉讼相互衔接、相互配合的衔接机制。

(一)确立"斡旋前置"制度

"斡旋前置"以及争议解决的先后性是指争议必须经过斡旋组织的先行斡旋后才能先后进入申诉、仲裁和诉讼程序,也就是说,没有经过斡旋程序就不能进入申诉程序,没有经过申诉程序就不能进入仲裁程序,没有经过仲裁程序就不能进入诉讼程序。这一争议处理制度既有利于充分发挥斡旋组织、申诉机构的行业优势、灵活优势和社会化优势,使劳资沟通协商纠纷能够得到快速处理,又能够发挥仲裁机构、法院的专业优势,确保争议能够得到公平公正处理。详言之,劳资沟通协商纠纷的专业性和时效性均较强,能否得到公平、有效的处理将会影响劳资双方的情感维系,通过传统的仲裁和诉讼程序难以公正、快速地处理劳资沟通协商纠纷,而斡旋和申诉组织的优势在于熟悉劳资沟通协商业务,且能够整合专家、学者和律师等社会力量,在争议处理程序上不用严格遵守固定的法律程序。此外,斡旋和申诉组织的主要职责是在查明事实的基础上,本着"劳资协商共赢"的原则尽可能使劳资双方达成妥协,从而更有利于纠纷的妥善处理。同时,仲裁和法院也能够受理较复杂的劳资沟通协商案件,确保双方之间的争议能够得到公平公正的处理。

（二）明确不同劳资沟通协商纠纷解决制度之间的分工

斡旋组织和申诉机构的组成成员大多数是和劳资双方打交道的工作人员或劳动法领域的专家、学者，这使斡旋组织和申诉机构更有助于做劳资双方的思想工作，且更了解企业的现状，因而更有利于查明双方争议产生的事实。仲裁机构和法院的优势则在于对法律的理解和运用。因此，从总体来看，在职能分工上，斡旋组织和申诉机构重在调查事实、收集和固定证据，而仲裁机构和法院的职能是借助法律对案情进行说理。因此，当争议双方无法借助斡旋组织的斡旋形成一致意见时，斡旋组织应及时告知当事人向有管辖权的申诉机构申诉，且应当向当事人提供书面的调解报告，内容必须包括认定的事实和结论以及解决争端的意见和建议。申诉机构应充分尊重斡旋组织有关事实的认定，且在双方当事人对事实无争议的情形下可以免去或简化事实调查环节，申诉机构对有关案件事实的认定原则上属于终局认定，劳资双方无权就申诉机构的事实认定申请仲裁，这将有助于劳资沟通协商纠纷的快速解决。在仲裁机构和法院之间的分工上，法院原则上应尊重仲裁机构的裁决，除非裁决明显不当，才能对仲裁裁决书予以修正，而且应确立一裁终局制度和一审终局制度。也就是说，法院无权受理仲裁机构一裁终局的案件，二审法院无权受理一审法院一审终局的案件。

第五节　保障机制构建

一般来讲，不当劳动行为主要是指用人单位借助其优势地位，采取的旨在侵犯劳动者团结权、集体交涉权以及集体行动权等集体性劳动权利，进而对抗工会的行为。[①] 但在美国等部分国家，不当劳动行为的内涵更宽泛，其既包括用人单位采取的不当劳动行为，又包括劳动者和工会采取的旨在对抗用人单位的措施或行为。[②] 美国是世界上最早设立不当劳动行为制度的国家，其构建这一制度的初衷是保障劳动三权。我国《工会法》规定的不当劳动行为的类型主要有以下几种：(1)阻挠职工依法筹建工会和参加工会活动或阻挠上级工会帮助、指导职工筹建工会；[③](2)调动工会工作人员的工作岗位或对工会工作人员进行侮辱、诽谤、人身伤害等报复性行为；[④](3)解聘参加工会活动或履行工会职责的职工；[⑤](4)妨碍工会组织职工行使民主权利或妨碍工会维护职工权益；(5)非法撤销、合并工会；(6)无正当理由拒绝进行平等协商。[⑥] 从表面上看，我国《工会法》为遭受用人单位不当劳动行为侵权的职工或工会工作人员提供了法律保障，但在现实中有时难以实现。主要原因在于：一是《工会法》只规定了用人单位不当劳动行为的类型，未明确不当劳动行为的构成要件，致使争议解决部门很难适用相关规定。[⑦] 二是《工会

---

① 参见常凯：《论不当劳动行为立法》，载《中国社会科学》2000年第5期。

② 参见叶姗：《雇主不当劳动行为的民事救济——基于我国和美国不当劳动行为救济制度之比较》，载《北方法学》2012年第4期。

③ 参见《工会法》第51条。

④ 参见《工会法》第52条。

⑤ 参见《工会法》第53条。

⑥ 参见《工会法》第54条。

⑦ 例如，由于我国相关法律并没有禁止用人单位调动职工的工作岗位，也没有明确规定升迁和降职的具体标准，因此争议解决部门很难判定用人单位的行为是合法行为还是不当行为，致使用人单位时常以调动工作岗位、不予升迁或降职等形式阻挠职工或工会工作人员筹建工会或参加工会活动。

法》因与其他劳动立法存在差异而存在法律适用上的障碍。[①] 三是我国尚未建立专门的不当劳动行为裁决机制，致使《工会法》中的法律责任很难得到实施。申言之，不当劳动行为制度主要是保障程序性劳动权利和集体劳动权利，而我国劳动立法的主要宗旨却是保护劳动者的实体性权利和单个权利，劳动争议解决部门也因此难以保护劳动者的这类权利。在缺少不当劳动行为立法的情形下，我国大多数企业工会是按照用人单位的意愿进行组建和运行的，缺乏独立性，从而导致集体协商制度、职工代表大会制度以及民主参与制度等集体劳动关系协调机制难以真正发挥作用。因而，为使劳资沟通协商法律制度能够得到有效运行，我国有必要构建一套科学合理的劳资沟通协商不当劳动行为制度。构建该制度的首要任务是明确劳资沟通协商不当劳动行为的认定标准；其次是构建劳资沟通协商不当劳动行为责任体系；最后是明确劳资沟通协商不当劳动行为的救济途径。

一、劳资沟通协商不当劳动行为的法律认定

劳资沟通协商不当劳动行为法律认定的首要任务是明确不当劳动行为制度的适用范围。关于不当劳动行为制度的适用范围，有学者认为，广义的不当劳动行为制度不仅适用于集体劳动关系领域，还适用于个别劳动关系，狭义的不当劳动行为制度则仅适用于

---

① 例如，当用人单位以职工参与工会活动为由解除劳动合同时，《工会法》规定职工有权向用人单位主张本人年收入二倍的赔偿，而《劳动合同法》则规定劳动者有权向用人单位主张赔偿金，赔偿金根据劳动者在本单位的工作年限计算，每满一年补两个月的工资。很显然，两部法律在赔偿金的计算方式上是不同的。由于《劳动合同法》颁布在后，根据新法优于旧法的原则，应当优先适用《劳动合同法》。

集体劳动关系领域。[①] 然而,对于该制度是否只适用于集体劳动关系中的集体谈判领域,学界对此尚缺乏研究。笔者认为,虽然美国和日本的不当劳动行为制度只针对集体谈判,但在我国,应该从广义的角度构建不当劳动行为制度,在适用领域上,该制度不仅仅适用于集体协商领域,还应适用于劳资沟通协商领域。其主要理由如下:美国、日本设立不当劳动行为制度的初衷是保护劳动者的团结权,确保工会能够代表劳动者与雇主进行平等的谈判协商,该制度主要适用于集体谈判领域的根本原因是这两个国家没有正式的劳资沟通协商法律制度,只是以企业内部管理制度的形式推行劳资沟通协商。由于劳资沟通协商和集体谈判紧密联系,且有很多相似之处,二者均是在职工代表与企业方代表之间进行,均涉及对谈判代表之个人利益的保护,活动开展均离不开一个能够独立开展工作的组织机构,因而不当劳动行为制度完全可以适用于劳资沟通协商领域。对此,国外也有类似的立法制度。尤其是在劳资协商文化不浓的中国,对用人单位干涉劳资沟通协商组织的组建和运行、歧视职工代表以及拒绝沟通协商等劳资沟通协商不当劳动行为进行法律规制,更具必要性和紧迫性。

劳资沟通协商不当劳动行为法律认定的另一个任务是确定不当劳动行为制度的规制对象。对此,美国和日本不当劳动行为制度的规制对象因立法理念和制度设计存在差异而不同。美国设立不当劳动行为制度的宗旨是实现劳资力量的平衡,因而规定雇主和工

---

① 参见张颖慧:《不当劳动行为禁止制度的内涵解析及本土化》,载《学术交流》2015 年第 11 期。

会均是施行不当劳动行为的主体。① 而日本不当劳动行为制度的目的则是预防用人单位利用其优势地位破坏劳动者的团结权,促使用人单位承认工会的法律地位,从而促进集体谈判的顺利进行,因而该制度规制的行为主体只是用人单位。② 从不当劳动行为的类型可知,我国《工会法》主要是针对用人单位来设计不当劳动行为规则的。笔者认为,由于现阶段我国工会的实力尚无法与用人单位相抗衡,且在大多数情形下是按用人单位的意愿进行组建和运行的,若效仿美国不当劳动行为制度,将工会作为不当劳动行为制度的规制对象,既无必要,也不利于集体劳动关系的构建。当前集体劳动关系制度构建的重点是支持工会的发展,因而工会不宜成为不当劳动行为制度规制的行为主体。在我国,由于劳资沟通协商组织机构——职工沟通协商委员会尚未得到法律的认可,其实力更无法与工会相比,亦更无法与用人单位相抗衡,因而我国不应采纳美国模式,而应在借鉴日本模式的基础上,结合中国国情进行不当劳动行为制度的构建,将不当劳动行为制度规制的对象仅限于用人单位,职工沟通协商委员会不属于劳资沟通协商不当劳动行为制度的规制对象。

---

① 1935 年制定的《瓦格纳法》即《美国劳动关系法》的主要目的就是防止用人单位采取不当劳动行为,进而确保集体谈判能够顺利进行、劳资公平得以实现。由于该部法律主要倾向于保护劳动者,因而其规制的主要对象是用人单位,为了平衡劳资谈判力量,美国国会于 1947 年通过了《塔夫脱—哈特莱法》,将工会的不当劳动行为也纳入了规制范围内。参见叶姗:《雇主不当劳动行为的民事救济——基于我国和美国不当劳动行为救济制度之比较》,载《北方法学》2012 年第 4 期。

② 《日本劳动组合法》就用人单位的不当劳动行为进行了法律规制。日本起初构建这一制度的初衷是保障劳动者的团结权,后来则是维护公正的劳资关系秩序,其实,这两个立法宗旨并不冲突,因为保障劳动者团结权是实现公平劳资关系的手段。参见田思路、贾秀芬:《论日本"不当劳动行为"的法律构成》,载《金陵法律评论》2012 年春季卷。

日本等国家不当劳动行为制度所规定的不当劳动行为主要有以下三种类型：对工会的不当干预、歧视以及拒绝集体谈判。[①] 对工会的不当干预是指用人单位对工会的成立和运行进行不当的干预活动，使工会难以发挥其应有的功能，本质上是对劳动者团结权的侵犯。不当干预的主要表现形式有：干涉工会招募会员、工会选举过程中的不当言论和虚假披露、对工会人事安排的干预、对工会会员进行反工会教育、对工会干部的收买、在有复数工会的用人单位里区别对待不同的工会以及对工会运行的干预等。干预工会的宗旨是按照用人单位的意愿进行工会的组建和运行，使用人单位的经营管理活动不被工会活动所干扰。歧视在日本又称为不利益对待，主要是指用人单位对工会会员或积极分子进行解雇和差别对待。其主要情形包括歧视性解雇、工作调动、转岗、降低工资、不安排工作以及不予评级和提拔等行为。用人单位的歧视行为不仅会造成劳动者的收入减少和其精神痛苦，还会制约工会的组建和运行，严重侵犯了劳动者的团结权。拒绝集体谈判是指用人单位在没有正当理由的情形下拒绝与雇员代表（一般情形下是工会）进行集体谈判以及不真诚地集体谈判。用人单位对工会发起的谈判请求有应诺的义务，并且有诚实谈判、努力形成合意的义务，若用人单位拒绝谈判，或者表面上参与谈判，而实际上并没有谈判的诚意，这都将使集体谈判制度难以发挥其理应有的功能，本质上也侵害了劳动者的集体谈判权。

就我国而言，劳资沟通协商不当劳动行为的类型主要包括以下

① 参见田思路、贾秀芬：《论日本“不当劳动行为”的法律构成》，载《金陵法律评论》2012年春季卷。

三种:(1)对职工沟通协商委员会的不当干预。这主要包括对职工沟通协商委员会的组建和运行进行不当干预,从而达到规避劳资沟通协商法律制度的目的。其表现为干预职工沟通协商委员会成员的选举以及给成员参加职工沟通协商委员会的活动制造障碍等。(2)对职工沟通协商委员会成员的不公平对待。这主要表现为克扣委员的工资、不予晋升和提拔、更换工作地点和岗位以及解除劳动关系等不正当或违法的行为。(3)拒绝为职工沟通协商委员会的运行提供物资和经费保障。这主要包括拒绝为职工沟通协商委员会提供办公场所和办公物品、拒绝提供日常办公经费、拒绝为聘请的专家支付费用等。不同劳资沟通协商不当劳动行为的构成要件应该有所区别,一般来讲,可以从以下几方面来综合判断:(1)职工代表加入劳资沟通协商组织机构并参加劳资沟通协商活动是正当的;(2)职工沟通协商委员会的行为是正当的;(3)用人单位采取不当劳动行为的主观目的是反对职工沟通协商委员会;(4)用人单位采取的行为不具有合法依据;(5)用人单位的行为侵犯了劳动者的团结权、磋商权等程序性权利。

二、劳资沟通协商不当劳动行为的责任体系

我国《工会法》规定不当劳动行为的主体所应承担的法律责任形态主要有民事责任、行政责任和刑事责任三种。民事责任有恢复岗位、赔偿损失、补发工资和二倍赔偿;行政责任有责令改正和治安管理处罚;刑事责任主要是针对侮辱、诽谤和人身伤害行为而设计的。美国、日本等国家根据不同类型的不当劳动行为构建了一套责任形态多样的不当劳动行为责任体系,主要有行为无效、排除妨害、

应诺集体谈判、恢复原状、损害赔偿、行政处罚以及刑罚等。[①] 由于我国缺乏企业不当劳动行为的规制经验，且劳资协商文化尚未形成，很多企业尤其是民营中小型企业对劳资沟通协商的重要性缺乏认识，因此我国现阶段还不宜构建一套惩罚性色彩较浓的不当劳动行为责任体系，而应当构建一套惩罚性色彩较轻的“促成合作性责任”体系。申言之，构建企业不当劳动行为责任体系的宗旨并不是对企业进行惩罚，而是让企业意识到其行为的违法性，并督促其改正违法行为。此外，应当针对企业不当劳动行为的具体类型设计相应的责任形态，且应构建“金字塔”式的责任适用机制，即优先适用惩罚性色彩较弱的责任形态，若不奏效再逐级适用惩罚性色彩更强的责任形态。针对企业对职工沟通协商委员会的不当干预，可以设计排除妨害责任、限期改正等责任形态；针对企业对职工沟通协商委员会及其成员的不公平对待，可以设计恢复原状、赔偿损失等责任形态；对于企业在法律限期内拒绝改正违法行为，可以设计行为无效、行政处罚责任形态；只有在企业出于报复职工沟通协商委员会成员，且造成人身伤害，构成犯罪的，才能适用刑事责任。

三、劳资沟通协商不当劳动行为的救济途径

由于企业的不当劳动行为大多数属于侵犯程序性劳动权利的侵权行为，因此劳资沟通协商不当劳动行为纠纷的快速解决不仅有利于及时保护职工代表的权利，而且关系到企业的经营、管理活动能否顺利进行，甚至还涉及善意第三人的利益保护问题，从而影响

---

① 参见柯振兴编著：《美国劳动法》，中国政法大学出版社 2014 年版，第 19 页；[日]荒木尚志：《日本劳动法》（增补版），牛志奎、李坤刚译，北京大学出版社 2010 年版，第 151 ~ 153 页。

到交易秩序的安全,因而需要构建一套高效的劳资沟通协商不当劳动行为救济制度。与传统的劳动权利救济制度不同,世界上大部分国家均构建了一套由行政救济和司法救济有机结合的不当劳动行为救济制度。例如,美国由国家劳工关系委员会专门负责处理劳资双方就不当劳动行为提起的申诉,其是一个独立性和专业性均很强的行政机关,若劳资双方对国家劳工关系委员会的处理结果不服,可以向联邦上诉法院请求复审。美国国家劳工关系委员会的独立性主要体现在其并非属于美国劳动部的下属机构,在人事安排和财政方面并不隶属于劳动部。① 为使不当劳动行为制度能够落到实处,日本专门设立了行政救济制度,由行政机关——劳动委员会负责处理,当用人单位有不当劳动行为时,劳动者或工会既可以向劳动委员会提起申诉,也可以直接向法院提起诉讼。② 美国和日本两国的不当劳动行为救济制度的共同点在于裁决机构均由独立性色彩较强且具有准司法性质的行政机构担任,这不仅有利于争议的快速解决,而且具有法律效力,同时具备了调解和准司法的功能。我国应当由一个能够快速处理纠纷的机构来担任不当劳动行为的争议处理机构,且该机构的裁决结果必须具有司法效力。基于此,我国劳资沟通协商不当劳动行为纠纷处理机制应该被定性为一种诉讼外纠纷解决机制,纠纷处理机构应是一种具有准司法功能的高度独立的行政机构,确保争议得以快速处理,且争议处理结果能够接受司法的监督。为此,笔者认为,这个机构可以命名为劳动关系委

① 参见黎建飞、阿梅娜·阿布力米提:《美国不当劳动行为裁决机制评析》,载《政法论丛》2013 年第 3 期。

② 参见田思路、贾秀芬:《论日本"不当劳动行为"的法律构成》,载《金陵法律评论》2012 年春季卷。

员会,由国家人力资源与社会保障部门的人员、职工代表以及企业方代表三方组成,该机构在业务上接受行政机关的指导,但在人事和财政上保持高度的独立,必要时可以邀请专家、学者、律师和法官等人员参与。

本章小结

劳资沟通协商法律制度构建的中心任务是进行劳资沟通协商法律关系的构造和法律保障机制的构建。劳资沟通协商法律关系构造的首要任务是确立职工沟通协商委员会制度。法律应明确规定劳动者人数在 100 人以上的企业必须设立职工沟通协商委员会。职工沟通协商委员会由职工代表和工会代表共同组成,主要职责是组织劳资沟通协商活动,但必须遵守和平义务,不得发动劳动者停工,工会在职工沟通协商委员会的设立和运行中应发挥积极的作用。其次是构建劳资沟通协商行为制度。构建该制度的主要任务是明确劳资沟通协商的内容及程序。劳资沟通协商的内容主要包括信息披露与交流、企业特别事项的沟通协商、日常沟通协商以及纠纷协商解决等,劳资沟通协商的程序设计本质上就是根据沟通协商的内容分别确定相关主体的义务。

劳资沟通协商保障机制构建的主要任务是确立劳资沟通协商责任体系、纠纷解决机制以及不当劳动行为制度。我国劳资沟通协商责任体系的功能不是惩罚,而是督促企业自觉遵守劳资沟通协商规定,因而应优先适用惩罚性色彩较弱的责任,只有当较轻的责任无法奏效时,才依次适用惩罚性色彩较强的责任。基于此,我国劳资沟通协商责任体系主要是由限期履行、行为无效、恢复原状、赔偿损失以及罚款等责任形态有机构成。劳资沟通协商纠纷解决机制构建的首要任务是确立职工沟通协商委员会代表诉讼机制。其次是明确劳资沟通协商纠纷的解决方式,主要有斡旋、申诉、仲裁以及诉讼4种。最后是明确不同劳资沟通协商纠纷解决制度之间的互助关系。为了确保纠纷能够得到快速、有效的处理,必须确立"斡旋前置"制度,即争议双方必须诉诸斡旋机构来解决争议,只有对斡旋机构的处理结果不服才能依次进入申诉、仲裁和诉讼程序。此外,还应明确不同劳资沟通协商争议处理机构之间的职能分工,斡旋组织和申诉机构重在调查事实、收集和固定证据,申诉机构对案件事实的认定原则上属于终局认定。仲裁机构和法院重在进行法律把关,法院原则上应尊重仲裁机构的裁决,且只能受理一裁终局以外的案件,二审法院原则上只能受理一审终局以外的案件。劳资沟通协商不当劳动行为制度构建的主要任务是明确劳资沟通协商不当劳动行为的认定标准、企业应承担的责任形态以及权利救济途径。劳资沟通协商不当劳动行为的类型主要包括以下3种:(1)对职工沟通协商委员会的不当干预;(2)对职工沟通协商委员会成员的不公平对待;(3)拒绝为职工沟通协商委员会的运行提供物资和经费保障。企业主要承担排除妨害、限期改正、恢复原状、赔偿损失、行为无效、行政处罚以及刑事处罚等责任形态。我国劳资沟通协商不当劳动行为的纠纷处理机制应该由一种具有准司法功能的高度独立的行政机构来担任,这个机构可以由人力资源与社会保障部门的人员、职工代表以及企业方代表三方组成。

结　语

劳资沟通协商法律制度对于促进劳动者全面发展、培育“劳资利益共同体”以及提升劳资双方的公共精神均具有重要的价值。我国部分企业在党和政府的大力倡导下已构建了各具特色的劳资沟通协商制度，并在实践中进行了广泛的应用。然而，国家的政策性宣示虽然能够起到极其重要的指导作用，但劳资沟通协商实践要在全国范围内得到常态化和有效开展还需要以权利和义务为导向的法律规范予以指引，即通过构建劳资沟通协商法律制度实现劳资沟通协商法治化。我国《宪法》《劳动法》《劳动合同法》《工会法》等法律为构建劳资沟通协商法律制度提供了法律依据。法律沟通理论、法律程序主义理论以及主观程序正义社会心理学等理论为构建该制度提供了理论依据。传化集团和深圳瑞德电子公司等企业的劳资沟通协商实践为构建该制度提供了实践依据。国家社会主义协商民主建设、供给侧结构性改革、共建共治共享社会治理格局以及社会主义和谐价值观培育的深入推进为构建这一制度奠定了良好的政治、经济、社会和文化基础。然而,由于我国劳动者的沟通协商能力和企业管理层的沟通协商意识还有待提高,劳资沟通协商法律制度的有效运行不可能一蹴而就,这意味着我国劳资沟通协商法律制度与其他国家的相关制度必然存在差异。虽然我国劳资沟通协商法律制度的构建还将面临着种种困境,但随着政治、经济、社会和文化建设的深入推进,我们完全有理由期待,劳资沟通协商必将深入企业和劳动者的头脑,这些困境亦必将随之得到消解,劳资沟通协商必将走向法治化。

我国劳资沟通协商法律制度构建面临的一个最棘手的问题是确定该制度的运行模式,是采用“权利推动型”模式还是“权力主导型”模式?虽然两种模式均存在自身的不足,但从长远来讲,“权利推动型”模式因有助于节约行政资源和诉讼资源、明确劳资双方的行为预期,而更有助于劳资沟通协商法律制度的功能发挥。“权利推动型”模式的本质就是要从立法层面确立劳动者磋商权,因而构建劳资沟通协商法律制度就应当围绕如何实现劳动者磋商权来展开。具体来讲,相关劳动立法,首先,应明确劳动者磋商权所蕴含的权能,并以此确定劳资沟通协商利益相关者的基本义务。其次,从制度层面确立劳资沟通协商的主体、内容和程序,以此完成劳资沟通协商法律关系的规范构造。最后,通过确立劳资沟通协商责任制度、救济制度和不当劳动行为制度,实现劳资沟通协商保障机制的构建。

为克服因劳资协商文化不浓所带来的困难,我国必须采用整体主义思维来构建劳资沟通协商法律制度。第一,通过明确劳资沟通协商法律制度与三方协商制度、集体协商制度、职工代表大会制度以及劳动纠纷预防调解等制度之间的互助关系,使各个制度既自成一体，又动态协调，以此提高劳资双方的沟通协商积极性，从而使劳资沟通协商法律制度能够发挥其应有的功效。第二，将劳资双方、工会以及政府视为一个利益共同体。劳资双方应充分认识到劳资沟通协商的重要性；工会应当在职工代表选举、培训以及政企沟通等方面发挥重要作用；政府应加强对劳资沟通协商活动的指导，并为劳资沟通协商营造良好的氛围。第三，将劳资沟通协商激励制度与约束制度视为一个整体，既要构建一套主要针对企业的强制性法律责任体系，又要构建一套分别针对企业、劳动者、企业管理层以及工会的激励机制。第四，将劳资沟通协商违法行为规制制度与劳资沟通协商不当劳动行为规制制度视为一个整体，既要对企业违反劳资沟通协商法律规定的行为进行规制，又要对企业干预职工代表的选举和打击报复职工代表等不当劳动行为进行规制，且应明确两种制度之间的互助关系。第五，将斡旋、申诉、仲裁以及诉讼等劳资沟通协商争议处理制度视为一个整体。通过明确不同争议处理制度之间的互助关系，各个制度既能自成一体，又动态协调，以此实现争议的快速、有效处理。

由于篇幅的原因，本书仅仅对劳资沟通协商法律制度构建的理论基础、实践依据、整体思路以及具体路径进行了论述，对国外相关法律规定及其运行效果尚未进行系统的梳理，亦未对我国劳资沟通协商实践进行全面的介绍。对劳资沟通协商法律制度构建的整体思路缺乏系统的分析，只是就构建该制度所应考虑的几个关键问题进行了简要论证，对劳资沟通协商激励制度以及劳资沟通协商不当劳动行为制度的论述还不够深入。在劳资沟通协商法律制度构建的具体路径部分，本书只是以如何实现劳动者磋商权为线索，分别从权利的确立、权利的运行以及权利的实现三个环节进行了简要论述，对于劳动者磋商权为何能够成为劳动者的一项法定权利以及职工沟通协商委员会代表诉讼机制等内容远未深入地展开。以上这些问题还有待学界做进一步研究。

后　记

能在不惑之年获得西南政法大学法学博士学位，是我人生之幸事。感谢我的硕士同学、同事张继恒教授，没有他的鼓励和指点，我或许还在考博的路上挣扎，或许至今还不知人生该走向何方。感谢我的博导唐烈英教授，她不仅将学术研究方法无私地传授给我，而且教会我该如何正确处理学习、工作与家庭三者间的关系，没有她的教诲，我或许还在博士论文的写作中彷徨。

入学不久，便开始酝酿毕业论文选题方向。来自西南政法大学不同学院的博导给我们讲授了不同学科的前沿理论问题，精彩绝伦，拓宽了我们的学术视野，让我们尽情享受精神大餐。经济法学院的"博导团队"不仅给我们讲授了经济法专题知识，还把自己的学术研究经验毫无保留地传授给我们。毕业论文选题的灵感正来源于博导们的精彩讲授。

正当我处在毕业论文题目设计的徘徊中时，经济法学院卢代富院长和许明月教授给我提出了诸多颇有价值的建议，为毕业论文选题的正式确定和写作思路的设计提供了极大的帮助。卢院长建议对欧盟国家的相关制度进行系统的比较研究,许老师指出了论文写作中可能出现的难点,建议在论文写作前必须重点分析工会在劳资沟通协商中的地位。在此,我要真诚地感谢两位老师给我的帮助。

论文写作过程中唐烈英老师给予了悉心指导,从框架拟定、资料搜集到文字表达均提供了极大的帮助。段浩、钟文财、耿志强等博士同学从不同的视角提出了诸多宝贵的修改意见。我指导的硕士研究生李倩倩在论文格式设计方面给予了大力的帮助。正是得益于老师、同学和学生的帮助和支持,论文才得以按期完成。在博士论文即将出版之际,我的同事罗时贵教授在论文标题设计方面提出了非常宝贵的建议。书稿的校对和顺利出版,要归功于法律出版社徐菲老师。在此,我要向帮助我的人表达最真诚的谢意!

最后,感谢父母一直以来对我的鼓励和关心,感谢妻子对我的支持和包容,感谢大女儿为我分担了家务,感谢小女儿的童真给我带来前进的动力,感谢所有关心我的朋友给予我的帮助,正是由于他们的关心和帮助,本书才能够顺利出版。

陈永福

2021 年 10 月于南昌